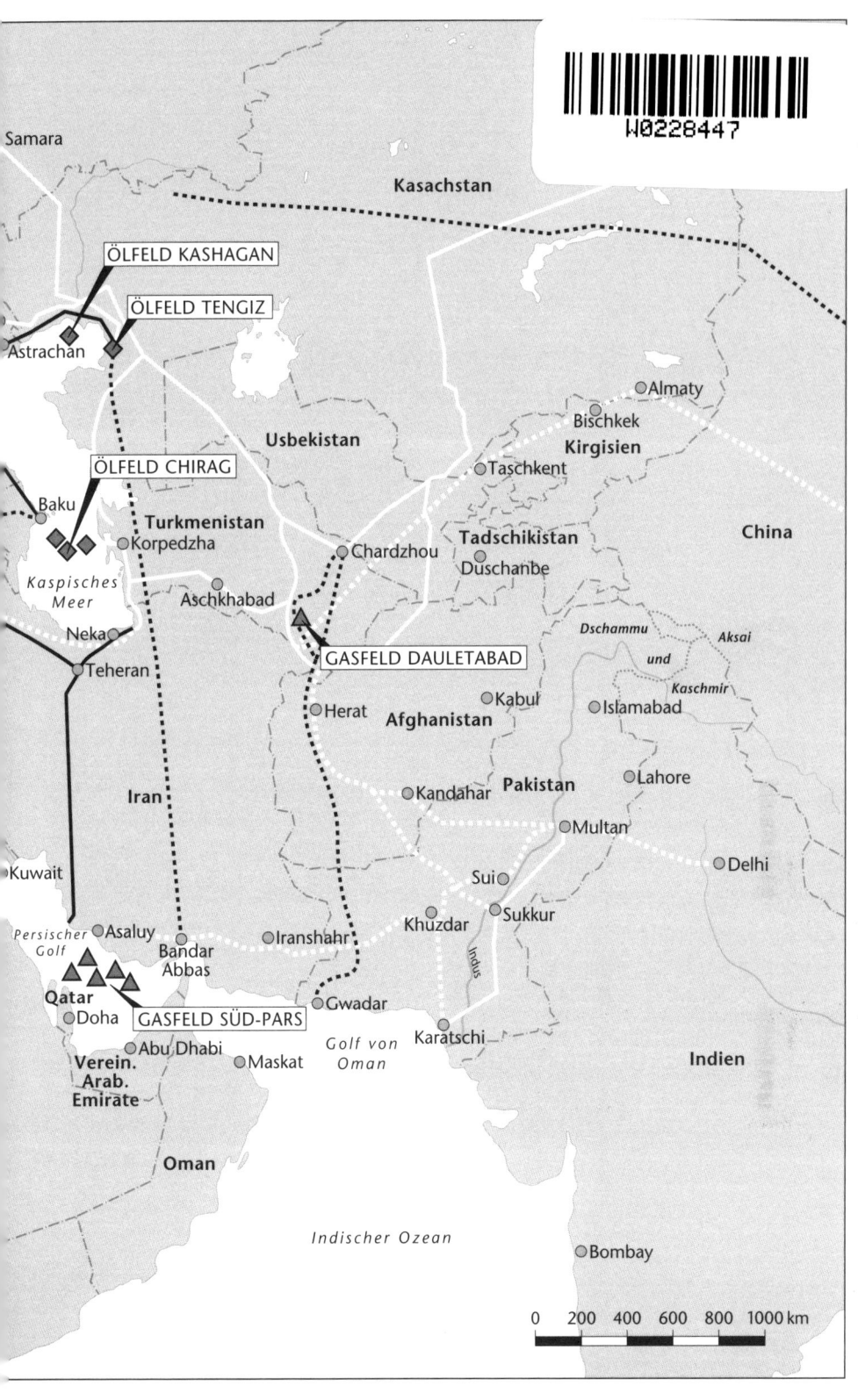

Lutz Kleveman

DER KAMPF
UM DAS HEILIGE FEUER

Wettlauf der Weltmächte
am Kaspischen Meer

Rowohlt · Berlin

1. Auflage September 2002
Copyright © 2002 by
Rowohlt · Berlin Verlag GmbH, Berlin
Alle Rechte vorbehalten
Karten auf den Vorsätzen und im Innenteil:
Peter Palm, Berlin
Satz Sabon PostScript PageMaker
bei Pinkuin Satz und Datentechnik, Berlin
Druck und Bindung Clausen & Bosse, Leck
Printed in Germany
ISBN 3 87134 456 7

Die Schreibweise entspricht den Regeln
der neuen Rechtschreibung.

INHALT

FÜR MEINEN VATER

EINLEITUNG:
DAS NEUE GROSSE SPIEL

Am Nachmittag des 16. Dezember 2001 setzt über der zentralasiatischen Steppe ein schwarzes C-17-Transportflugzeug der U.S. Air Force zum Sinkflug an. Der Pilot drückt den Steuerknüppel nach unten und taucht in die Wolken ein. An Bord der Maschine: General Christopher Kelly, fünfzig Jahre alt. Sein Auftrag lautet, einen amerikanischen Luftstützpunkt in der Republik Kirgisien zu errichten. Kellys Soldaten sind die ersten US-Truppen, die mit Kampforder auf dem Territorium der ehemaligen Sowjetunion stationiert werden. Ihre Gegner: die Krieger der Taliban und des Terrornetzes Al Qaida in Afghanistan, mehr als 1000 Kilometer weiter südlich. Zwar haben US-Angriffe das Taliban-Regime längst in die Knie gezwungen, doch es werden noch versprengte Guerillagruppen in den afghanischen Bergen vermutet.

Genau um 15.32 Uhr Ortszeit setzt die C-17 am zivilen Flughafen Manas der kirgisischen Hauptstadt Bischkek auf. Als General Kelly aus dem Bullauge blickt, sieht er nichts als Schnee, mehrere Meter hoch. Zwei Tage zuvor ist über Kirgisien der schlimmste Blizzard der vergangenen Jahrzehnte hinweggefegt. Die ganze Nacht mussten Flughafenmitarbeiter schuften, um die Landebahn von den weißen Massen freizuschaufeln. «Wer hätte im Kalten Krieg gedacht, dass ich je an diesen Ort gelangen würde?», denkt Kelly, der seit 28 Jahren in der Air Force dient. Später wird sich der General daran erinnern, wie er die Angst vor dem Unbekannten unterdrückt und seinen Luftwaffenpionieren befiehlt, mit den Arbeiten zu beginnen. In wenigen Wochen soll auf dem Flugplatz ein fertiges Lager für 3000 Soldaten errichtet sein. «This is combat, this is the real deal!», sagt Kelly, als er die Maschine verlässt.

Die Ereignisse des 11. September 2001 und der Afghanistan-Feldzug der Vereinigten Staaten haben die Augen der Welt auf eine Region gerichtet, die bislang selbst für den politisch gebildeten Beobachter so fremd war wie der Balkan vor zehn Jahren: Zentralasien. Lange galt die eurasische Landmasse zwischen dem Ostufer der Schwarzen Meers und den Pamir-Gipfeln als das «schwarze Loch der Welt». Über siebzig Jahre war die Region um das Kaspische Meer, das größte Binnengewässer der Welt, unter sowjetischer Herrschaft praktisch von der Außenwelt abgeschottet und für westliche Ausländer kaum zugänglich.

Mit dem Kollaps des roten Reichs 1992 erlangten acht Republiken im Kaukasus und Zentralasien schließlich die formelle Unabhängigkeit. Sie öffneten ihre bis dahin hermetisch geschlossenen Grenzen zu den südlichen Nachbarländern und China im Osten – und knüpften neue politische und wirtschaftliche Beziehungen, die den Übergang zum Kapitalismus unterstützen sollten.

Doch bis zum heutigen Tag werden fast alle exsowjetischen Republiken um das Kaspische Meer von ehemaligen Kommunisten und KGB-Generälen beherrscht, die für ihren Machterhalt zwar widerwillig, aber erfolgreich auf Patriotismus umschwenkten. Während kommunistische Kommandostrukturen überleben und sich in manchen Fällen zu Diktaturen entwickeln, bleiben die neuen Staaten auf der Suche nach ihrer nationalen Identität. Die meisten von ihnen waren von Stalin ohne Rücksicht auf ethnische Zugehörigkeiten geschaffen worden – dies führt noch heute zu Konflikten unter den zahlreichen Volksgruppen der Region. Zugleich trachten die neuen, zumindest de jure unabhängigen Staaten danach, sich weiter aus dem Machtbereich Moskaus zu befreien. Sie suchen neue Verbündete.

Der Kampf gegen Al Qaida hat diese Länder praktisch über Nacht auf die Bühne der Weltpolitik gestoßen. Wer aber die Entwicklung der Region in den vergangenen zehn Jahren genauer betrachtet, kann den Krieg gegen den Terror nur als Teil eines übergeordneten Prozesses verstehen, der tiefere Ursachen und womöglich längerfristige Folgen hat. Und so erscheint der Afghanistan-Feldzug als eine – wenngleich wichtige – Episode in einem ungleich größeren Kampf: dem «New Great Game». Dieser Begriff wurde zu Beginn der neunziger Jahre geprägt und beschreibt eine merkwürdige Wiederholung der Geschichte: die Neuinszenierung des ersten «Großen Spiels» im 19. Jahrhundert.[1]

Wie von Rudyard Kipling in seinem berühmten Roman *Kim* romantisch verklärt, rangen damals das Britische Königreich und das zaristische Russland um die Vorherrschaft in Zentralasien. Als die Zarenarmeen schließlich den Kaukasus und die Steppenvölker Turkestans unterwarfen, sahen London und Kalkutta nun auch die britische Kronkolonie Indien in Gefahr. Die russische Regierung in St. Petersburg wiederum argwöhnte, die Briten könnten die muslimischen Stämme Zentralasiens gegen Russland aufwiegeln.

Es begann ein Wettlauf der beiden Reiche um die Kontrolle über das zentral gelegene Afghanistan, das die strategisch günstigste Basis für eine Invasion Indiens oder Zentralasiens bot. Lord George Nathaniel Curzon, der 1898 Vizekönig von Indien wurde, drückte das Spielverständnis der Briten im «Great Game» so aus: «Turkestan, Afghanistan, Transkaspia, Persien – zu viele dieser Worte verströmen nur noch den Hauch völliger Abgeschiedenheit oder eine Erinnerung an seltsamen Wandel und eine unglückliche Liebe. Für mich sind sie, das muss ich zugeben, Figuren auf einem Schachbrett, auf dem das Spiel um die Weltherrschaft ausgetragen wird.»[2]

Einhundert Jahre später ist das «Great Game» in den Territorien zwischen dem Kaukasus und China wieder voll entbrannt. Wie damals geht es den Widersachern um die Kontrolle über das Zentrum der eurasischen Landmasse, wo seit dem Kollaps der Sowjetunion vor zehn Jahren ein Machtvakuum herrscht.

Hier hören die Gemeinsamkeiten der beiden Phänomene allerdings schon auf. Heute gibt es andere Akteure, und die Regeln des neokolonialen Spiels sind weitaus komplexer als im 19. Jahrhundert: Längst haben die Amerikaner die Rolle der Briten übernommen, sich mit Russland auseinander zu setzen, und zudem sind viele neue Spieler eingestiegen. Auch die Regionalmächte – China, der Iran, die Türkei und Pakistan – strecken gierig ihre Hände aus. Nicht zuletzt verfolgen transnationale Konzerne, deren Budgets die mancher beteiligter Länder weit übertreffen, ihre eigenen Interessen und Strategien.

Auch die Beute im gegenwärtigen Kampf ist von ungleich größerem Wert. Während es London und St. Petersburg im ersten «Great Game» um den Zugang zu den Reichtümern der britischen Kronkolonie Indien ging, dreht sich seine gegenwärtige Neuauflage um die kaspischen Energiereserven: Erdöl und Erdgas.

Auf dem Grund des Kaspischen Meers und an seinen Ufern befinden sich die größten unerschlossenen Rohstoffvorkommen der Welt. Schätzungen ihres Volumens reichen von 50 bis 110 Milliarden Fass Erdöl und etwa 7 bis 9 Billionen Kubikmeter Erdgas. Das US-Energieministerium geht sogar von astronomischen 200 Milliarden Barrel Erdöl aus. Allein in Aserbaidschan und Kasachstan, so vermutet man nach Probebohrungen, könnten mehr als 110 Milliarden Barrel lagern, dreimal mehr als die gesamten Reserven der Vereinigten Staaten – nur Saudi-Arabien besitzt mit nachgewiesenen 262 Milliarden Barrel noch größere Vorkommen. Erst im Sommer 2000 wurde vor der kasachischen Küste das Kashagan-Ölfeld entdeckt, das als eines der fünf ertragreichsten der Welt gilt.[3]

Seit Jahrhunderten ist bekannt, dass am Kaspischen Meer Öl und Gas lagern. Schon im Mittelalter pilgerten Anhänger des Zarathustra-Glaubens auf die Halbinsel Apscheron im heutigen Aserbaidschan, um von Erdgas gespeiste Flammen anzubeten, die dort noch immer aus dem Boden schlagen. Sie wurden als Heiliges Feuer verehrt. Heute ist um dieses Heilige Feuer ein erbitterter Wettstreit ausgebrochen. Ähnlich wie im Mittleren Osten der zwanziger Jahre ringen seit dem Ende der Sowjetunion transnationale Konzerne, Anrainerstaaten und Großmächte um die sagenhaften Öl- und Gasvorkommen des Kaspischen Meers.

«Ich kann mich an keine Zeit erinnern, in der eine Region so plötzlich strategisch so wichtig geworden ist wie jetzt die kaspische Region», erklärte Dick Cheney, der damalige Chef des Petrologistik-Konzerns Halliburton, im Jahre 1998 in einer Rede vor Ölindustriellen in Washington.[4] Heute ist Cheney Vizepräsident der Vereinigten Staaten und gilt als der einflussreichste Mann hinter George W. Bush, der ebenfalls der texanischen Ölindustrie entstammt.

In westlichen Energieministerien hat der vermutlich letzte große *Oil Rush* der Geschichte Euphorie ausgelöst. Während demokratische Regierungen korrupten kaspischen Potentaten den Hof machen, haben transnationale Konzerne lukrative Verträge abgeschlossen und insgesamt 30 Milliarden Dollar in neue Förderanlagen gesteckt. Bis zum Jahr 2015 sind weitere Investitionen in Höhe von 100 Milliarden Dollar vorgesehen. Für die Ölfirmen, denen die verstaatlichten Produktionsstätten der Golfregion und das unsichere Russland wenig Chancen für Beteiligungen bieten, ist der kaspische Boom ein Segen.

An die Stelle der britischen und russischen Offiziere, die, oft als Forscher und Kartographen getarnt, im 19. Jahrhundert entlang der alten Seidenstraße aufeinander trafen, sind gänzlich andere Abenteurer getreten: Geologen und Ölingenieure. Der «Wettstreit der Schatten», wie der zaristische Außenminister

Graf Nesselrode das «Great Game» einst bezeichnete, hat eine neue Dimension erhalten: Statt mutiger Individuen bestimmen heute eher Konzerne und riesige Bürokratien das Geschehen. Das gilt auch für die militärischen Kräfte, die wieder zunehmend direkt in das neue «Great Game» eingreifen.

Gibt es einen Zusammenhang zwischen dem kaspischen Rohstoffreichtum und dem amerikanischen Feldzug in Afghanistan? Im vorliegenden Buch wird man vergeblich nach simplen «Blut für Öl»-Verschwörungstheorien suchen, wie sie immer wieder durch die Medien geistern. Einige dieser Theorien gehen – gerade in muslimischen Ländern – so weit zu behaupten, dass die Terroranschläge von New York und Washington der amerikanischen Regierung als willkommener und womöglich selbst inszenierter Vorwand gedient hätten, um ihre militärische Präsenz in Zentralasien zu verstärken. Im Schachspiel würde man hier von einem «Turmopfer» sprechen. Für diese zynische These gibt es gegenwärtig keine Beweise.

Dennoch haben gerade die Pläne eines US-Ölkonzerns, eine Pipeline durch Afghanistan zu bauen, den amerikanischen Krieg gegen den Terror nach dem 11. September 2001 in einem neuen Licht erscheinen lassen. Kritiker werfen der US-Regierung vor, ihr gehe es in Afghanistan nicht darum, Osama Bin Laden und sein Terrornetz zu eliminieren, sondern mit militärischen Mitteln den Zugang zum kaspischen Öl zu sichern. Amerikanische Regierungsbeamte entgegnen darauf, ihr Land verteidige sich auf legitime Weise gegen eine reale terroristische Gefahr. Dabei schwingt oft der emotionsgeladene Vorwurf mit, dass bereits die Suche nach möglichen weiteren Motiven der US-Politik in Zentralasien eine Pietätlosigkeit gegenüber den Opfern der Terrorattacken darstelle.

Viele westliche Medien scheinen sich tatsächlich einer freiwilligen Selbstzensur unterworfen zu haben, die besonders in den USA mitunter Züge einer publizistischen Gleichschaltung annimmt. So wie dadurch bis heute eine ehrliche und kritische Debatte über die Ursachen des antiamerikanischen Terrors verhindert wurde, so hat es bislang kaum jemand unternommen, die angeblichen Ziele der Amerikaner in Zentralasien kritisch infrage zu stellen.

Einen Anstoß dazu soll dieses Buch geben. Zwar ist wohl unstrittig, dass Washington mit dem Feldzug in Afghanistan in erster Linie einen Schlag gegen den internationalen Terrorismus beabsichtigte. Dennoch wäre es naiv anzunehmen, amerikanische Entscheidungsträger hätten darüber hinaus keine weitergehenden strategischen Interessen in Zentralasien. Dass die US-Regierung schon lange vor dem 11. September 2001 die wirtschaftliche Bedeutung des Kaspischen Meers erkannt hat, belegt ein Ausspruch des ehemaligen Vizeaußenministers Strobe Talbott aus dem Jahre 1997: Sollte die kaspische Region in die Hände religiöser und politischer Extremisten fallen, so Talbott, «würde das die USA tief beunruhigen, denn dies geschähe in einer Gegend, in der 200 Milliarden Fass Erdöl lagern.»[5] Die Regierung von US-Präsident George W. Bush ergreift nun die sich bietende Gelegenheit, ihren Einfluss in der Region dramatisch auszuweiten. Die kaspischen Rohstoffvorräte sind nicht der Casus Belli, wohl aber der große Preis im Kampf um Kabul.

Es ist richtig: Die Ölreserven des Kaspischen Meers reichen entgegen anfänglichen euphorischen Erwartungen nicht an die Vorkommen des Persischen Golfs heran – dort lagern zwei Drittel der weltweiten Vorräte. Mit einer Fördermenge von maximal sechs Millionen Barrel pro Tag könnte die kaspische Region allenfalls einen Weltmarktanteil von fünf bis acht Prozent erreichen, was ungefähr dem der Nordsee entspräche. Die Führerschaft des mächtigen, von Saudi-Arabien dominierten OPEC-Kartells wird also unangefochten bleiben. Die USA importieren täglich etwa 11 Millionen Fass Rohöl, wovon mehr als ein Fünftel, etwa 2,3 Millionen Fass im Wert von 50 Millionen Dollar, aus dem Mittleren Osten stammt. Hinzu kommt, dass das Erdöl unterm Wüstensand so billig wie nirgendwo sonst zu fördern ist. Die Produktionskosten pro Barrel liegen bei drei Dollar, verglichen mit acht Dollar am Kaspischen Meer.

Aber gerade die Dominanz der OPEC steigert die strategische Bedeutung der kaspischen Rohstoffe. Die außerhalb der Golfregion liegenden fossilen Reserven gehen nämlich allmählich zur Neige, die Ölblasen der Nordsee etwa sind bereits zu 70 bis 90 Prozent erschöpft. Bei der weltweit um jährlich fast zwei Millionen Barrel steigenden Nachfrage nach Rohöl wird auch der Anteil der OPEC am Weltmarkt in den kommenden zwei Jahrzehnten weiter wachsen – und damit die Abhängigkeit der Industriestaaten vom arabischen Öl und die politische Macht des Kartells. Zwar gehören der 1960 gegründeten OPEC auch Länder wie Indonesien, Venezuela und Libyen an, doch 85 Prozent der OPEC-Vorräte lagern in fünf Golfstaaten.

Im Jahr 1973, während des Yom-Kippur-Kriegs, drosselten die überwiegend muslimischen OPEC-Bosse den Ölexport in westliche Industriestaaten drastisch und lösten so einen Preisschock aus. Das Petroleum wurde zum Faustpfand und Druckmittel der arabischen Welt. Seit jener Ölkrise versuchen Nordamerika und Europa, sich aus dem Würgegriff der OPEC-Scheichs zu befreien. Genau da liegt das Motiv für ihren gegenwärtigen Wettlauf am Kaspischen Meer.

Wie fatal die Abhängigkeit von Öl aus dem Golf sein kann, ist mit der wachsenden Instabilität des Mittleren Ostens deutlich geworden. Nachdem die Armeen des irakischen Diktators Saddam Hussein im August 1990 in Kuwait einfielen, erhielten sie die Kontrolle über ein Fünftel der Erdölvorkommen der Erde. Der Preis pro Fass schoss nach oben. Nur mit gewaltigem militärischen und finanziellen Aufwand gelang es den Vereinigten Staaten und ihren Verbündeten ein halbes Jahr später, die irakischen Streitkräfte von den Ölquellen Kuwaits – und indirekt Saudi-Arabiens – zu vertreiben. Saddam Hussein jedoch blieb an der Macht, und amerikanische Truppen sind weiter in der instabilen Golfregion stationiert. Die fünfte Flotte der U.S. Navy patrouilliert in der Meerenge von Hormuz, der Achillesferse der petrolabhängigen Weltwirtschaft. Die Kosten dieser militärischen Dauerpräsenz, die arabische Kleinstaaten wie Kuwait effektiv zu US-Protektoraten macht, werden auf jährlich bis zu 50 Milliarden Dollar geschätzt.

Die US-Streitkräfte sollen die Ölvorkommen jedoch nicht nur vor einer Invasion von außen schützen: Ebenso wächst die Gefahr, dass radikalislamische Gruppen das korrupte saudische Regime stürzen und den Ölfluss in westliche Ökonomien stoppen könnten. So hat Osama Bin Laden die US-Truppen auf saudischem Boden des «größten Diebstahls der Geschichte» bezichtigt, weil sie den Ölpreis gewaltsam niedrig hielten. Einen Vorgeschmack darauf, was ein Lieferstopp bedeuten würde, gaben die Benzinpreis-Unruhen in Großbritannien im Herbst 2000. Um die Konsequenzen eines Öl-GAUs zu mildern, verfolgen die Vereinigten Staaten seit Jahren die Politik, ihre «Energieversorgung zu diversifizieren». Dabei geht es darum, Rohstoffquellen außerhalb der OPEC zu erschließen und zu sichern. Die Kontrolle über das kaspische Erdöl ist eines der Schlüsselelemente dieser Strategie.

In einem Zeitungsinterview im Jahre 1998 erklärte der damalige US-Energieminister Bill Richardson die amerikanischen Ziele: «Die kaspische Region wird uns hoffentlich vor einer totalen Abhängigkeit vom Öl aus dem Mittleren Osten bewahren. [...] Hier geht es um Amerikas Sicherheit der Energieversorgung, die davon abhängt, weltweit unsere Bezugsquellen für Öl und Gas zu diversifizieren. Es geht auch darum, strategischen Einfluss derjenigen [Länder] zu verhindern, die unsere Werte nicht teilen. Wir versuchen, die neuen unabhängigen Länder zum Westen hinzubewegen. Wir wollen, dass sie sich auf die kommerziellen und politischen Werte des Westens stützen, anstatt sich anderswo zu orientieren. Wir haben erhebliche politische Investitionen in der kaspischen Region gemacht, und es ist für uns sehr wichtig, dass der Verlauf der Pipelines und die Politik am Ende stimmen.»[6]

Wie werden die Großmächte der Region, Russland und China, auf das amerikanische Eindringen in ihre Interessensphären reagieren? Ein heftiger Streit ist bereits über die Lösung des entscheidenden Problems in der kaspischen Region entbrannt: Wo sollen die Pipelines verlaufen? Das Kaspische Meer ist von Landmassen umschlossen, und das Öl liegt Tausende Kilometer von Hochseehäfen entfernt, von wo Tanker den Rohstoff zu den Märkten der industrialisierten Welt transportieren könnten. Also müssen neue Pipelines gebaut werden. Und um deren Verlauf gibt es rund um das Kaspische Meer, im Kaukasus und in Zentralasien, seit fast zehn Jahren Konflikte und Kriege – ohne dass ein Ende in Sicht wäre.

Während der kommunistischen Herrschaft, als die komplette Infrastruktur der Sowjetrepubliken auf Moskau ausgerichtet war, führten fast alle Pipelines nach Norden über russisches Territorium. Nun versuchen die Vereinigten Staaten, das kostbare Erdöl russischem Zugriff zu entziehen und so die Unabhängigkeit der neuen Staaten von Moskau zu stärken. Gleichzeitig will Washington um jeden Preis eine südliche Pipelineroute durch den Iran, Amerikas Erzfeind seit 20 Jahren, verhindern. Daher unterstützen die Amerikaner Pläne für eine gigantische Röhre, die von der aserbaidschanischen Hauptstadt Baku durch den Südkaukasus bis zum türkischen Mittelmeerhafen Ceyhan führen soll – und damit sowohl Russland als auch den Iran umgeht. Zudem spekulierten amerikanische Rohstoffkonzerne Mitte der neunziger Jahre auf Afghanistan als möglichen Korridor für eine südliche Pipeline.

Der traditionelle Hegemon Russland, nach Saudi-Arabien zweitgrößter Erdölexporteur der Welt, besteht jedoch darauf, dass die kaspischen Leitungen wie bisher über den Nordkaukasus zum russischen Schwarzmeerhafen Noworossisk verlaufen. So würde Moskau beträchtliche politische und wirtschaftliche Macht über das «nahe Ausland», wie Russen die neuen unabhängigen Staaten bezeichnen, behalten.

Der «erwachende Riese» China wiederum, dessen Westgrenze bereits die zentralasiatische Provinz Xinjiang umschließt, dringt aggressiv auf die Märkte seiner neuen Nachbarn. Dabei verfolgt Peking eigene ambitionierte Pipelinepläne, um kasachisches Öl bis nach Schanghai zu transportieren.

Der islamische Iran, der seit dem Kollaps der Sowjetunion seinen politischen und wirtschaftlichen Einflussbereich nach Norden auszuweiten sucht, bietet den kaspischen Ländern sein bereits bestehendes Pipelinenetz für den Ölexport über den Persischen Golf an. Besonders seit dem sensationellen Ölfund in Kashagan, der eine zusätzliche Pipeline erforderlich macht, stellt sich Teheran zunehmend als der stärkste Widersacher Washingtons im neuen «Great Game» heraus.

Die Terroranschläge vom 11. September 2001 und der amerikanische Feldzug in Afghanistan haben nun die geostrategischen Kräfteverhältnisse am Kaspischen Meer grundlegend verändert. Die Karten im «Great Game» sind neu verteilt worden, und Zentralasien ist endgültig in den Brennpunkt der amerikanischen Außenpolitik geraten. Doch wie dauerhaft werden die noch vor wenigen Jahren undenkbaren neuen Bündnisse der USA mit den exsowjetischen Republiken sein? Wird Moskau den amerikanischen Aufmarsch in seinem einstigen Reich weiter hinnehmen, oder kommt die Kooperation mit Washington unter dem antiterroristischen Banner bald zu einem jähen Ende? Wie reagieren Peking und Teheran auf die US-Truppen, die jetzt nur wenige hundert Kilometer von der chinesischen und der iranischen Grenze entfernt stehen? Werden sich bewaffnete Konflikte zwischen den Anrainerstaaten des Kaspischen Meers, die über Grenzen und Ölfelder streiten, vermeiden lassen? Und schließlich: Wird sich die Wut der Bevölkerung über die Bereicherung der korrupten Eliten als Nährboden für terroristischen Radikalislamismus herausstellen – und welche Rolle spielt er im neuen «Great Game»?

Dies sind einige der Leitfragen des vorliegenden Buchs. Es ist das Ergebnis zahlreicher Rechercheisen und Gespräche in den Ländern des Kaukasus und Zentralasiens. Schon lange hat mich in meiner Arbeit als Journalist beschäftigt, wie das Ringen um Rohstoffe zu Konflikten und Kriegen führen kann. Diesen fatalen Zusammenhang habe ich besonders in Afrika beobachtet, etwa in den Diamantengruben Sierra Leones und auf den Ölfeldern Nigerias. Gerade in der erbitterten Auseinandersetzung zwischen dem Ölkonzern Shell und den nigerianischen Volksstämmen um den fossilen Reichtum des Nigerdeltas wurde mir klar, warum Erdöl als «Tränen des Teufels» bezeichnet worden ist.

Dies ist kein akademisches Buch über den «Kampf um Ressourcen» oder gar Außenpolitik im 21. Jahrhundert – sondern die Momentaufnahme eines Reporters. Ich habe die verschiedenen Fronten des neuen «Great Game» erkundet und dessen Akteure, Beobachter und Opfer ausfindig gemacht: Konzernbosse, Warlords, Diplomaten, Kriegsflüchtlinge, Ölarbeiter, Staatschefs, Agenten und Generäle. Gerade die Geschichten dieser Menschen machen es mir möglich, die Folgen zu analysieren, die der Kampf um das Öl für diese Region und ihre Bewohner hat.

Auf den nachfolgenden Seiten befasse ich mich mit den kaspischen Geschehnissen der vergangenen zehn Jahre, besonders seit dem 11. September 2001. Dabei spanne ich einen geographischen Bogen von den Kaukasus-Schluchten über die zentralasiatische Steppe bis zum afghanischen Hindukusch. Denn die vielen unterschiedlichen Länder und Menschen in dieser Geschichte verbindet alle ein Drama, das ihr Schicksal bestimmt: der Kampf um das Heilige Feuer.

ERSTER TEIL

IM LAND DER FEUER

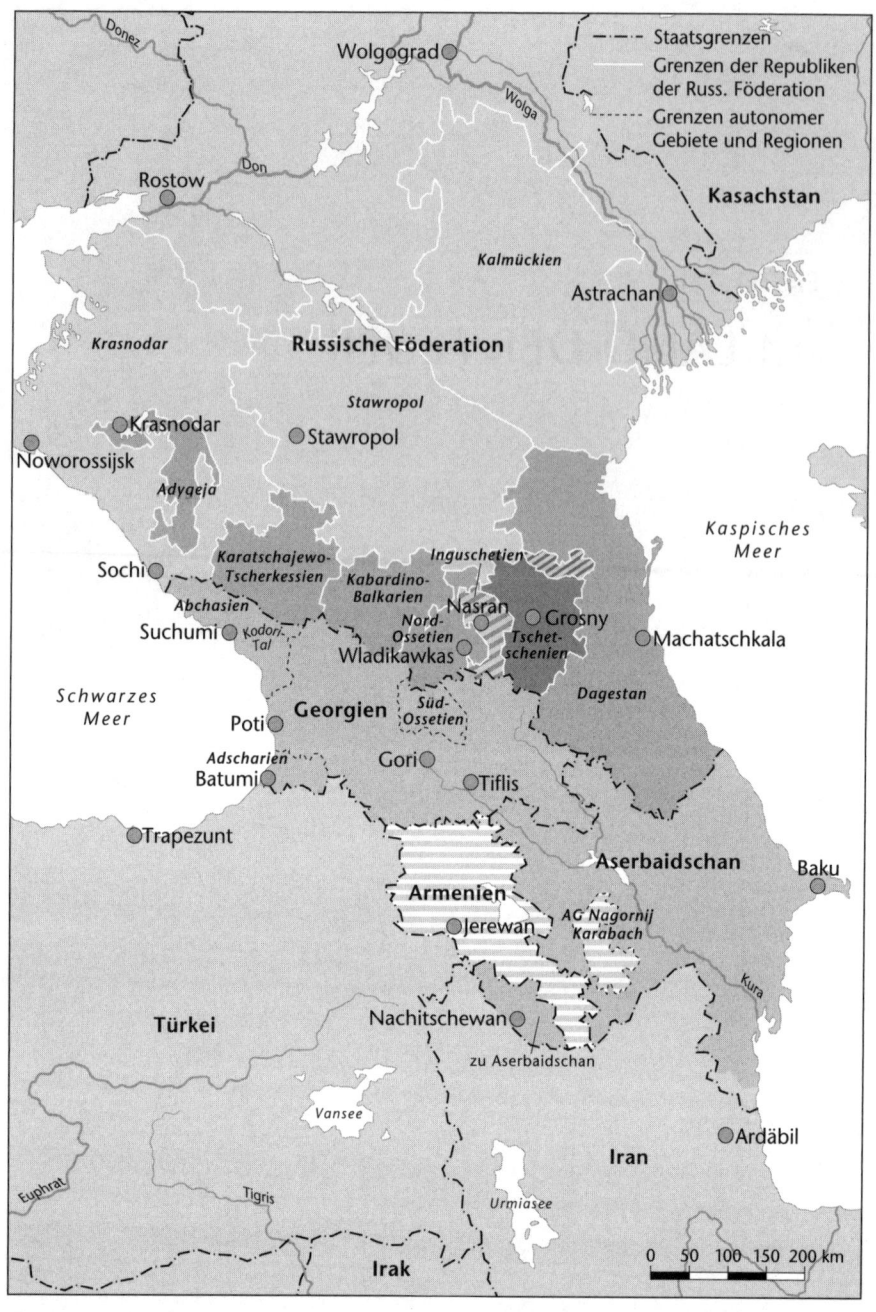

Staatsgrenzen
Grenzen der Republiken der Russ. Föderation
Grenzen autonomer Gebiete und Regionen

Donez

Wolgograd

Wolga

Rostow

Don

Kasachstan

Kalmückien

Astrachan

Krasnodar

Russische Föderation

Stawropol

Krasnodar

Stawropol

Noworossijsk

Adygeja

Kaspisches Meer

Sochi

Karatschajewo-Tscherkessien

Inguschetien

Kabardino-Balkarien

Nasran

Abchasien

Nord-Ossetien

Grosny

Suchumi

Kodori-Tal

Tschet-schenien

Machatschkala

Wladikawkas

Schwarzes Meer

Georgien

Süd-Ossetien

Dagestan

Poti

Adscharien

Gori

Batumi

Tiflis

Aserbaidschan

Trapezunt

Baku

Armenien

AG Nagornij Karabach

Jerewan

Türkei

Nachitschewan

zu Aserbaidschan

Vansee

Iran

Ardäbil

Euphrat

Tigris

Urmiasee

Irak

0 50 100 150 200 km

PIPELINE-POKER: BAKUS ÖLBOOM

Sonderlich erfreut sieht Vagif Guseinow nicht aus, als wir auf den Hof vorm Hauptquartier rollen. Misstrauisch und mit verschränkten Armen beobachtet er von der Eingangstreppe aus, wie unser Fahrer den schwarzen Wolga vor dem Denkmal parkt. «Lang leben die Ölarbeiter!», steht darauf in kyrillischen Lettern geschrieben, nur der Hammer und die Sichel sind inzwischen abgemeißelt worden. Guseinow ist ein Koloss von einem Mann, nur noch ein Knopf hält den dunkelblauen Anzug vor seinem Bauch zusammen. Das grobe Gesicht lässt kaum auf Sinn für feinen Humor hoffen. «Guten Tag!», brummt der Aseri zur Begrüßung und streckt mechanisch seine rechte Hand aus, eine wahre Bärenpranke, an der er vier oder fünf goldene Ringe trägt. Vermutlich grübelt Guseinow noch immer, warum seine Chefs in der Zentrale mir erlaubt haben, die Sandinsel zu besuchen. Früher, zur Sowjetzeit, wäre das nicht möglich gewesen.

Wie ein Staatsgeheimnis wurde die Ölbohrinsel vor der Küste Aserbaidschans, eine der größten im Kaspischen Meer, damals vor Ausländern abgeschottet. Kein Unbefugter gelangte je über den vier Kilometer langen Damm, der die künstlich aufgeschüttete Insel mit dem Festland verbindet. In den frühen fünfziger Jahren hatten sowjetische Ingenieure ein scheinbar endloses Geflecht aus Pipelines, Pumpstationen und Bohrtürmen auf Holzpfählen erbaut, das von der Sandinsel ins offene Meer ragt. Zusammengehalten wird es durch zwölf Kilometer Verbindungsstraßen, ebenfalls auf Stelzen. Heute gehört die riesige Anlage der Socar, dem staatlichen Ölkonzern der seit zehn Jahren unabhängigen, exsowjetischen Republik. Vagif Guseinow ist Generaldirektor der Socar auf der Sandinsel.

Seit mehr als 35 Jahren arbeitet der Aseri für die kaspische Ölindustrie. An seinen ersten Arbeitstag im Jahr 1966 erinnert er sich noch ganz genau: Abends spielten Deutschland und England im Londoner Wembley-Stadion um die Fußballweltmeisterschaft. «Wir Ölarbeiter saßen damals alle vor den Fernsehern», erzählt der Generaldirektor, während er uns in sein Büro führt und sich in einen großen Ledersessel fallen lässt. Auf seinem Schreibtisch stehen sechs Telefone, alle in verschiedenen Farben. Er reicht mir seine Visitenkarte, auf der links oben sein Passfoto abgebildet ist. Ich gebe ihm meine. «Sie sind Deutscher?», fragt Guseinow. «Nun, das 3:2 für die Engländer, dieser Lattenschuss hinter die Linie, das war wirklich ein Tor.» Mit beiden Ellbogen lehnt er sich auf seinem Schreibtisch vor: «Der Ball war hinter der Linie. Der Linienrichter kam aus Aserbaidschan, der hat es genau gesehen. Die Deutschen haben zu Recht verloren.» Mein Gastgeber will unser Gespräch offenbar mit etwas Verbindendem einleiten.

Guseinow hat sein Büro, wie es für einen Staatsdiener in Aserbaidschan gegenwärtig ratsam ist, mit insgesamt acht Porträts des Präsidenten Heydar Alijew geschmückt. Ein Gemälde des ehemaligen KGB-Generals und Chefkommunisten stammt aus dem Jahre 1976 und trägt den aserischen Schriftzug: «Scheinende Sonne des Volkes». Das Gebäude, von dem aus Guseinow die Sandinsel regiert, ist weniger glanzvoll. Eher ein besserer Holzverschlag, den Arbeiter gerade neu errichtet haben. Mürrisch weist der Direktor aus dem Fenster auf ein Haus etwa 500 Meter weiter, das halb im Wasser steht: «Mein altes Hauptquartier – haben wir damals zu dicht am Ufer gebaut. Konnte ja keiner ahnen, dass der Wasserpegel vom Kaspischen Meer so steigen würde.»

Gerne könne ich die Bohranlagen besichtigen, allerdings nur auf eigenes Risiko: «Die Bauten sind sehr alt, seien Sie vorsichtig, wo Sie hintreten.» Die Warnung ist angebracht, denn die Off-shore-Produktionsstätte ist heute restlos verrottet. Die Straßen, die aufs Meer hinausführen, sehen aus wie nach intensivem Artilleriebeschuss. Immer wieder muss unser Fahrer den Wolga an Löchern vorbeisteuern, unter denen die Wellen gegen angebrochene Holzstelzen schwappen. Pipelines und Ölreservoirs rosten vor sich hin, die windschiefen Bohrtürme aus Holz und Stahl erinnern an Bilder der ersten Ölquellen in Pennsylvania in den 1870ern. Im Dunst sind auf dem Festland die Hochhäuser von Baku zu erkennen, der Hauptstadt Aserbaidschans. Das Wasser der Bucht ist völlig verdreckt, eine einzige ölige Suppe. Ähnlich hatte der französische Schriftsteller Alexandre Dumas auf seiner «gefährlichen Reise durch den wilden Kaukasus» (so der deutsche Buchtitel) im Jahre 1859 das Kaspische Meer vorgefunden: «Die ganze blaue Wasserfläche war spiegelglatt, aber öde wie die Steppe, deren Fortsetzung das Binnenmeer zu sein schien.»[7]

Wir halten vor einem Ölbohrturm, der offenbar stillgelegt ist. Eine Holztreppe hat sich vom Gestänge gelöst und hängt wie ein Schnabel zur Seite weg, ins Nichts führend. Auf der Plattform thront, umgeben von losem Stahlschrott, noch immer der unversiegelte «Weihnachtsbaum», wie das Ventil über einer Ölquelle im Fachjargon heißt. «Westliche Investoren haben sich bis jetzt noch nicht für die Sandinsel interessiert», kommentiert Guseinow trocken. «Es waren mal Russen von Lukoil da, aber sie sahen sich nur kurz um und kamen dann nie wieder.» Auf 150 000 Tonnen im Jahr sei die Produktion gesunken, ein Bruchteil der einstigen Fördermenge. Dennoch arbeiten noch immer 1600 Menschen auf der Sandinsel. «Wir werden die Anlage nie dichtmachen, auch wenn alle Quellen erschöpft sind. Die Menschen brauchen doch Arbeit.»

Ein anderer Bohrturm, der 200 Meter weiter auf dem Meer

steht, saugt noch immer kostbares Öl aus dem Meeresboden. Es zischt und gluckst in den Rohren um den Weihnachtsbaum. Kurzerhand öffnet ein Ingenieur, der uns begleitet, einen Hahn – und heraus spritzt das braune, schmierige Rohölgemisch. Augenblicklich zieht ein süßlicher Gestank in unsere Nasen.

Das ist es also, das kaspische Öl. Einige Liter der geschätzten 50–110 Milliarden Barrel, die auf dem Grund und an den Küsten des Kaspischen Meers verborgen liegen: die größten unangezapften Energiereserven der Erde. Diese schmierige Flüssigkeit, die da vor unseren Füßen zu einer großen Lache wächst, hat in dem ehemaligen Hinterhof des sowjetischen Imperiums den vermutlich letzten großen Ölboom der Geschichte ausgelöst. Weltmächte und transnationalen Konzerne ringen um die Reichtümer des Kaspischen Meers, die Machtbalance der Region ist gefährlich durcheinander geraten.

Bevor der Ingenieur den Hahn wieder abdreht, sind mehrere Liter von dem Zeug ausgelaufen. Über kurz oder lang werden sie durch den Boden zum Meereswasser durchsickern. Niemand unter den anwesenden Herren scheint darüber sonderlich besorgt zu sein – die erste Kehrseite des kaspischen Ölrauschs.

Vor unserer Abfahrt besteht Guseinow darauf, einige Ingenieure und mich zum Mittagessen auszuführen. Was dann auf dem Weg zur Kantine geschieht, könnte einem Roman von Charles Dickens entstammen: Alle Arbeiter, denen wir begegnen, nehmen ihre Mützen ab und verbeugen sich respektvoll vor ihrem Chef. Frauen treten ängstlich zurück, um nicht im Weg zu stehen. «Es ist Zahltag», knurrt Guseinow über die Schulter. In einem abgetrennten Raum der Kantine servieren uns Kellner eine Soljanka, danach gebratene «schwarze Enten», die Arbeiter rund um die Sandinsel geschossen haben. Das Fleisch schmeckt beunruhigend stark nach Öl, aber das kann auch Einbildung sein. Guseinow bestellt drei Flaschen des unvermeidlichen russischen Wodkas. Er füllt unsere Gläser und bringt mit tiefer Stimme einen Trinkspruch auf den ältesten Mann am Tisch aus, unseren

Wolga-Fahrer. Der zweite Toast, kaum eine Minute später, ist der tiefen und unverbrüchlichen Freundschaft zwischen Aserbaidschan und Deutschland gewidmet. Dann ein dritter der internationalen Kooperation und weitere auf die übrige benebelnde sozialistische Phraseologie aus Verständigung, Frieden und Druschba, Freundschaft. Als Tribut an die postsowjetische Rückbesinnung auf den Islam im Kaukasus blickt Guseinow vor jedem Schluck flüchtig zum Himmel und murmelt einige Worte. «Ich bitte Allah, doch bitte kurz wegzusehen, wenn ich trinke», erläutert er grinsend. Schließlich hebt einer der Ingenieure das Glas – das siebte oder achte – zu einem Toast auf den Generaldirektor, den «weisesten, humansten, gerechtesten und weitschauendsten Chef», den es auf der Sandinsel je gegeben habe. Der Chef ist gerührt.

Dann bin ich an der Reihe. Ich schlage vor, auf ausländische Konzerne anzustoßen, die am Kaspischen Meer nach Öl bohren. Die Ingenieure zögern und blicken zu Guseinow. Der Generaldirektor räuspert sich und sagt knapp: «Es ist gut, dass die Amerikaner ihr Geld bei uns in Aserbaidschan investieren.» Schweigen am Tisch. Plötzlich sagt der alte Wolga-Fahrer, der den ganzen Tag noch nicht ein Wort gesprochen hat: «Amerikaner haben keine Kultur.» Ein Ingenieur legt nach: «Wenn sie uns nur helfen würden, einen erfolgreichen Krieg gegen die Armenier zu führen.» Seine Kollegen nicken, da fährt Guseinow dazwischen: «Aber Genossen! Die hohe Politik überlassen wir doch lieber dem Präsidenten. Wir sind doch bloß Ölmänner.»

Es ist bereits dunkel, als wir wieder nach Baku zurückkehren. Eine kühle Brise weht vom Wasser herüber, Petroleumgestank in jeder Böe. Tags zuvor kam der Wind noch aus südlicher Richtung, über Land aus Persien, und versprach baldigen Frühling. Nun bringt sich Sibirien wieder kalt in Erinnerung. Die Straßen liegen verlassen im Schein des fast vollen Monds, nur hin und wieder schleicht eine Mercedes-Limousine oder ein dunkler Jeep vorbei. Dicht an dicht stehen Akazien vor den prächtigen Bürgerhäusern aus der Jahrhundertwende, die mit ihren Erkern und Eisengitterbalkonen bei Nacht an Paris oder Marseille erinnern. Tagsüber schlendern hier Gruppen von Männern in schwarzen Lederjacken auf und ab, Frauen in Stöckelschuhen starren in die Schaufenster des Cartier-Juwelierladens und der Versace-Boutique.

Aber die Promenaden der Neureichen können nicht darüber hinwegtäuschen, dass die Boomstadt Baku, das neue Öl Dorado vom Kaspischen Meer, das ist, was man im Englischen ein «Shithole» nennt. Die Glitzerbauten, teuren Boutiquen und Minarette in der Altstadt ändern an diesem Eindruck nichts. Die Luft ist es, die allen Spaß verdirbt: Tag und Nacht sind die Straßen von einem penetranten Ölgeruch durchzogen. Nie verschwindet er, auch wenn der Wind vom Meer bläst. Eher noch schlimmer stinkt es dann, als wäre das Kaspische Meer eine einzige Öllache.

Zu allem Übel stellt sich der neue Bürgermeister als korantreuer Sittenwächter heraus. Straßencafés wurden geschlossen, und neuerdings, so hört man, verhaftet die Polizei auch ausländische Ölmanager, die mit Nutten erwischt werden.

Am Neftciler-(«Ölarbeiter»-)Prospekt entlang der Uferpromenade reiht sich ein mehrstöckiger Gründerzeitpalast an den anderen, die Fassaden sind mit pseudoklassizistischen Säulen und Ornamenten versehen. Die besten Architekten Europas haben hier einst gebaut, denn die Stadt hat schon einmal einen Boom erlebt. Das war vor hundert Jahren, als während des ersten großen Ölrauschs mehr als die Hälfte allen Petroleums auf dem Weltmarkt aus Baku kam.

Auf der ariden Halbinsel Apscheron, die als Fortsatz des Kaukasus-Gebirges wie ein Adlerschnabel ins Kaspische Meer ragt, sickert schon seit Jahrhunderten Öl aus dem Boden. Im 13. Jahrhundert berichtete Marco Polo auf seiner Reise nach China von einer Quelle in der Nähe von Baku, deren Ausfluss man zwar nicht für Speisen, wohl aber zum Verbrennen brauchen könne. Auch ließen sich, so schrieb Polo, mit der schmierigen Masse gut Hautwunden bei Kamelen säubern.

«Land der Feuer» ist der ursprüngliche Name Aserbaidschans. Schon seit Urzeiten gibt es auf Apscheron natürliche Feuer, die von austretendem Erdgas gespeist werden. Ein solches Schauspiel ist noch heute in einem kleinen Vorort nördlich von Baku zu bewundern. Ein holpriger Feldweg führt dort zum Yanar Dag, dem Feuerberg, aus dem Tag und Nacht meterhohe Flammen aus einem verrußten Kalksteinhang stieben. In der Luft liegt der Geruch verbrannten Gases, wie auf einem Campingplatz zu Mittag. Vor dem Hang haben Dorfbewohner ein paar Bänke und Tische aufgestellt, wo sie nachts sitzen, Wodka trinken und in die Flammen starren. Wird das Spektakel allzu eintönig, pfeffert jemand einen Stein gegen den Kalkstein, und schon schießen an der Trefferstelle neue wütende Flammen hervor.

Seit dem frühen Mittelalter pilgerten hinduistische Feueranbeter und Anhänger des persischen Zarathustra-Glaubens hierher, die Feuer als Symbol ihres Gottes verehren. Sie bauten Tempel um die geheimnisvollen Heiligen Feuer am Kaspischen Meer. Ein Ataschgah, Feuertempel, steht noch heute nördlich von Baku. Mitte des 19. Jahrhunderts beschrieb Alexandre Dumas den Ort so: «Man denke sich eine Ebene, etwa eine Quadratmeile groß, aus der hier und da Flammen hoch auflodern und vom Wind hin- und herbewegt werden. Mitten unter diesen nie erlöschenden Feuern steht ein großes viereckiges, mit Kalk übertünchtes Gebäude, dessen Zinnen wie riesige Gasbrenner Flammen ausstrahlen. In der Mitte ist eine Kuppel, an deren vier Ecken hohe Flammen lodern.»[8] Heute ist die Romantik des Wallfahrtsorts allerdings begrenzt, denn die natürliche Gaszufuhr für den Feueraltar im Innenhof des Tempels ist mittlerweile versiegt, und das ewige Feuer wird heute aus einer städtischen Gasleitung gespeist.

DAS ERSTE ÖLFIEBER

Im frühen 19. Jahrhundert begann man in Baku, einem von den Truppen des russischen Zarenreichs annektierten Herzogtum, von Hand in der Erde zu graben und das heraussickernde Öl abzuschöpfen. Anfang der 1870er ließ ein russischer Unternehmer zum ersten Mal maschinell nach Öl bohren, und schon 1873 qualmten mehr als zwanzig kleine Raffinerien in Baku. Im selben Jahr kam ein schwedischer Chemiker namens Robert Nobel in die Stadt. Er war der ältere Bruder von Ludwig und Alfred Nobel, die als Fabrikanten von Waffen und Dynamit in St. Petersburg und Paris reich geworden waren. Der glücklose Robert war mit einigen Firmen Pleite gegangen und arbeitete nun für seinen Bruder Ludwig. Er wurde in den Kaukasus geschickt, um russisches Walnussholz für die Produktion von Gewehrkolben zu kaufen – dafür hatte ihm Ludwig 25 000 Rubel anvertraut. Kaum in Baku angekommen, ließ sich Robert jedoch vom Ölfieber mitreißen und kaufte auf eigene Faust eine kleine Raffinerie.[9]

Wenig später folgte Ludwig nach, und die beiden Brüder gründeten die «Nobel Brothers Petroleum Producing Company», die in wenigen Jahren die amerikanische «Standard Oil» John D. Rockefellers als Weltmarktführer ablösen sollte. Die Nobels wurden zu den Ölkönigen von Baku, ihre Arbeiter nannten sich stolz die «Nobeliten». Schon Ende der 1880er wurden pro Jahr 23 Millionen Barrel russisches Rohöl produziert, mehr als vier Fünftel der amerikanischen Fördermenge. Damals wie heute bestand das größte Problem darin, das Öl von den Küsten des von Landmassen umschlossenen Kaspischen Meers zu den Verbrauchern in Europa zu bringen. Dafür wurde es zunächst auf Schiffen über das Meer und die Wolga nach Norden gebracht und dann mit Zügen weitertransportiert. Das war umständlich und teuer.

Im Jahre 1883 wurde daher eine Eisenbahnlinie von Baku

quer durch den Kaukasus zum Schwarzmeerhafen Batumi gebaut, den Russland zuvor vom Osmanischen Reich erobert hatte. Finanziert wurde das Projekt von einer französischen Bankiersfamilie: den Rothschilds. Sie brauchten billiges russisches Rohöl für Raffinerien in Europa und wurden schnell zu den schärfsten Konkurrenten der Nobels. Allerdings gab es bei der Zugstrecke ein Problem: Die Lokomotiven waren nicht stark genug, um mehr als sechs Tankwaggons gleichzeitig über einen Bergpass zu ziehen. Die Nobels wussten einen Ausweg: Mit Hilfe von 400 Tonnen Dynamit, die Bruder Alfred aus Paris lieferte, ließen sie 1889 einen Tunnel durch den Berg sprengen und eine 70 Kilometer lange Stahlröhre legen – die erste Ölpipeline der Region. Anfang der 1890er brachten die ersten modernen Tanker der Welt Rohöl von Batumi durch den Suez-Kanal bis nach Asien. Die jahrzehntelangen so genannten «Ölkriege» um globale Märkte zwischen Rockefeller, den Nobels und den Rothschilds hatten begonnen. Im Rückblick erscheinen sie fast als harmloses Vorspiel des Kampfes um das kaspische Öl, der nun ausgebrochen ist.

Noch heute finden sich die Spuren des ersten Ölbooms in Baku. Die Villa der Nobels, ein weißes Haus aus Holz und Glas, steht unversehrt auf einem Hügel oberhalb des Hafens. Es muss damals das einzige ansehnliche Gebäude in dem neuen Industriegebiet gewesen sein, das bald zu Recht «Schwarze Stadt» genannt wurde. Hunderte Raffinerien stießen hier einen beißenden, schwarzen Qualm aus, der das Leben auch auf der Terrasse der nobelschen Anwesen erschwert haben muss. Fährt man von der Schwarzen Stadt, die noch immer so heißt, weiter an der Küste entlang, landet man nach einigen Kilometern in einer gespenstischen Industrielandschaft. Direkt am Ufer rosten hier Hunderte alter Ölfördertürme inmitten riesiger Lachen aus schwarz glänzendem, schleimigem Ölschlick und rosafarbenem Wasser. Noch immer quälen sich einige Schwengelpumpen knirschend und rasselnd auf und ab, wie nickende Esel aus Stahl, und saugen Rohöl aus dem Erdreich. Überall liegt Müll, Plastiktüten fliegen umher. Das Gelände ist derart verseucht, dass auf mehreren Quadratkilometern nicht eine Pflanze wächst, kein einziger Grashalm. Der Anblick erinnert an Bilder von den Schlachtfeldern in Paeschendaele oder Ypern im Ersten Weltkrieg.

Auf einem Bohrturm stehen zwei Arbeiter, zerzauste Gestalten mit ölverschmierten Gesichtern und zerlöcherten Stiefeln, die sich mit einer defekten Pumpe abquälen. Bei beißendem Wind versuchen sie, mit bloßen Händen eine festgefrorene Schraube von der Größe eines Apfels zu lösen. Ein absurdes, völlig anachronistisches Bild. Immer wieder tauchen zwischen den Hügeln regelrechte schwarze Seen aus Öl auf, umgeben von totem, gelbem Sand. Hier hat es vor hundert Jahren gigantische Blow-outs gegeben, Fontänen aus Öl. Die Menschen damals gaben ihnen Namen wie «Nasse Krankenschwester» oder «Teufelsbasar». Die größte unter ihnen, eigenartigerweise «Druschba» (Freundschaft) genannt, schoss Mitte der 1880er fünf Monate lang aus der Tiefe, mit einem Volumen von 43 000 Barrel pro Tag. Das meiste davon sickerte in den Boden zurück. Geschundene Erde.

Doch nicht nur die Ölbarone dominierten Baku, auch die sozialistische Bewegung Russlands hatte hier ihre Ursprünge. Während das Zarenregime zu Beginn des 20. Jahrhunderts zu bröckeln begann, traten Ölarbeiter in Baku wiederholt in den Streik und protestierten gegen schlechte Arbeitsbedingungen. Einer ihrer Anführer war ein junger georgischer Agitator namens Josef Dschugaschwili, später als Stalin bekannt. Schon im Jahre 1901 hatte Stalin, der sich damals noch «Koba» (der Unzähmbare) nannte, in Batumi Streiks gegen die Unternehmen der Rothschilds organisiert und war von der zaristischen Polizei verhaftet worden. Nach seiner Flucht aus einem sibirischen Lager ging Stalin wieder in den Untergrund und setzte seine revolutionäre Arbeit in Baku fort. Später schrieb er über diese Zeit: «Zum ersten Mal entdeckte ich, was es hieß, große Arbeitermassen zu führen. Dort in Baku wurde ich so zum zweiten Mal in revolutionärem Kampf getauft. Dort wurde ich zum Handlungsreisenden der Revolution.»[10]

Der spätere sowjetische Diktator war auch am großen Arbeiteraufstand im Jahre 1903 beteiligt, der von Baku auf das gesamte Russland übergriff und zum ersten Generalstreik des Reichs führte. Zwei Jahre später, während der ersten russischen Revolution, wuchs die Wut der Arbeiter auf die Ölbarone in Baku noch weiter, und sie zerstörten erstmals gezielt industrielle Anlagen. Viele Bohrtürme wurden in Brand gesteckt. Blutige ethnische Konflikte zwischen Aseris und Armeniern brachen aus. Am Ende des Jahres waren zwei Drittel aller Ölquellen zerstört und alle Exporte zusammengebrochen. Internationale Investoren zogen sich zurück, die Produktion sollte sich nicht wieder erholen. Am Vorabend des Ersten Weltkriegs betrug der Anteil russischen Öls am Weltmarkt nur noch neun Prozent. Der Ölboom Bakus war vorüber.

Der Erste Weltkrieg wurde dann der erste industriell geführte Krieg der Weltgeschichte, der erste Konflikt, in dem Ölreserven über Sieg und Niederlage entschieden. Am Ende verlor das deutsche Kaiserreich den Grabenkrieg im Westen, weil seiner Kriegsmaschinerie der Treibstoff ausging. Dabei schien Anfang 1918 die Lage günstig für die deutschen Streitkräfte: Die russischen Revolutionäre, die den Zaren Nikolaus II. gestürzt hatten, unterzeichneten im März des Jahres den Friedensvertrag von Brest-Litowsk. Um den Rücken für den Kampf gegen zaristische Truppen frei zu haben, trat der bolschewistische Verhandlungsführer, Wladimir Iljitsch Lenin, das Baltikum, Polen, Finnland und die Ukraine an die Deutschen ab. Generalstabschef Erich von Ludendorff aber wollte mehr: das Öl von Baku. Schon rückten türkische Truppen, die mit der Reichswehr verbündet waren, auf die Ölquellen am Kaspischen Meer vor. Die Deutschen versprachen den Bolschewisten, gegen direkte Öllieferungen an das Deutsche Reich die Türken zurückzuhalten. Lenin willigte ein, und Stalin befahl in einem Telegramm der Kommune von Baku, die inzwischen die kapitalistischen Ölbarone vertrieben hatte und die Stadt kontrollierte, Rohöl gen Westen zu pumpen. Doch die Kommunarden weigerten sich.

Im Juli und August belagerten die Türken die Stadt und eroberten einige Ölfelder. Da stieß von Persien her eine kleine Einheit britischer Soldaten nach Norden und befreite die Festung Baku. So verwehrten die Briten Ludendorff in einem entscheidenden Moment dringend benötigte Ölvorräte. Als die Briten die Stadt im September der türkischen Armee überließen, war es für die erschöpften Deutschen zu spät. Am 11. November 1918 kapitulierten sie. Lord Curzon, Mitglied des britischen Kriegskabinetts und angehender Außenminister, sollte wenige Tage später erklären: «Die Alliierten sind auf einer Woge von Öl zum Sieg geschwommen.»[11]

Auch für den Ausgang des Zweiten Weltkriegs war das kaspische Öl von Bedeutung. Die Beute Baku hatte Adolf Hitler vor Augen, als er Anfang 1942 in der «Operation Blau» seine Armee in den Kaukasus schickte. Um Blitzkriege mit motorisierten Einheiten auch im Osten fortzusetzen und die Sowjetunion in die Knie zu zwingen, brauchte die Wehrmacht dringend das kaspische Öl. Zugleich wollten die deutschen Generäle das Zentrum der sowjetischen Kriegsindustrie treffen. Aber in den Bergen des Kaukasus gelang es der Roten Armee, die deutsche Offensive aufzuhalten. Den Panzerdivisionen der Wehrmacht ging ironischerweise der Sprit aus. Oft saßen die Fahrzeuge mehrere Tage lang fest und warteten auf Nachschub. Da auch Tanklaster keinen Treibstoff hatten, transportierten die Deutschen in ihrer Verzweiflung Benzinkanister auf dem Rücken von Kamelen. Als im Winter 1942/43 die Sechste Armee in Stalingrad von sowjetischen Truppen eingekesselt wurde, lehnte Hitler es ab, die Einheiten aus dem Kaukasus abzuziehen und in die Schlacht um Stalingrad zu werfen. Zu Feldmarschall Erich von Manstein sagte der Diktator: «Es ist eine Frage des Besitzes von Baku – wenn wir das Öl von Baku nicht bekommen, ist der Krieg verloren.»[12] Dennoch wurde den Kaukasus-Truppen im Januar 1943 der Rückzug befohlen. Zwei Jahre später rollten sowjetische Panzer in Berlin ein.

Nach dem Krieg brach für die Ölindustrie am Kaspischen Meer eine neue Ära an: sie ging *offshore*. Sowjetische Ingenieure bauten die ersten Bohrinseln vor der Küste. In dieser Zeit begann die Karriere von Khoshbakht Jusifzadeh, dem Grandseigneur unter Bakus Ölbossen. Der 72-Jährige ist heute Vizepräsident von Socar, dem allmächtigen staatlichen Ölkonzern Aserbaidschans. Dessen Zentrale ist in einem imposanten, weißen Palast am Neftciler-Prospekt untergebracht, in dem sich schon vor dem Ende des roten Reichs die sowjetische Ölverwaltung für das Kaspische Meer befand.

Der Weg zu Jusifzadehs Büro führt durch gläserne Gänge, die die einzelnen Teile des Palasts verbinden. Zwei Vorzimmerdamen bitten um Geduld, der Herr Vizepräsident telefoniere noch. Durch die Tür dringt eine tiefe, rollende Stimme, die nach Autorität klingt. Dann ein Lachen, ein lautes, heiseres Lachen, und der hämmernde Klang einer Hand, die flach auf eine Schreibtischplatte kracht. Die Sekretärinnen lächeln und zucken mit den Achseln.

Augenblicke später lässt Jusifzadeh bitten. Hinter seinem mit Papierstapeln überhäuften Schreibtisch wirkt der große alte Mann wie ein spanischer Don. Die Haare noch nicht gänzlich ergraut, hat das Alter doch tiefe Furchen durch sein Gesicht gezogen, und weit geschwungene Tränensäcke liegen unter den so wachen wie warmen Augen. Das Büro könnte das Hauptquartier eines Feldherrn sein: An allen Wänden hängen große geographische Karten, die meisten vom Kaspischen Meer. Dutzende Ampullen, mit Rohölproben gefüllt, stehen auf einem Schrank.

«Seit 49 Jahren bin ich in diesem Business, ich habe für das Öl gelebt», sagt Jusifzadeh und nimmt einen Schluck aus seiner

Tasse grünen Tees. «Oily Rocks und ich sind zusammen alt geworden.» Die öligen Felsen, das war nach dem Großen Vaterländischen Krieg das gewagteste Offshore-Projekt der siegreichen Sowjetunion. Etwa 40 Kilometer vor der Küste Bakus hatten Geologen Hinweise auf große Ölvorkommen entdeckt. «Wir wollten sie haben, aber wir hatten ja gar keine Erfahrung, wie man auf dem Wasser zu bohren anfängt.» Also ließen Ingenieure 1949 zunächst sieben alte Schiffe zusammenkommen, die dann mit stählernen Brücken verbunden wurden. Das war der wackelige Beginn einer Bohrinsel, die in den kommenden Jahrzehnten zu einer regelrechten Stadt auf dem Meer heranwachsen sollte. Schon bald verbanden mehr als 100 Kilometer Straßen die etwa 600 Bohrtürme miteinander, und für die Tausende von Ölarbeitern wurden Apartmentblocks errichtet. Nach seinem Geologiestudium verbrachte Jusifzadeh die ersten zwölf Jahre seiner Laufbahn auf den Oily Rocks: «Für uns war es die schöne neue Zeit. Wir waren Pioniere, Entdecker. Nach der Arbeit gingen wir ins Kino oder in Bars. Es waren ja auch viele Frauen dort, die in den Labors oder in der Kantine arbeiteten.»

Und er verdiente Geld, das erste gute Geld nach langer Not. Jusifzadeh war ohne seinen Vater aufgewachsen, der den stalinistischen Säuberungen in den dreißiger Jahren zum Opfer fiel. Die Mutter zog ihn und zwei Geschwister allein und in bitterer Armut auf. «Dann durfte ich zur Universität gehen, und auf den Oily Rocks verdiente ich 2900 Rubel, mit Bonus sogar 5000 Rubel. Das war damals traumhaft!» Jusifzadeh stieg auf: In den 1970ern wurde er Chefgeologe für das gesamte Kaspische Meer. Allerdings begann die Sowjet-Führung in jener Zeit, die Ölförderung der Region zu vernachlässigen und sich stattdessen auf strategisch günstiger gelegene Vorkommen in Sibirien und Kasachstan zu konzentrieren.

Dennoch ließ Jusifzadeh auf der Suche nach neuen Ölquellen an allen kaspischen Küstenabschnitten Testbohrungen vornehmen. «Die meisten der Quellen vor der kasachischen Küste, um die jetzt so ein Tamtam gemacht wird, habe ursprünglich ich entdeckt.» Der alte Mann springt auf und geht zu einem Schrank. Er öffnet die Tür, und eine Lawine aufgerollter Karten rauscht heraus. Hastig wird eine nach der anderen entrollt und inspiziert, bis Jusifzadeh ein Exemplar hochhält. Triumphierend wischt er den Staub vom nördlichen Teil des Kaspischen Meers. «Hier oben steht ‹Kashagan›, oder etwa nicht?» Kashagan – im Sommer 2000 wurde hier eine gigantische Ölblase entdeckt, mit geschätzten 30 Milliarden Barrel Inhalt vermutlich die fünfgrößte der Welt. Der Fund löste eine Sensation auf den Ölmärkten der Welt aus und liegt heute im Zentrum aller Debatten um Pipelines in der kaspischen Region.

«Ich habe damals schon geahnt, dass da oben viel Öl liegen könnte.» Jusifzadehs Problem aber war, dass der Ort in einem Naturschutzgebiet lag. Ausnahmeregelungen konnte nur das Fischereiministerium in der Hauptstadt genehmigen. «So bin ich extra nach Moskau geflogen und habe um Erlaubnis gebeten, in Kashagan ein Testloch bohren zu dürfen. Die verantwortliche Frau Oberst lehnte kategorisch ab. ‹Nur über meine Leiche›, hat sie gesagt.» Lachend fügt der Aseri hinzu: «Heute ist die Frau Oberst tot, und die ausländischen Konzerne bohren in Kashagan. Von Naturschutz spricht keiner mehr.»

Als die Sowjetunion Ende 1991 auseinander fiel, wurde alles anders am Kaspischen Meer. Aserbaidschan wurde unabhängige Republik, die aber schnell ins Chaos rutschte. Mehrere Regierungen putschten sich gegenseitig aus dem Weg, völlig demoralisierte aserische Truppen verloren den blutigen Krieg gegen Armenien um die mehrheitlich armenisch bevölkerte Enklave Bergkarabach. Aserbaidschan, um fast 15 Prozent seines Territoriums beraubt, drohte im Jahre 1993 wieder unter die Kontrolle Moskaus zu geraten. Das Land und seine sieben Millionen Einwohner standen am Abgrund. Das war die Stunde von Heydar Alijew. Der Aseri war als KGB-General, Politbüromitglied und designierter Nachfolger Leonid Breschnews für das Amt des

Generalsekretärs der KPdSU jahrzehntelang einer der mächtigsten Kommunisten-Führer des Sowjetreichs gewesen. Nach dem Ende des roten Reichs hatte der Taktiker, auch «der Fuchs» genannt, auf seine Chance in seinem Heimatland gewartet. In fast allen postsowjetischen Republiken waren ehemalige hohe KP-Funktionäre mittlerweile wieder an der Macht. Im Oktober 1993 wurde Alijew zum Präsidenten gewählt.

DER JAHRHUNDERTVERTRAG UND DIE PIPELINES

Gleich zu Beginn seiner Herrschaft begriff Alijew, dass die einzige Chance für die aserische Unabhängigkeit – und den persönlichen Machterhalt – im Ölgeschäft lag. Als Erstes machte Alijew seinen als Playboy bekannten Sohn Ilham zum zweiten Vizepräsidenten von Socar. Keine Entscheidung im Staatskonzern wird seitdem ohne die Zustimmung der Alijews gefällt, das Ölgeschäft ist fest in der Hand der Präsidentenfamilie. Im Büro von Socar-Vize Jusifzadeh finden sich nicht weniger als sieben Fotos von Staatschef Alijew. In den acht Jahren seiner Herrschaft hat der Autokrat einen regelrechten Personenkult um sich aufgebaut. In jeder Amtsstube im Lande hängen Bilder mit den sphinxhaften, ledernen Gesichtszügen Alijews an den Wänden. Das weit verbreitete gemalte Porträt mit dem Titel «Scheinende Sonne des Volkes» zeigt einen stark verjüngten Präsidenten als Quelle von roten und gelben Lichtstrahlen. Tatsächlich siecht der 78-jährige Diktator inzwischen an Krebs dahin und hat seinen Sohn Ilham als Nachfolger im Präsidentenamt ausersehen. Ob der junge Mann die dynastische Fahne hochhalten und erneuten Bürgerkrieg verhindern kann, gilt jedoch als ungewiss.

Nach der Machtergreifung versuchte Alijew, sein Land aus der Vormundschaft Moskaus zu befreien, wo man ob seiner Vergangenheit mit einer prorussischen Politik gerechnet hatte. Auch hier spielte der Ölreichtum des Landes die entscheidende Rolle.

Um die Vorkommen vor der Küste auszubeuten, fehlten den Aseris allerdings das Geld und die nötige Technologie. Alijew blieb daher keine andere Wahl, als die Ölquellen des Landes für ausländische Konzerne zu öffnen. Auch politisch war das wichtig: Nur so würden westliche Regierungen, allen voran die USA, ein Interesse am Fortbestehen eines unabhängigen Staats Aserbaidschan haben. Schon im Frühjahr 1994 nominierte Alijew dann ein Expertenteam, angeführt von Ilham, das mit interessierten Ölmultis einen guten Deal aushandeln sollte.

Jusifzadeh, mit Alijew seit Jahren befreundet, nahm an den Verhandlungen teil: «Wir machten eine Ausschreibung, und sechs, später zwölf, Firmen zeigten Interesse. Vorne dabei waren der amerikanische Konzern Amoco und British Petroleum.» Für die Verhandlungen musste ein geeigneter Ort gefunden werden. In Baku gab es zu jener Zeit noch kein akzeptables Hotel von Weststandard, auch gab es Bedenken um die Sicherheit der ausländischen Ölbosse. «Viele Menschen in Aserbaidschan wollten nicht, dass wir uns mit Ausländern einigen. Und die Russen waren natürlich auch dagegen.» Tatsächlich las man in Moskau die Berichte russischer Informanten in Baku mit großer Sorge. Statt auf die alten Seilschaften mit Moskau zu setzen, entpuppte sich Alijew über Nacht als glühender aserischer Nationalist, der offenbar die Bodenschätze seines Landes russischer Kontrolle zu entziehen trachtete. Es war denkbar, dass Moskau Alijews Flirt mit dem Westen zu sabotieren versuchen würde, Gerüchte von einem bevorstehendem Putsch gingen um.

So kamen die Verhandlungspartner überein, dass man sich zunächst in Istanbul treffen werde. Im Sommer 1994 brachte ein Flugzeug der Turkish Airlines die Aseris dorthin. «Wir waren alle sehr aufgeregt», erinnert sich Jusifzadeh. «Immerhin war es das erste Mal überhaupt, dass eine Delegation ohne russische Teilnehmer ins Ausland fuhr – das war vorher undenkbar.» Aber auch der Kontakt mit westliche Ölbossen war völliges Neuland, und anfangs herrschte großes Misstrauen. «Die Menschen, die uns da auf einmal gegenübersaßen, waren kurz zuvor doch noch unsere kapitalistischen Feinde gewesen», sagt Jusifzadeh. Bei dem Gedanken bricht er in lautes Lachen aus. «Anfangs waren wir unsicher und hatten viele Zweifel. Diese Ölchefs aus Amerika kamen uns wie Zigeuner vor, die nur darauf aus waren, uns übers Ohr zu hauen.»

Nur selten in seinem Leben hatte Jusifzadeh bis dahin mit Amerikanern zu tun gehabt. «Mein Bild war doch sehr von Propaganda geprägt. Einmal, in den Siebzigern war das, kam eine Delegation aus den USA hier zu Besuch nach Baku, und ich war überrascht, wie nett und normal die waren. Sie brachten mir eine Flasche Buffalo-Whiskey mit.» Ein zweites Gastgeschenk der Amerikaner hängt noch heute in Jusifzadehs Büro: eine mehrere Quadratmeter große Weltkarte. Sie ist strikt geographisch, keine Staatsgrenzen sind darauf zu erkennen. Wo sonst der Schriftzug «UdSSR» prangte, stehen lediglich «Siberia» und die Namen einiger Flüsse und Gebirge. Sehr unverfänglich und, wie sich zeigen sollte, weitaus beständiger.

Nach dem ersten Kontakt wurden die Verhandlungen in die Höhle des Löwen verlegt: nach Houston, Texas, inoffizielle Hauptstadt der amerikanischen Ölindustrie. «Die Wolkenkratzer aus Glas, der ganze Luxus in der Stadt – das war schon etwas anderes als bei uns», erzählt Jusifzadeh. Die Delegation aus Baku wurde in einem Fünf-Sterne-Hotel untergebracht. Allerdings habe, entgegen allen Korruptionsgerüchten, keine der beteiligten Firmen versucht, den Aseris mit großzügigen Geschenken die Entscheidung zu ihren Gunsten zu erleichtern: «Ich wünschte, jemand hätte mir Geld gegeben! Aber wir bekamen nur Souvenirs, Kugelschreiber und so ein Zeug.» Anderen aus dem Team könne es besser ergangen sein, räumt Jusifzadeh ein, aber darüber wisse er nichts. Zur gleichen Zeit machte Moskau Druck auf die Regierung in Baku, kein Abkommen zu schließen, solange die Besitzverhältnisse am Kaspischen Meer ungeklärt seien. Aber Alijew ließ sich nicht beirren. «Er wollte diesen Vertrag um jeden Preis. Wir hatten die klare Anweisung von unserem Präsidenten, nicht mit leeren Händen aus den USA heimzukehren.» Die Verhandlungen erwiesen sich als kompliziert, schließlich hatten beide Seiten keine Erfahrung, wie man ein so genanntes PSA (Production Sharing Agreement, Produktionsteilhabeabkommen) in einem postsowjetischen Land auf die Beine stellte.

Nach erschöpfenden 47 Tagen war man sich endlich einig. Handschlag. Das Ölteam kehrte nach Baku zurück, Alijew triumphierte. Am 20. September 1994 unterschrieb er mit den Chefs der Azerbaijan International Operating Company (AIOC), dem aus einem Dutzend Firmen bestehenden internationalen Konsortium, den so genannten «Jahrhundertvertrag». Zum ersten Mal seitdem die ausländischen Ölbarone nach der Oktoberrevolution 1917 enteignet und vertrieben worden waren, durften ausländische Firmen wieder in Bakus Ölindustrie investieren. Mehrere Milliarden Dollars begannen in neue Förderanlagen zu fließen. Den Hauptzuschlag in dem Konsortium erhielt das amerikanische Unternehmen Amoco, British Petroleum zog zunächst den Kürzeren. Wenig später rächte sich BP im Stil der Branche, indem es Amoco kurzerhand aufkaufte. Fortan sollte BP die Ölshow in Baku dominieren.

Russland und auch der Iran protestierten heftig gegen die Unterzeichnung des Jahrhundertvertrags. Beide Länder warfen Alijew vor, Konzessionen für Ölfelder vergeben zu haben, die womöglich gar nicht Aserbaidschan gehörten. Damals hatten sich die fünf kaspischen Anrainerstaaten – Russland, Kasachstan, Turkmenistan, Aserbaidschan und der Iran – noch nicht auf eine territoriale Aufteilung des Meers geeinigt. Bis heute gibt es darüber Streit. Der Iran und auch Turkmenistan beanspruchten Ölfelder, die dem Konsortium zur Ausbeutung freigegeben waren. In Russland, das das Kaspische Meer seit dem 19. Jahrhundert kontrolliert hatte, taten sich viele mit dem Gedanken schwer, dass nun mächtige Firmen der einstigen Klassenfeinde in diesen traditionellen Herrschaftsbereich eindrangen. Sergej Karaganow, außenpolitischer Chefberater von Präsident Boris Jelzin, dachte wohl an das «Bolshaya Igra», das Große Spiel, als er den Vertrag als Teil eines «jahrhundertealten Spiels» bezeichnete. Wenige Monate zuvor, am 21. Juli 1994, hatte Jelzin die geheime Direktive Nr. 396 unterschrieben, zum «Schutz der Interessen der Russischen Föderation auf dem Kaspischen Meer». Darin ist klar niedergelegt, dass Russland seine Interessensphäre in den kaukasischen und zentralasiatischen Republiken aufrechterhalten müsse.[13] In Moskau hasste man die Vorstellung, dass die ehemalige Kolonie Aserbaidschan profitieren und Russland leer ausgehen sollte. Diese Gefahr war umso größer, je konkreter die Pläne für eine neue Ölpipeline für das aserische Öl wurden.

Von Beginn an standen die westlichen Investoren in Baku vor dem Problem, wie sie das Öl und Gas aus dem von Landmassen umgebenen Kaspischen Meer an die Märkte der industrialisierten Welt bringen konnten. Die Vereinigten Staaten setzen alles daran, den kostbaren Rohstoff russischem Zugriff zu entziehen. Eine südliche Route durch den Iran kommt für Washington ebenfalls nicht infrage.

Seit Mitte der neunziger Jahre machen die USA daher Druck für ein gigantisches Pipelineprojekt über 1750 Kilometer von der aserbaidschanischen Hauptstadt Baku Richtung Westen über das Nachbarland Georgien bis zum türkischen Mittelmeerhafen Ceyhan. Im Gegensatz zu Noworossisk ist Ceyhan ein Tiefwasserhafen, an dem Tanker mit bis zu 300 000 Tonnen Kapazität anlegen können. Zuerst hatte diese Transportidee die türkische Regierung, die befürchtete, Tanker aus dem Schwarzen Meer könnten im engen Bosporus havarieren und Istanbul verseuchen. Zugleich versucht die Türkei mit dem Projekt ihre seit dem Ende des Kalten Kriegs schwindende geopolitische Bedeutung für den Westen wieder zu erhöhen. Unterstützt wird Ankara dabei von den USA, die die moderat islamische Türkei als Regionalmacht aufbauen wollen. Unter den wohl wollenden Blicken von US-Präsident Bill Clinton unterzeichneten daher am 18. November 1999 in Istanbul die Staatspräsidenten von Aserbaidschan, Georgien und der Türkei ein Abkommen über den Bau der Mittelmeer-Pipeline von Baku nach Ceyhan.

Der Weg zu US-Botschafter Ros Wilson in Baku, Washingtons wichtigstem Diplomaten in diesem Teil der Welt, führt durch eine Metallschranke, die so lange piept, bis ich auch den letzten Kugelschreiber aus der Tasche gekramt habe. Woraufhin die Sicherheitsbeamten, seit dem 11. September noch gewissenhafter als sonst, den Kugelschreiber in seine Einzelteile zerlegen – man kann ja nie wissen. Auch sämtliche elektronische Geräte, sogar einen Palm-Terminkalender, kassieren die Wachleute vorübergehend ein.

Auch Botschafter Wilson, ein hoch aufgeschossener, schlanker Mann, hat seit dem Beginn des amerikanischen Krieges gegen den Terror wohl ein paar mehr Akten als sonst auf seinem Schreibtisch. Mühsam erhebt er sich hinter den Papierstapeln, und wir setzen uns auf eine helle Couchgarnitur, direkt unter den Porträtbildern von US-Präsident George W. Bush und Außenminister Colin Powell. Als wollte er seine Erschöpfung entschuldigen, sagt Wilson: «Wie Sie sich vorstellen können, ist diese Region seit dem 11. September für Washington noch wichtiger geworden.» Allerdings scheint der Mann aus Minnesota ganz froh zu sein, mal wieder über Öl und nicht über islamische Terroristen reden zu können. Schon die ersten Sätze verraten den geschliffenen Karrierediplomaten: «Wir sehen uns nicht in einem Großen Spiel mit Russland, schon gar keinem Nullsummenspiel. Wir haben unsere Interessen, die Russen haben ihre, aber sie müssen nicht unbedingt miteinander kollidieren.» Das Misstrauen einiger Russen, Amerika wolle sie aus der Region verdrängen, sei grundlos.

Nach einigen Phrasen über Demokratie, Frieden und internationale Kooperation, die so sorgsam getrimmt sind wie sein rötlicher Vollbart, wird Wilson deutlicher: «Wir wollen sicherstellen, dass das kaspische Öl an die Märkte kommt.» Das sei das Hauptargument für eine Pipeline, die Russland umgeht. Schließlich sei der große Nachbar im Norden ein Hauptkonkurrent Aserbaidschans auf den Ölmärkten. In Baku wisse man außerdem, dass nur die Mittelmeer-Pipeline den Weg zur wirklichen Unabhängigkeit ebne. «Die Aseris versuchen natürlich, Amerika und Russland gegeneinander auszuspielen. Aber sie verstehen, dass nur die Vereinigten Staaten der Garant für ihre Unabhängigkeit sind.» Wie einen Beschluss verkündet Wilson dann mit fester Stimme: «Das Öl wird nie durch Russland fließen.»

Um Investoren für die Ceyhan-Pipeline einzuschüchtern und so das Projekt zu verhindern, habe Russland in der Vergangenheit den Südkaukasus, besonders Georgien, destabilisiert. «Dann bekam Moskau plötzlich ein kleines Problem namens Tschetschenien. Nun sind die Russen vorsichtiger geworden.» Mittlerweile arbeite man im Kaukasus mit Moskau in vielen Fragen gut zusammen.

Deutlich schlechter ist Botschafter Wilson, der vor Baku in Moskau stationiert war, auf den südlichen Nachbarn seines Gastlands, den Iran, zu sprechen: «Der Iran ist ein Konkurrent Aserbaidschans und will das Kaspische Meer kontrollieren. Regelmäßig dringen iranische Schiffe in die Hoheitsgewässer Aserbaidschans ein, und iranische Kampfjets verletzen den aserischen Luftraum», behauptet der Diplomat. Die USA hätten darauf reagiert und der aserischen Grenzpolizei zwei Patrouillenboote geschenkt.

Dass kaspisches Öl in einer Pipeline durch den von den schiitischen Mullahs regierten Iran gepumpt werde, komme trotz des kurzen Rapprochements mit Teheran im Kampf gegen die afghanischen Taliban für das State Department nicht infrage. «Der Iran unterstützt Terrorismus und will sich Massenvernichtungswaffen zulegen», erläutert Wilson. «Also müssen wir weiter seine Möglichkeiten beschneiden, Einkommen zu erzielen, mit dem die Regierung diese Aktivitäten finanziert.» Aus diesem Grund verhängte der amerikanische Kongress im Jahr 1996 im «Iran-Lybia-Sanctions Act» Wirtschaftssanktionen gegen das Land. Es verbietet amerikanischen Firmen, Geschäfte mit dem Iran zu machen. Fünf Jahre später wurde das Gesetz, gegen den Widerstand einiger wirtschaftsnaher Republikaner, erneuert. Wenige Wochen nach meinem Gespräch mit Wilson wird US-Präsident Bush den Iran, zusammen mit dem Irak und Nordkorea, als Teil einer «Achse des Bösen» bezeichnen.

Bauen soll die große Mittelmeer-Pipeline ein Konsortium, das von Socar und BPAmoco angeführt wird. In den Konzernzentralen stieß das geopolitische Lieblingsprojekt amerikanischer Außenpolitiker allerdings zunächst auf Skepsis. Den Ölchefs war die Röhre zu lang und mit 2,9 Milliarden Dollar Baukosten zu teuer. Zudem würde sie durch politisch sehr unruhige Gebiete, den Südkaukasus und die von Kurden bewohnte Osttürkei, verlaufen, was jede Investition als sehr riskant erscheinen ließ.

Besonders der erste Teil der Strecke durch Aserbaidschan und Georgien macht den Planern der Pipeline Sorgen. Seit dem Ende der Sowjetunion sind hier mehrere ethnische Konflikte und politische Machtkämpfe ausgebrochen. Zuerst haben Anfang der 1990er armenische Truppen dem Nachbarn Aserbaidschan die mehrheitlich armenisch bevölkerte Enklave Bergkarabach abgerungen, wobei Zehntausende starben und fast eine Million Aseris aus ihrer Heimat vertrieben wurden. Nach regelrechten Pogromen flüchteten dann Hunderttausende Armenier aus dem bis dahin multiethnischen und kosmopolitischen Baku, auch viele Russen zogen weg. Zur gleichen Zeit versank Georgien im Chaos: die Provinzen Abchasien und Südossetien spalteten sich ab, Tausende kamen dabei ums Leben. Keiner dieser Konflikte ist bis heute gelöst. Sie schwelen dicht unter einer Scheinoberfläche aus diplomatischen Verhandlungen und UN-Friedenstruppen. Immer wieder brechen Kämpfe aus, die den Südkaukasus in einen neuen Krieg reißen können. Dazu ist seit Mitte der neunziger Jahre ein Krieg gekommen, der bis heute ausgefochten wird und der die gesamte Region instabil macht: Tschetschenien. Die Mittelmeer-Pipeline ist von keinem dieser Konflikte weiter als ein Tagesmarsch entfernt.

Bei all diesen Kriegen der vergangenen zehn Jahre war Wahid Mustafajew dabei. Als Fernsehreporter hat er von allen Kriegsschauplätzen des Kaukasus berichtet, von Bergkarabach über Abchasien und Südossetien nach Tschetschenien, auch für CNN und die ARD. Besser als der aserische Journalist weiß in Baku wohl kaum einer, wie gefährlich es im Kaukasus zugeht. Oft war der heute 35-Jährige der Einzige, der Bilder von besonders heiklen Frontsituationen gedreht hatte. Als Mustafajew allerdings einsehen musste, wie schlecht ausländische Fernsehanstalten riskante Arbeit örtlicher Freelancer bezahlen, gründete er den Azerbaijan News Service (ANS). Heute ist er Chef dieses einzigen regierungsunabhängigen und kommerziell erfolgreichen Fernseh- und Radiosenders im Lande.

Wir treffen uns im Studio, das auf den Hügeln im Süden der Stadt gelegen ist. Gerade sind die Mittagsnachrichten abgedreht worden, die Kameras werden abgeschaltet. Die Sprecherin faltet ihre Papierbögen zusammen, vor der Bühne sammeln sich Kameraleute, Producer und Schminkerinnen, eine Kanne Kaffee wird rumgereicht. Mustafajew, ein durchtrainierter Mann mit kantigem Gesicht, ist eine auffällige Erscheinung. Er trägt er einen makellosen dunklen Anzug mit dick gebundener gelber Krawatte und feine italienische Lederschuhe. Nur seine kurz geschorenen schwarzen Haare, der Stoppelbart und die flackernden Augen lassen noch die Reportervergangenheit erahnen.

Stolz zeigt Mustafajew mir das Studio, Aufnahmekabinen und Schnittplätze. Die technischen Geräte für den Sendebetrieb sind Westprodukte, auf modernstem Stand. «Wir haben alles allein aufgebaut in den vergangenen Jahren, ohne einen Dollar und gegen viel Widerstand vom Staat», erzählt Mustafajew. «Und jetzt sind diese Mikrophone die einzigen im Land, die die Regierung nicht kontrolliert. Und wir haben die höchsten Einschaltquoten.» Er selbst findet nicht mehr die Zeit, wie früher mit der Kamera unterwegs zu sein. Dennoch erzählt er ohne Verklärung von seinen Fronterlebnissen in Karabach, Abchasien und Tschetschenien: «Bei all den kaukasischen Kriegen geht es immer auch um Öl. Die Russen wollen die große Pipeline von Baku nach Ceyhan verhindern.» Russland habe in den neunziger Jahren alles darangesetzt, den südlichen Kaukasus zu destabilisieren, also Krisen und Kriege schwelen zu lassen und so Investoren abzuschrecken. «Russland sieht Aserbaidschan noch immer als Teil seines Reichs. Wenn es dieses Land verliert, hat es den gesamten Kaukasus verloren», fährt Mustafajew fort. Um die Amerikaner draußen zu halten, habe sich Russland sogar im Süden mit seinem alten Konkurrenten Iran verbündet. Zusammen würden sie Aserbaidschan in die Zange nehmen. «In Baku gibt es mehr Agenten und Spione als Geschäftsleute – die meisten von ihnen sind Russen und Iraner.»

Der Fernsehchef lässt seine Sekretärin eine Karte des Kaukasus holen. Mit einem roten Stift zeichnet er die geplante Route der Pipeline nach Ceyhan ein. «Russen sind gute Menschen, bis sie Wodka trinken und eine Landkarte sehen. Dann drehen sie durch. Sie haben die Armenier gegen uns aufgehetzt und unterstützt.» Tatsächlich hat Moskau bestätigt, in den Jahren 1994 bis 1997 Waffen im Wert von einer Milliarde Dollar an das christliche Armenien, bis heute Russlands einzigem Verbündeten im Kaukasus, geliefert zu haben. Darunter waren MIG-29-Kampfflugzeuge und S-300-Raketen. «Kein Frieden – kein Öl!», pflegte Armeniens Staatspräsident Robert Kocharian, ehemaliger Präsident von Bergkarabach, zu sagen. Die direkte Route der geplanten Pipeline würde durch Karabach und Armenien gehen – stattdessen macht sie heute einen großen nördlichen Bogen um die Gebiete.

Plötzlich verdüstert sich Mustafajews Gesicht. Er muss an den Tag im Jahre 1991 denken, an dem sein Bruder, ebenfalls Kameramann, beim Filmen in Karabach ums Leben kam. Zerfetzt von einer Granate. Wir gehen auf den Flur vor dem Studio, wo in einer Vitrine ein unscharfes, verwackeltes Foto hängt. Es zeigt nichts als vage umrissene Grashalme und viel Himmel. «Das war die letzte Kameraaufnahme, nachdem mein Bruder getroffen und zu Boden gestürzt war.» Ganz leise wird die Stimme des jungen Mannes, doch sie klingt entschlossen. «Es ist Zeit, dass unsere Armee Karabach zurückerobert. Wir müssen unsere Toten rächen, und die Armenier müssen für ihre Verbrechen zahlen.» Aber würde das nicht nur neues Blutvergießen bedeuten, wären Verhandlungen nicht der bessere Weg? Heftig schüttelt Mustafajew den Kopf: «Fast zehn Jahre lang haben unsere Regierungen jetzt verhandelt, und die Armenier haben sich nicht ein Stück bewegt. Das bringt nichts mehr. Unsere Flüchtlinge leben im Elend, und nicht einer konnte bisher in seine Heimat zurückkehren.»

Mustafajew zeigt sich als glühender Nationalist. Jeden Tag, so sagt er, würde sein Sender ANS Druck auf die Regierung Alijews machen, in der Karabach-Frage wieder auf eine konsequente Kriegspolitik zu setzen. «Es ist den Mächtigen natürlich unangenehm, dass wir sie in ihrer Begeisterung über den Ölboom immer wieder an ihre patriotische Pflicht erinnern. Mit dem Geld aus dem Öl müssen unsere Streitkräfte modernisiert und wieder schlagkräftig gemacht werden.» Ob er denn selbst auch an die Karabach-Front gehen und kämpfen würde? «Natürlich. Je eher, desto besser. Wir müssen wieder Krieg gegen die Armenier führen. Wir können diese Aufgabe nicht unseren Kindern überlassen.» Bei diesen Worten löst er den Knoten seiner Krawatte ein wenig. Wir verabschieden uns, und Mustafajew lässt mich in seiner eigenen Limousine, einem gepanzerten, übergroßen Range Rover, zum Hotel zurückbringen. Im Autoradio singt eine bekannte aserische Rap-Band ein martialisches Lied: «Karabach oder den Tod!» Von armenischen Gräueltaten handelt der Text und von der Blutrache, die Aseris bald dafür nehmen würden. Im Refrain brüllt der Sänger der Gruppe unzählige Male «Dschihad! Dschihad!» – Gotteskrieg! Welcher Sender das denn sei, frage ich den Chauffeur. «Das ist ANS, was denn sonst?»

STALINS VERMÄCHTNIS: GEORGIEN

Eigentlich darf Alex Rondeli nach seinem Herzinfarkt keinen Rotwein mehr trinken, aber Sonja, die Kellnerin im Café am Rustaweli-Platz in Tiflis, schiebt seine flache Hand über dem Glas forsch beiseite und gießt nach, aus der dritten Flasche. «Das vertragen Sie schon noch, Herr Professor», sagt sie und lacht. Rondeli, ein großer, barocker Bonvivant mit schlohweißem Haar, rückt das volle Glas an den Rand des Tisches. Der Diplomat im georgischen Außenministerium und angesehene politische Analyst sieht sehr ernst aus.

«Wir brauchen die große Ölpipeline, damit wir die USA weiter gegen Russland auf unserer Seite haben. Georgien hat doch der Welt sonst nichts zu bieten, da müssen wir eben unsere geographische Lage verkaufen», sagt Rondeli. «Wir sind Bettler, aber lieber Bettler sein, als wieder unter Moskaus Knute leben!» Rondeli starrt auf das volle Glas auf dem Tisch und schweigt. Es ist ein wolkenverhangener Herbstabend in Tiflis, und die ersten Blätter fallen von den alten Platanen am Platz. Die Stadt gilt seit jeher als die reizvollste und multikulturellste des Kaukasus. Literaten schwärmten im 19. Jahrhundert vom beispiellosen Vielvölkergemisch in den Altstadtgassen, darunter Georgier, Perser, Armenier, Tataren, Juden, Tschetschenen, Tscherkessen, Osseten, Swanen, Awaren, Kurden und Abchasen – und natürlich die russischen Herren. Heute macht die Stadt einen müden, alten Eindruck, weit entfernt von der hektischen Munterkeit von Baku.

Verfallende Straßenzüge bieten allenfalls maroden Charme, nur wenige neue Geschäfte sind zu sehen.

Nach einer Weile greift Rondeli doch zum Glas und trinkt einen Schluck. «Das Öl an sich ist egal. Gut, es bringt Zölle und Transitgebühren, aber das Geld kriegen ohnehin nur wieder die Falschen.» Der Historiker lacht auf, etwas bitter. Er weiß: Kein Land der ehemaligen Sowjetunion gilt als so korrupt wie Georgien. Lieber nehmen ausländische Lkw-Fahrer Umwege von Tausenden Kilometern, heißt es, als auf georgischem Territorium in die Fänge wegelagernder Polizisten zu geraten. Rondeli fährt fort: «Mit der Pipeline kommen internationale Investoren, und dann können es sich die Amerikaner nicht mehr leisten, uns im Stich zu lassen.»

Für Georgien, mehr als für jedes andere Land am Kaspischen Meer, ist die Mittelmeer-Pipeline eine Frage der nationalen Sicherheit. Deshalb hat Eduard Schewardnadse, ehemaliger sowjetischer Außenminister unter Michail Gorbatschow und seit 1993 Präsident Georgiens, das Projekt mit Nachdruck vorangetrieben. Als Knotenpunkt einer neuen Großen Seidenstraße, die wie im Mittelalter Europa mit Asien verbindet, möchte Schewardnadse das Land zwischen Schwarzem und Kaspischem Meer etablieren. Er war beteiligt, als im November 1999 der bereits erwähnte Vertrag für die Ceyhan-Pipeline unterzeichnet wurde. Das Abkommen richte sich nicht gegen Russland, versicherten alle Beteiligten, doch Schewardnadse wird das selbst nicht geglaubt haben.

«Die Russen waren immer unsere Feinde, und sie sind es heute noch», sagt der Historiker Rondeli. «Für uns Georgier bedeutet unabhängige Politik auch immer antirussische Politik.» In der Sowjetzeit, so erzählt er, seien Georgier in den Augen der Russen gerade gut genug gewesen, für ausländische Gäste zu tanzen und sie zu amüsieren. Rondeli scheut sich nicht vor klaren Urteilen: «Seit wir unabhängig wurden, tut Moskau alles, um unser Land zu destabilisieren und zu zersplittern.»

Er zeigt auf das Hotel-Hochhaus «Iveria», einen Steinwurf vom Rustaweli-Platz entfernt. Einst war es die beste Adresse der Stadt, heute flattert Wäsche auf den Balkons, die teilweise mit Spanplatten verwandet sind. Um mehr Wohnraum zu gewinnen für die mehr als 1000 georgischen Flüchtlinge aus der abtrünnigen Schwarzmeerprovinz Abchasien, mit denen das Hotel seit dem blutigen Bürgerkrieg 1992/93 voll gestopft ist. 1000 von insgesamt etwa 300 000, so schätzt man, die damals vor Gefechten und ethnischen Säuberungen aus Abchasien, der einst idyllischen Riviera des Landes, flohen. Etwa 8000 Menschen kamen ums Leben. Wie ein lebendiges Mahnmal sieht das «Iveria» nun aus, zur ständigen Erinnerung der Einwohner von Tiflis daran, dass es da noch etwas zu regeln gibt.

Die ersten zehn Jahre der Unabhängigkeit waren für Georgien von Bürgerkriegen, politischer Anarchie und wirtschaftlichem Chaos gezeichnet. Als erste sowjetische Republik wählte Georgien schon 1990 eine nichtkommunistische Regierung, mit dem schwärmerischen Ultranationalisten Zwiad Gamsachurdia an der Spitze. Nach dessen gewaltsamem Sturz im Dezember 1991 versank das Land immer tiefer in der Krise. Dann kehrte Schewardnadze, der bereits von 1972 bis 1985 Chef der Kommunistischen Partei Georgiens war, aus Moskau heim. Zunächst schien auch er das Land nicht retten zu können.

Neben Abchasien spaltete sich auch die prorussische Provinz Südossetien, deren Grenze nur wenige Kilometer nördlich von Tiflis verläuft, de facto vom Rest des Landes ab. Auch der Präsident der Provinz Adscharien, an der Grenze zur Türkei, hört schon lange nicht mehr auf Anordnungen der Regierung in Tiflis. Georgien zerfällt – das Land, das so viel landschaftliche Schönheit und kulturellen Reichtum birgt, wird zum klassischen Fall einer «failed nation», einer gescheiterten Nation.

«Moskau hat die Bürgerkriege angezettelt und geschürt, um seine Soldaten nach Georgien zurückzubringen, als so genannte Friedenstruppen», drückt Rondeli das aus, was in Tiflis viele denken. Im Gegenzug für einen Waffenstillstand habe Russland dann 1994 Georgien gezwungen, der GUS beizutreten und russische Truppen auf seinem Territorium zu akzeptieren. Rondeli, der zugleich Internationale Beziehungen an der Universität Tiflis lehrt, klagt: «Heute hat Moskau 16 000 Soldaten in unserem Land. Und so schüren die Russen im ganzen Südkaukasus Konflikte, die ihnen nützen.» Noch immer setze die einstige Kolonialmacht auf militärische Macht und direkte Kontrolle, anstatt in seinen Nachbarn Partner zu sehen. Und Georgien sei für Russland der Schlüsselstaat im Kaukasus. «Dass wir unabhängig sein wollen, sieht man in Moskau als bloße Undankbarkeit.»

Mehrere Attentate hat Eduard Schewardnadze überlebt. Im August 1995 explodierte eine Autobombe im Hof des Parlaments, und im Februar 1998 feuerten Unbekannte Granaten auf seine Limousine, wobei sein Chauffeur und sein Leibwächter getötet wurden. Der damalige Minister für Staatssicherheit, der dringend verdächtigt wird, für den Anschlag von 1995 verantwortlich zu sein, setzte sich nach Russland ab und genießt dort seither ein angenehmes Exil.

Sonja kommt zurück an unseren Tisch und bringt drei Teller mit georgischen Vorspeisen: nussgefüllte Auberginen, gebratene Champignons und grüne Bohnen mit Kräutern. Nachdem sie sich umgedreht hat, bricht es plötzlich aus Rondeli heraus: «Früher oder später werden die Russen uns direkt militärisch angreifen, und die Frage ist: Werden die Amerikaner dann zu uns stehen oder wegschauen? Die Pipeline könnte das entscheiden.»

Seit drei Jahren beschuldigt Moskau die Regierung von Präsident Schewardnadze in Tiflis, tschetschenischen Rebellen in den georgischen Bergen Zuflucht zu gewähren. Sie sollen sich unter den etwa 5000 tschetschenischen Flüchtlingen aufhalten, die sich vor der russischen Armee in die Pankisi-Schlucht nordöstlich von Tiflis gerettet haben. Schon lange trauen sich keine staatlichen

Sicherheitskräfte mehr ins Pankisi, aus Angst vor Überfällen und Kidnappings. Auch die meisten internationalen Hilfsorganisationen haben ihre Arbeit eingestellt, nachdem im August des Jahres 2000 vier Krankenschwestern des Roten Kreuzes entführt wurden.

Nach den Anschlägen des 11. September 2001 forderten hochrangige russische Politiker, nach dem Vorbild der USA in Afghanistan endlich militärisch gegen tschetschenische «Terroristen» auf georgischem Boden vorzugehen. Bereits zwei Mal haben russische Flugzeuge georgische Dörfer an der Grenze zu Tschetschenien bombardiert. Die georgische Regierung, unterstützt von Washington, protestierte heftig. Mittlerweile hat Präsident Schewardnadze eingeräumt, dass sich verwundete tschetschenische Rebellen zur Rekonvaleszenz in Pankisi befinden.

«Warum sollten wir die Tschetschenen verrecken lassen?», fragt Rondeli, lehnt sich zurück und streicht sich durch das weiße Haar. «Es sind doch unsere Nachbarn, und wir wollen immer gut mit ihnen auskommen. Wir respektieren sie, sie sind großartige Krieger.» Spöttisch verzieht der elegante Mann sein Gesicht. Rondeli wird nicht vergessen haben, dass viele der Tschetschenen-Warlords im georgischen Bürgerkrieg vor zehn Jahren aufseiten der Abchasen kämpften und reihenweise georgische Zivilisten töteten. «Es ist alles ein großes Spiel zwischen den Russen und uns Kaukasiern», fährt Rondeli fort. «Aber wenn die Kämpfe in Tschetschenien außer Kontrolle geraten, bekommen wir hier im Kaukasus Thomas Hobbes' ‹Bellum omnia contra omnes› – Krieg aller gegen alle.»

Eine russische Militäraktion gegen Tschetschenen im Pankisi-Tal wäre nicht in Amerikas Interesse. So hat Washington kurzerhand mit der Regierung in Tiflis vereinbart, selbst bis zu 500 amerikanische Soldaten zu schicken, die die georgische Armee im Kampf gegen Terroristen ausbilden sollen. Schon lange erhalten die 17 000 Mann starken Streitkräfte Georgiens militärische Hilfe, etwa neue Helikopter, aus den USA. Die US-Regierung begründet den jüngsten Schritt damit, dass sich etliche Kämpfer der Al Qaida aus Afghanistan im Pankisi-Tal aufhalten sollen. Ob die amerikanischen Anti-Terror-Einheiten selbst gegen vermeintliche Terroristen in Georgien vorgehen werden, hat das Pentagon bislang offen gelassen.

Die russische Regierung macht derzeit gute Miene zum bösen Spiel. Amerikanische Truppen im Kaukasus seien «keine Tragödie», sagte Präsident Wladimir Putin Anfang März 2002 und sicherte Washington Russlands Kooperation im Kampf gegen Terroristen im Pankisi-Tal zu. In vielen russischen Machtzirkeln, besonders dem Militär, ruft das amerikanische Vordringen in die traditionell russische Einflusssphäre jedoch Widerstand hervor. Die Präsenz der US-Truppen in Georgien «sollte jedem russischen Soldaten Sorgen bereiten», sagte Vizeverteidigungsminister Alexander Kosowan im April.[14] Im selben Monat fiel eine 80 Mann starke russische Kampfeinheit mit Hubschraubern über Nacht in das georgische Kodori-Tal ein, das an der Grenze zur abtrünnigen Provinz Abchasien liegt. Die Mission der Vereinten Nationen in Georgien (UNMIG) verurteilte die Aktion als «aggressiv» und «kämpferisch» und forderte die Russen zum sofortigen Rückzug auf. Die völlig überraschte georgische Regierung sprach von einer «Invasion» und schickte ihrerseits Truppen in das Tal, die die russischen Soldaten umzingelten. «Im Falle unkoordinierter Handlungen werden wir das Feuer eröffnen», warnte der georgische Verteidigungsminister David Teysadze.[15]

Um die Situation zu entspannen, flog Präsident Schewardnadze selbst in die Region. Der russische Kommandeur beschied dem Georgier, bei der Aktion seiner Einheit handle es sich um eine friedensbewahrende Maßnahme, um georgische und abchasische Freischärler auseinander zu halten. Wenig später zogen sich die Truppen über die Kaukasus-Berge wieder nach Norden zurück. Beobachter haben darüber spekuliert, ob Präsident Putin über das Handeln seiner Kommandeure vorab informiert wurde. In jedem Fall hat die Aktion im Kodori-Tal eindrucksvoll demonstriert, dass mit dem russischen Militär im Südkaukasus noch immer zu rechnen ist.

KORRUPTE CLANGESELLSCHAFT

Die Präsenz amerikanischer Truppen in Georgien wird den Investoren der Mittelmeer-Pipeline das Gefühl der Sicherheit geben. Sorgen macht ihnen allerdings weiter das Ausmaß von innenpolitischem Chaos, Korruption und Banditentum in dem Transitland. Einen Eindruck davon bekomme ich auf einer Reise in die Provinz Adscharien, die den gesamten Südwestzipfel Georgiens umfasst. Quer durch Adscharien, dessen Hauptstadt der ehemalige Ölhafen Batumi ist, soll auch die Mittelmeer-Pipeline in Richtung Türkei verlaufen. Dieser Abschnitt der Route bereitet den Planern von BPAmoco in Baku jedoch besonderes Kopfzerbrechen. Nach einem Tag in der Gegend weiß ich, warum.

Meine Reise führt mich bis an den Grenzübergang zur Türkei in der Nähe der Ortschaft Hopi, der direkt an einem Schwarzmeerstrand gelegen ist. Da ich dort den letzten Bus zurück nach Tiflis verpasse, nimmt mich ein freundlicher Georgier mit, der auch in die Hauptstadt will. Giorgi, so heißt der Mann, hat gerade aus der Türkei kommend die Grenze überquert. Er steuert einen dunkelblauen VW Golf, den er in Deutschland gebraucht gekauft hat, um ihn in seine Heimat zu importieren. «Selbst wenn ich alle Spritkosten für die lange Rückfahrt – 3000 Kilometer – abziehe, ist dieser Golf noch immer billiger als ein vergleichbarer Wagen in Georgien», erläutert Giorgi seine Idee.

Allerdings hat der 35-jährige Elektriker nicht mit den Straßenverwaltern der Provinz Adscharien gerechnet, die uns wenige Kilometer später anhalten und in ihr kleines Kontrollhäuschen zitieren. «Die haben das deutsche Export-Kennzeichen gesehen», flüstert Giorgi ahnungsvoll. «Jetzt wird es teuer.» Im Inneren des

Häuschens stehen vier Männer, von denen zwei uniformiert sind. Sie sind so dick, dass die offenen Uniformen seltsam abstehen, wie Flügel. Eine Gebühr für die Nutzung der Straßen in Adscharien sei zu entrichten, sagt einer der feisten Beamten, sie liege bei 50 Dollar. Giorgi windet sich, redet, gestikuliert, blickt betreten zu Boden, und die Gebühr sinkt auf 30 Dollar.

An einer Wand hängt das gerahmte Porträt des Präsidenten von Adscharien, Aslan Abaschidze. Er regiert die autonome Provinz wie sein privates Fürstentum, das er jeder Kontrolle durch die Zentralregierung in Tiflis entzogen hat. Nicht einen Cent Steuereinnahmen gibt er an sie weiter, und regelmäßig beleidigt er Staatspräsident Schewardnadze. Der Georgier lässt sich die Unbotmäßigkeiten gefallen, denn der Adscharier ist bestens befreundet mit dem General der russischen Truppen, die nahe Batumi stationiert sind. In den Augen vieler Georgier ist Abaschidze eine Marionette Moskaus, mit deren Hilfe die Russen direkten Zugang zu der Mittelmeer-Pipeline erlangen würden.

Giorgi greift in seine Brieftasche, mit 20 Dollar «Gebühr» sind die Straßenverwalter endlich zufrieden. Einer von ihnen nimmt den grünen Schein, fast die Hälfte des durchschnittlichen Monatseinkommens in Georgien, und steckt ihn in seine Hosentasche. Eine Quittung gibt es natürlich nicht. Wir fahren weiter, auf einer restlos zerlöcherten Straße, entlang schöner, leerer Schwarzmeerstrände. Giorgi ist verstimmt. Am Straßenrand sitzen Bauersfrauen und verkaufen Melonen, getrocknete Paprika und Himbeeren. Als wir Batumi erreichen, warten schon die nächsten staatlichen Wegelagerer auf uns. Ein Polizist schreitet auf die Fahrbahn und bedeutet Giorgi mit einem weißen Stab, rechts ranzufahren.

Batumi gehörte einst zu den wichtigsten Ölhäfen der Welt, nachdem die Rothschilds im Jahre 1883 die erste Eisenbahnlinie von den Ölfeldern Bakus in die bis dahin verschlafene Kleinstadt am Schwarzen Meer bauen ließen. Sie öffnete erstmals die Märkte des Westens für das Öl aus Baku. Im August 1892 legte die

«Murex», der erste moderne Öltanker der Welt, von Batumis Kaimauer ab und fuhr über den Suez-Kanal bis nach Singapur und Bangkok. Heute ist der Hafen von Batumi längst zu klein für große Öltanker, die stattdessen in der nördlich gelegenen Hafenstadt Poti anlegen.

Was mit Giorgis Papieren nun nicht stimmen soll, wissen auch die Polizisten an der Straßensperre nicht so genau zu erklären. Fest steht nur, dass wir zahlen müssen, wenn wir durch Batumi fahren wollen. Ein Wegezoll wie im Mittelalter. «Aber ich kann doch nicht alle zwei Kilometer Geld abgeben», beschwert sich Giorgi. Das sehen die Polizisten ein, und so machen sie uns ein Sonderangebot: Für 30 Dollar würde uns einer der Beamten bis zur Grenze Adschariens eskortieren und dafür sorgen, dass wir nicht weiter belästigt würden. Giorgi, der sich nach seiner Frau in Tiflis sehnt, willigt ein und bezahlt. Die zugesagte Eskorte entpuppt sich allerdings als Kaperkommando: Der jüngste der Polizisten setzt sich kurzerhand selbst ans Steuer von Giorgis Golf. Nach kurzem Zögern steigen wir dazu, und schon rast der Junge los, hinein in die Stadt.

Nach wenigen Minuten wird uns klar, dass die «Eskorte» eine gute Idee war: Etwa alle 300 Meter stehen Polizisten, die uns anzuhalten versuchen. Erst als sie ihren Kollegen entdecken, treten sie beiseite und lassen uns weiterfahren. Einige sehen enttäuscht aus, andere hingegen erfreut. Giorgi, der nicht ein Wort mit unserem Chauffeur wechselt, erläutert: «Es muss hier verschiedene Polizeibanden geben, die um Schmiergeld konkurrieren. Diejenigen, die grinsen, gehören zu der Einheit unseres Beschützers hier, und sie wissen, dass sie am Abend ihren Anteil vom Geld abbekommen.»

Von Batumi sehe ich nicht viel: Hässliche Betonhäuser fliegen am Fenster vorbei, dazu viele alte Wolga-Autos und Pferdefuhrwerke. An einem Bahnübergang in der Nähe der Ölraffinerie stehen zwei russische Armeeoffiziere, die unseren Chauffeur lachend grüßen. Er fährt immer wahnwitziger, Giorgi steht die

Sorge um seinen Wagen im Gesicht. «Vom Geschäft her macht das Sinn», überlegt er laut. «Je schneller die Polizisten fahren, desto mehr Eskorten können sie pro Tag absolvieren.» Nach zwanzig Minuten gelangen wir an die Grenze zwischen Adscharien und der Nachbarprovinz. Der Polizist stoppt den Wagen und steigt aus, ohne ein weiteres Wort zu verlieren.

Zurück am Steuer, schweigt Giorgi zunächst. Dann sagt er mit gepresster Stimme: «Auf der gesamten Strecke von Deutschland über den Balkan und die Türkei waren alle Polizisten korrekt zu mir. Nur in Georgien, in meiner eigenen Heimat, da werde ich sofort wieder ausgeraubt.»

Chaos und Korruption in Georgien bringen auch Nia Lomadze in Rage. An einem sonnigen Nachmittag treffe ich die zierliche Frau an der amerikanischen Botschaft in Tiflis, wo sie als Wirtschaftsanalystin arbeitet. Wir beschließen, einen Spaziergang von der Kura durch die Altstadt von Tiflis zu machen. Schon Puschkin und Dumas rühmten das Vielvölkergemisch in den engen Gassen südlich des Flusses. Noch heute zeugen davon die armenischen Kirchen, die Synagoge und eine sunnitische Moschee, die dicht beieinander stehen. Die meisten der sie umgebenden Häuser allerdings verfallen zusehends, die ehemals prächtigen Treppenaufgänge, Lauben und Balkons aus Holz hängen schief und krumm über den Pflasterwegen. Einige Gebäude sind bereits eingestürzt, wie nach einem Erdbeben. An einem akaziengesäumten kleinen Platz entdecken wir ein Wolga-Auto aus den 1960ern. Seit jener Zeit muss der Wagen auch bereits an dieser Stelle geparkt stehen, denn die Räder sind lange abmontiert, und vom Fahrersitz wächst ein kleines Bäumchen aus dem zerschlagenen Seitenfenster.

Als Ökonomin hat Nia wenig Sinn für die Romantik des Niedergangs: «Ende der Achtziger haben wir gesagt, wir wären lieber unabhängig von Russland und würden dafür Gras essen – und fast so ist es jetzt gekommen.» An der US-Botschaft analysiert die 38-Jährige den Zustand der georgischen Wirtschaft und berät mitunter auch westliche Unternehmen, die über Investitionen im Land nachdenken. «Das Bild, das ich denen darlegen muss, ist sehr düster», erzählt die Frau, «unsere Wirtschaft ist total verrottet. Daran wird auch die große Ölpipeline nicht viel ändern, falls wir sie denn bekommen.» Eher würde sich die Korruption im Lande noch verschlimmern, fährt sie fort. Schon jetzt schrien Bestechlichkeit und Nepotismus zum Himmel, sie machten das Land und die Gesellschaft restlos kaputt. «Die höchsten Kreise spielen dabei genauso mit wie der kleine Mann auf der Straße.»

Die Stromversorgung sei das beste Beispiel, erläutert Nia. In den meisten Teilen des Landes gebe es zur Zeit nur etwa vier Stunden Elektrizität am Tag. Schon auf meiner Fahrt mit Giorgi war mir aufgefallen, dass die Dörfer und Kleinstädte, durch die wir nachts kamen, fast völlig dunkel waren. Nur hier und da sorgten mit Benzin betriebene, private Generatoren für Licht, oder die Menschen hatten sich Kerosinlampen angezündet. «Das ist kein Wunder, denn nur etwa ein Drittel aller Stromrechnungen werden überhaupt bezahlt», erzählt Nia. «Lieber bestechen die Leute den Prüfer, der wiederum einen Teil des Geldes an seinen Vorgesetzten weitergibt. Und der wiederum ...»

Die Ökonomin schüttelt den Kopf: «Dabei ist es idiotisch: Am Ende geben die Leute mehr Geld für das Kerosin ihrer Lampen aus, als sie für Strom bezahlen würden.» Vielleicht hätte der Wahnsinn längst ein Ende, wenn nicht ein gewisser Nugzar Schewardnadze, der Neffe des Präsidenten, den Kerosinhandel im Lande kontrollierte. «Aber auch darüber zucken die meisten Georgier nur die Schultern: Jeder weiß, dass ehrliche Arbeit zu nichts führt. Man achtet den Wohlstand der Reichen, aber keiner fragt, woher das viele Geld kommt.» Auch helfe es, dass Verwandtschaft und Beziehungen im Land an der Kura immer mehr zählen als jedes Gesetz. «Dies ist eine Clangesellschaft.»

Wir gehen über den Rustaweli-Boulevard, die schöne, platanenbestandene Flaniermeile von Tiflis. Auf der linken Seite taucht das gewaltige Portal des Parlamentsgebäudes auf, das deutsche Kriegsgefangene nach dem Zweiten Weltkrieg aus Tuffstein gebaut haben. Auf den Stufen des Parlaments metzelten am 9. April 1989 Sondertruppen des sowjetischen Innenministeriums friedliche Demonstranten nieder, die mit Hungerstreiks gegen Moskaus Unterstützung für die abchasischen Separatisten protestiert hatten. Nia war damals dabei. «In Panzern kamen die Russen an, und dann sind sie mit angespitzten Spaten auf uns losgegangen. Mit Spaten! Wir konnten das erst gar nicht glauben, dass die Russen unter Gorbatschow noch so etwas mit uns tun würden.» Als die Soldaten wieder abzogen, waren 21 Demonstranten tot. Sie wurden zu Märtyrern eines Volkes, das spätestens von dem Tage an nur noch eins im Sinn hatte: sich von der russischen Herrschaft zu befreien.

Bis heute ist Georgiens Weg in die Unabhängigkeit massiv von westlichen Ländern unterstützt worden. Besonders in Deutschland ist Schewardnadze noch immer sehr beliebt, da der ehemalige sowjetische Außenminister neben Gorbatschow als einer der Architekten der deutschen Wiedervereinigung 1990 gilt. Der Hauptverbündete Georgiens sind bislang die Vereinigten Staaten gewesen. Nia weiß allerdings aus erster Hand, dass das Wohlwollen Washingtons von Jahr zu Jahr abnimmt. «Die Amerikaner, wie so viele westliche Diplomaten, haben gründlich die Nase voll von der Korruption in unserem Lande. Sie verlieren die Geduld mit uns.»

Nia wirft einen düsteren Blick auf das Parlament, vor dem zwei Wachen einen der zahllosen Bettler in Tiflis verscheuchen. Die meisten von ihnen sind alte Menschen, deren Rente – manchmal nur 20 Lari, umgerechnet etwa 10 Euro – kaum zum Überleben reicht. Die Einschusslöcher an der Fassade des Parlaments, entstanden beim gewaltsamen Putsch gegen das Gamsachurdia-Regime im Dezember 1991, sind inzwischen übermalt worden. Fast 200 Menschen kamen damals bei Straßenkämpfen ums Leben. «Wir Georgier haben die Zeit und die internationale Sympathie, die wir hatten, vergeudet», sagt Nia nachdenklich. «Wir haben bis heute nichts mit unserer Freiheit anzufangen gewusst. Wir haben nicht begriffen, dass mit Freiheit auch Verantwortung kommen muss.»

Einige Tage später fahre ich nach Gori, einer ganz und gar unspektakulären Industriestadt an der Kura, etwa eine Autostunde westlich von Tiflis. Wäre hier nicht ein Mann geboren, der das 20. Jahrhundert so furchtbar prägen sollte wie außer ihm nur Adolf Hitler und Mao Zedong. Hier kam am 21. Dezember 1879 Josef Wissarionowitsch Dschugaschwili auf die Welt, später genannt: Stalin, Mann aus Stahl. Die Untaten des Diktators in der kaspischen Region, besonders die Deportation ganzer Völker und willkürliche Grenzziehungen, wirken bis heute in vielen blutigen Konflikten nach. Wie kein Zweiter hat Stalin damit die Bühne für den gegenwärtigen Kampf um Eurasien errichtet.

Der Taxifahrer, der mich für vier Lari von der Hauptstraße in die Stadt bringt, flucht unentwegt. Es gießt in Strömen, und die Scheibenwischer seines kleinen, ruckelnden Ladas wurden ihm schon vor der Perestroika geklaut. Schlimmer noch, zahllose Steine haben über die Jahre der Windschutzscheibe so zugesetzt, dass man vor lauter Sprüngen sicher auch bei Sonne von der Fahrbahn nichts erkennen kann. Zudem hat Rost im Fußraum des Fahrers, direkt neben dem Gaspedal, ein faustgroßes Loch gefressen, durch das nun Wasser von der Straße direkt in den Schritt des kleinen, älteren Mannes spritzt. Also flucht er heftig, mal auf Georgisch, mal auf Russisch.

Bis die Rede auf Stalin kommt. «Ein großer Mann, ein starker Mann», sagt er, erst einmal, dann ein zweites Mal und zur Sicherheit noch ein drittes Mal. «Warum?», frage ich und erwarte einen Hinweis darauf, dass Väterchen Stalin immerhin den Faschisten Hitler besiegt habe. «Na, weil er aus Gori kommt», lautet stattdessen die einleuchtende Antwort.

Nur 15 Jahre seines Lebens verbrachte der junge Stalin in Gori. Der Vater war Trinker, die Mutter arbeitete als Wäscherin. Sie nannte ihren Sohn «Soso» und wollte unbedingt, dass er Priester wird. Tatsächlich entwickelte sich der junge Josef schnell zum Klassenprimus in der Kirchschule von Gori und wurde mit 15 Jahren an das Theologische Seminar nach Tiflis geschickt. Dort las er die ersten marxistischen Schriften.

Wir erreichen das Zentrum von Gori – und tatsächlich, da steht er. Als stählerne Statue, 17 Meter hoch. Auf einem massiven Sockel, mitten auf dem Marktplatz, sinnigerweise Stalinplatz genannt. Er trägt einen Feldmantel und grüßt mit erhobenem Arm die proletarischen Massen, die heute mal zu Hause geblieben sind. Das letzte der Tausenden Denkmäler, die einst, noch zu Lebzeiten des Generalsekretärs, jede Kleinstadt des Sowjetreichs verunstalteten, von Wladiwostok bis Wismar. Stalin sieht ernst aus.

Unweit der Statue, immer die Stalinallee entlang, steht ein klassizistischer Bau, der wie ein Tempel aussieht, in dem aber das, erraten, Stalinmuseum untergebracht ist. Es wurde erst im Jahre 1957 gebaut, ein Jahr nachdem Nikita Chruschtschow auf dem 20. Parteitag der KPdSU die Verbrechen seines Vorgängers verurteilt hatte. Ich bin der einzige Besucher an diesem Morgen, eine ältere Dame führt mich durch die Ausstellungsräume. Zu sehen sind zahllose Fotos, viele Geschenke von Staatsgästen und das Arbeitszimmer des Diktators, das aus dem Kreml nach Gori gebracht wurde. Ein Foto Stalins zu Beginn des 20. Jahrhunderts zeigt einen überraschend schönen Mann, der eine wilde Romantik ausstrahlt. Hinweise auf die Großen Säuberungen der 1930er, die Gulags oder womöglich den Pakt mit Hitler im August 1939 sucht man hier hingegen vergeblich.

Ich gebe Elena ein Trinkgeld und verlasse das Museum. Vor dem Gebäude steht das kleine Holzhäuschen, in dem Stalin geboren wurde. Die damalige Adresse, Sobornaja 10, ist längst bedeutungslos geworden, denn nach der Revolution ließen die Bolschewisten das Elendsviertel von Gori abreißen. Einzig Stalins

Geburtshaus blieb verschont, und dem Generalsekretär zu Ehren ließ Lawrentij Berija, sein georgischer Landsmann und Chef der berüchtigten Geheimpolizei, 1939 einen Tempel mit Glasdach und dorischen Säulen darüber errichten. Davor stehen an diesem verregneten Morgen außer mir noch drei Touristinnen aus New York, die sich laut darüber wundern, wie «so ein wichtiger Politiker aus so kleinen Verhältnissen kommen konnte».

MOSKAUS SPIELBALL: ABCHASIEN

Es gibt Transportmittel, deren Anblick die Frage aufwirft, ob die bevorstehende Reise wirklich notwendig ist. Dazu gehört der russische MI8-Hubschrauber, Baujahr 1972, der mich an diesem klaren Herbstmorgen von Senaki in Westgeorgien aus in die abtrünnige georgische Provinz Abchasien fliegen soll. Als ich über eine wacklige Treppe in den Bauch der Maschine steige, fällt mein Blick auf die langen, gekrümmten Rotorblätter. Verdächtig lose hängen sie fast bis auf den Boden runter, wie das Gestänge eines defekten Regenschirms.

Die Tür zum Cockpit steht offen, und einer der beiden ukrainischen Piloten begrüßt mich, mit leichtem Akzent: «Come in! Welcome! No problem, don't worry, no problem!» In der flach einfallenden Morgensonne blitzt in seinem Gesicht eine Klaviatur von Goldzähnen auf. Eine leichte Wodkafahne fliegt mir entgegen, aber das kann auch Einbildung sein.

Das strahlende Weiß, mit dem der militärgraue Stahlkörper des Helikopters übermalt wurde, ist so wenig beruhigend wie die großen, schwarzen «UN»-Lettern unter den Bullaugen. Wer die Aktivitäten der Vereinten Nationen in Krisengebieten einige Male miterlebt hat, sieht die Rolle der Weltorganisation nüchterner. Die UN ist oft nicht mehr als ein Firmenlogo, das nur im Hauptquartier in Manhattan richtig glänzt. Draußen, «in the field», sind die zwei magischen Buchstaben und die blaue Flagge immer nur so viel wert, wie die örtlichen Umstände und Entscheidungsträger es erlauben.

In diesem Fall reicht das Transportbudget der «Militärbeobachtergruppe der Vereinten Nationen in Georgien» (UNOMIG) eben nur für altersschwache russische Hubschrauber. Dass eine UN-Mission in der ehemaligen Sowjetunion auf lokale Produkte zurückgreift, ist verständlich. Allerdings besteht, wie mir auf einer früheren Reise zur größten UN-Friedensmission der Welt im westafrikanischen Sierra Leone aufgefallen ist, auch die Blauhelm-Luftflotte dort aus den gleichen russischen Klappervögeln. Das wäre nicht weiter schlimm. Nur stürzen MI8-Hubschrauber häufig ab, wobei immer wieder ein halbes Dutzend UN-Mitarbeiter ihr Leben verlieren. Diese «tragischen Unglücksfälle» sind dann höchstens eine Zeitungsnotiz wert, meistens in der Rubrik «Aus aller Welt». Der UN-Generalsekretär, so heißt es darin, kondoliere den Angehörigen. Auch vergisst er natürlich nie den Hinweis auf das aufopferungsvolle Engagement aller UN-Mitarbeiter für den Frieden auf der Welt. Die tun was, denkt der Leser, und so bekommt jeder weitere Absturz einen Sinn.

Aber ich habe keine Wahl. Mein Reiseziel hat außer der UN kein anderes Transportunternehmen im Angebot: Abchasien. Seit sich die Provinz am Schwarzen Meer vor zehn Jahren vom Rest Georgiens abgespalten hat, belegt Tiflis die Abtrünnigen mit einer totalen Blockade. Alle Straßen und Zugverbindungen sind unterbrochen, die Grenze am Inguri-Fluss ist gründlich vermint. Kontrolliert wird Abchasien von etwa 1700 dort stationierten russischen Soldaten. Sie marschierten Ende 1993 in den Nordwesten Georgiens ein, angeblich um die Kampfparteien auseinander zu halten.

Nur einen Tagesmarsch sind russische Soldaten damit von der geplanten Mittelmeer-Pipeline von Baku nach Ceyhan entfernt. Und von einer alten, kleineren Pipeline, BPAmocos bisheriger Notlösung, die Baku und die georgische Hafenstadt Poti verbindet, 150 Kilometer südlich von Suchumi. Im Süden grenzt Poti an die Provinz Adscharien, wo russische Truppen noch immer in ehemaligen sowjetischen Kasernen stationiert sind. Ohne die Hilfe aus Moskau werden die 300 000 georgischen Flüchtlinge nicht in ihre abchasische Heimat zurückkehren können. So kann der Kreml Tiflis dauerhaft erpressen, nicht zu freundlich zum Westen zu werden. Wie die anderen georgischen Brandherde in Südossetien und Adscharien ist Abchasien der Haupttrumpf für die ehemalige Kolonialmacht im Poker um die Pipelines im Südkaukasus.

Einen Hinweis darauf, welche Rolle Russland in den Konflikten seiner südlichen Nachbarn spielt, bekam ich bereits, als ich Wochen zuvor vom russischen Schwarzmeer-Badeort Sochi nach Abchasien einreisen wollte. Am Grenzübergang wiesen mich russische Soldaten rüde ab: «Kein Durchlass für Ausländer. Abchasien ist militärische Sperrzone.» Vergeblich hielt ich meinen Reisepass mit dem georgischen Visum hoch. «Das gilt da drüben nicht. Wenn Sie das den Abchasen zeigen wollen, kommen Sie nie lebend in Georgien an. Drehen Sie um!»

Von Beginn an hatten die Russen im georgischen Bürgerkrieg die Finger im Spiel: Nachdem Georgiens Präsident Schewardnadze im August 1992 die Nationalgarde nach Suchumi, der Provinzhauptstadt Abchasiens, schickte, flüchtete der Rebellenführer Wladislaw Ardzinba mit seinen Kämpfern auf einen russischen Armeestützpunkt nördlich der Stadt. Ein bitterer Partisanenkrieg brach los, georgische Kampfflugzeuge bombardierten Stellungen der Rebellen. Dann geschah das Unglaubliche: Die Aufständischen schlugen die Armee zurück. Locker organisierte Milizen aus einem Völkchen von nicht einmal 100 000 Menschen schienen über eine Armee zu siegen, hinter der sieben Millionen Georgier standen.

Den Schlüssel zum militärischen Erfolg der Abchasen hielt die russische Armee, deren Generäle Kampfbomber gegen georgische Stellungen in Suchumi einsetzten. Zudem lieferten sie von Norden her Waffen an die Abchasen und schickten Söldner und freiwillige Kämpfer ins Kriegsgebiet. Im September 1993 mussten sich die georgischen Truppen über den Inguri-Fluss aus Abchasien zurückziehen. Dem bedrängten Schewardnadze blieb nichts anderes übrig, als Moskau um Hilfe bei Waffenstillstandsverhandlungen zu bitten. Im Gegenzug zwang Moskau Georgien, einen Teil seiner Unabhängigkeit wieder aufzugeben: Tiflis musste der GUS beitreten, der russischen Armee für 25 Jahre vier Militärstützpunkte auf georgischem Boden gewähren und Moskaus Friedenstruppen in Abchasien akzeptieren.

Ich lasse mich in einen engen, harten Sitz hinter dem Cockpit des UN-Hubschraubers fallen. Einen Sicherheitsgurt finde ich nur in Reststücken vor. An der Stahlwand vor mir hängt ein Feuerlöscher, der anstelle des üblichen Spritzschlauchs noch einen Trichter hat. Die Gebrauchsanweisung ist in kyrillischer Schrift verfasst. Mit an Bord sitzen fünf UN-Mitarbeiter in Zivil und ein südostasiatischer Soldat in Uniform. Die Piloten starten den Motor, schwerfällig beginnen die Rotorblätter zu kreisen, die Maschine rüttelt und ächzt. Schwankend und mit tosendem Lärm heben wir ab. Die zweimotorige Antonow-26 der UN, mit der wir aus Tiflis gekommen sind, verschwindet unter uns aus dem Blickfeld.

Die UN-Mission für Georgien soll den wackeligen Waffenstillstand zwischen Georgiern und Abchasen nur überwachen, nicht durchsetzen. Das unterscheidet sie von Friedensbewahrer-Missionen etwa im Kosovo oder in Sierra Leone. So patrouillieren nur etwa 100 Blauhelmsoldaten, aus 23 Ländern, in der ehemaligen Kampfzone und achten auf Verstöße. Dazu kommt, wie so oft bei der UN, noch einmal die gleiche Anzahl an zivilen Friedensbürokraten. Unparteiisch ist die UN nicht: Sie hat sich deutlich auf die Seite von Georgien gestellt und fordert dessen territoriale Einheit und die Rückkehr aller Flüchtlinge.

Nach wenigen Minuten sind wir über abchasischem Gebiet. Die Spuren der Kämpfe sind nicht zu übersehen: In keiner der Ortschaften, die wir in beunruhigend geringer Höhe überfliegen, ist auch nur ein einziges Gebäude unversehrt geblieben. Nichts als rußschwarze, dachlose Trümmer ragen aus der Ebene.

Die Ruinen erinnern an niedergebrannte Dörfer Bosniens. Sie sind offensichtlich nicht das Ergebnis regulärer Kämpfe, sondern systematischer ethnischer Säuberungen. Georgische und abchasische Milizenbanden zogen damals von Dorf zu Dorf der feindlichen Volksgruppe, brandschatzten, vergewaltigten und mordeten. Kein Mensch und kein Fahrzeug bewegt sich unter uns, nur vereinzelt sind Rinder auf den brachliegenden Feldern zu erkennen.

Nach zwanzig Minuten Flug erreichen wir die Schwarzmeerküste und drehen nach Norden. Links liegen die glänzenden Wellen des Meeres und rechts in der Ferne die schneebedeckten Gipfel der Kaukasus-Berge. Die braun-karge Landschaft im Inneren Georgiens hat an der abchasischen Küste ein wucherndes, sattes Grün abgelöst, aus dem einzelne hohe Palmen hervorragen. Sie zeugen vom feuchtmilden Seeklima, das diesen Teil Georgiens zur begehrtesten Urlaubsgegend der Sowjetunion machte.

Der Pilot lässt den Hubschrauber sinken und steuert Suchumi an. Wir setzen auf. Der Flugplatz ist ziemlich verwahrlost. Am Ende der Landebahn, deren Asphalt von Unkrautbüscheln durchbrochen ist, rosten vier alte russische Kampfhubschrauber dahin. Auch die Tupolew-134 der Aeroflot daneben wird wohl nie wieder durch Wolken stechen. Etwas abseits der Piste steht noch immer die weiße Jak-40 von Schewardnadze. Mit ihr war der georgische Präsident 1993 nach Suchumi geeilt, um die Moral seiner bedrängten Truppen zu stärken.

Der Frontausflug kostete ihn beinahe das Leben: Am selben Tag kesselten abchasische Einheiten Suchumi ein und nahmen Schewardnadze und seine Entourage ins Visier. In letzter Minute befahl der russische Präsident Boris Jelzin per Satellitentelefon dem Anführer der Abchasen, Schewardnadze ziehen zu lassen. Der Angriff wurde für zwei Stunden unterbrochen, russische Truppen befreiten den georgischen Präsidenten und flogen ihn aus. Seinen weißen Jet musste er, wie den schönsten Teil seines Landes, zurücklassen.

Vor dem Terminal, das Arbeiter gerade mit neuer Farbe streichen, empfängt mich Jorosé, politischer Berater der UN-Mission in Suchumi. Der kleine Mann aus Ghana, gekleidet in einem vornehmen grauen Anzug, wirkt seltsam deplatziert in diesem vergessenen Winkel des ehemaligen sowjetischen Reichs. «Dies ist ein sehr eigenartiger Ort», sagt er, als wir mit einem weißen UN-Geländewagen, Marke Toyota Frontrunner, in die Stadt fahren. «Im Moment ist die Lage ruhig, aber gespannt. Schon heute Nacht kann das Schießen wieder losgehen. Diese Menschen hier sind unberechenbar.»

Rechts und links der langen Zypressenallee, parallel zum Strand, stehen zerschossene Gebäude. Manche sind bis auf die Grundmauern abgebrannt. Der Anblick erinnert mich an die Trümmer entlang der Scharfschützenallee in Sarajevo. Alte Ladas, die noch sowjetische Kennzeichen tragen, schleppen sich über die Schlaglöcher der Straße. Nur wenige Menschen, meist Alte, sind zu sehen. Und Kühe. Eine Geisterstadt. Nicht einmal 150 000 Einwohner sollen noch in Abchasien leben. Vor zehn Jahren waren es 530 000, davon zwei Drittel Georgier.

Wir halten vor einem hässlichen Betonklotz, dessen Mauern einige Artillerieeinschüsse aufweisen. Rundherum liegen überwachsene ausgebrannte Häuser. «Dies ist das Außenministerium, wo Sie sich anmelden und ein Visum beantragen müssen», erklärt Jorosé. Und wenn das Visum verweigert wird? Der Ghanaer grinst: «Wird es nicht. Die Abchasen brauchen jeden Dollar.» Ich solle nach dem Büro von Herrn Shamba im zweiten Stock fragen.

Im Inneren ist es dunkel, es riecht muffig. Kein Mensch ist zu sehen. Ich gehe mehrere Treppen hoch. Ein alter Mann kommt mir entgegen, der sich fest an das Geländer klammert und unendlich mühsam die Stufen hinabsteigt. Er trägt einen Filzhut, und sein braunes Jackett ist von zahllosen roten Sowjet-Orden übersät. Am Ende eines langen Gangs, der mit grünem Linoleumboden ausgelegt ist, stoße ich auf die Visumstelle, wo vier ältere Frauen hinter Schreibmaschinen sitzen. Die Aussicht, ein Visum ausstellen zu müssen, versetzt sie alle in helle Aufregung. Gleich zwei Frauen suchen nach den entsprechenden Formularen, eine dritte treibt einen Kugelschreiber auf.

Das Visum, zum moderaten Preis von 20 Dollar, ist ein grüner Zettel, auf dem «Republic of Abkhazia» steht. In letzter Sekunde kann ich verhindern, dass das Dokument fest in meinen Reisepass eingeklebt wird. Zurück in Georgien, würde mir ein abchasisches Visum im Pass wenige Freunde verschaffen.

«Möchten Sie vielleicht mit einem Vertreter der abchasischen Regierung sprechen?», fragt eine der Damen. Gerne, antworte ich, wenn es sich einrichten ließe. Sie führt mich zu einem Büro in der Mitte des Flurs. Aus der Tür kommt gerade ein Herr, der ein weißes Hemd mit Schlips trägt. Die Angestellte spricht leise mit ihm, und der Herr wendet sich mir zu:

«Würden Sie gerne mit dem Außenminister von Abchasien sprechen?» Mit dem Minister persönlich? Ich nicke, etwas verwirrt. Sofern das möglich sei, natürlich. «Sicher. Bitte kommen Sie in mein Büro.» Als ich zögere, fügt er hinzu: «Ich bin der Außenminister.»

An der Wand hinter dem Schreibtisch von Außenminister Sergej Shamba hängt eine nackte Frau. Lebensgroß, mit bemerkenswerten Brüsten, als gesticktes Aktbild. Sie ist nicht allein. Von drei Seiten schauen insgesamt sieben eingerahmte nackte Frauen Herrn Shamba bei der Arbeit zu, allesamt großbusig und in inspirierenden Posen.

«Der Künstler ist ein Freund von mir, aus Suchumi, und, na ja, da dachte ich mir, warum auch nicht?», murmelt Shamba, etwas verlegen. Gar nicht draufgängerisch, eher bedächtig wirkt der gut gekleidete, schon leicht ergraute Mann, der mal ein angesehener Archäologe Georgiens war.

Dass viele Staatsgäste an den Bildern Anstoß nehmen könnten, muss der Diplomat nicht befürchten, denn die Republik Abchasien wird von keiner Regierung der Erde anerkannt, nicht mal von der Schutzmacht Russland. Allenfalls ein Vertreter der Vereinten Nationen oder ein Kommandeur der russischen Friedenstruppen schaut hin und wieder mal rein. Nicht eine einzige Botschaft eines anderen Landes ist in Abchasien eröffnet worden, nicht einmal ein mickriges Konsulat.

Was macht man denn so als Außenminister eines Staats, von dem keiner was wissen will? «Na, viele Empfänge gibt es nicht. Aber das ist auch nicht wichtig, die staatliche Anerkennung wird irgendwann ganz von selbst kommen.» Vorerst sei wichtig, soziale Reformen im Inneren anzuschieben, also Schulen und Krankenhäuser aufzubauen. Und natürlich die nationale Sicherheit zu gewährleisten, also das Land gegen einen Revancheangriff Georgiens zu schützen. Dabei helfe Russland sicher ein wenig, werfe ich ein.

«Moskau ist ein wichtiger Verbündeter für uns, das ist richtig.» Bekommt Abchasien Waffen aus Russland? «Und wenn schon. Georgien bekommt schließlich auch Waffen von Amerika.»

Ich erzähle von den russischen Grenzern bei Sochi, die mich nicht nach Abchasien ließen.

Shamba schüttelt den Kopf und sagt: «Die Russen wollen uns kontrollieren. Sie haben auch noch nicht richtig begriffen, dass wir wirklich unabhängig sein wollen.» Auch Russland beteilige sich ja an der internationalen Blockade Abchasiens und lasse nicht einmal Schiffe nach Suchumi einlaufen. So lägen die heimische Wirtschaft und der Handel völlig am Boden, der Schwarzmarkt blühe. Wie im übrigen Schmuggel und Mafia-Kriminalität, was Shamba aber lieber verschweigt.

«Letztes Jahr kam ein großer türkischer Investor mit seiner Privatyacht nach Suchumi und wollte hier ein Unternehmen aufbauen – bis die Russen ihn rausgeworfen haben!»

Jetzt ist Ärger in der Stimme Shambas, der selbst lieber Russisch statt Abchasisch spricht.

«Dass Russland uns Abchasen für seine eigenen Zwecke gebraucht, wissen wir. Das ist das Spiel der Russen.» Aber so sei das im Kaukasus immer gewesen. «Genauso missbrauchen die Amerikaner ja die Georgier für ihre Ziele. Mit dieser Ölpipeline und der neuen Seidenstraße wollen sie doch nur die Russen aus dem Kaukasus verdrängen.» Das ließen sich die Russen eben nicht gefallen.

Er fügt hinzu, in der nach dem 11. September 2001 gültigen Sprachregelung: «Die georgische Regierung ist ein Hort für internationale Terroristen, besonders Tschetschenen. Gemeinsam werden sie versuchen, Abchasien zurückzuerobern.»

Tschetschenen? Kämpften nicht viele tschetschenische Freischärler Anfang der 1990er aufseiten der Abchasen gegen die Georgier? Der berüchtigte Tschetschenen-Warlord Shamil Basajew, heute ganz oben auf der Fahndungsliste der russischen Armee, hatte 1993 im Stadion von Suchumi eigenhändig Dutzende georgische Zivilisten enthauptet.

«Richtig, aber jetzt wollen sie wohl Schewardnadze für seine Hilfe in ihrem Kampf gegen Moskau danken und hier einen neuen Schauplatz gegen die Russen eröffnen. Bündnisse wechseln eben schnell im Kaukasus», sagt Shamba mit einem maliziösen Lächeln. «Aber Schewardnadze muss aufpassen. Bald könnten die Russen sein Land direkt angreifen. Soviel ich aus Moskau gehört habe, ist das sehr wahrscheinlich.» Shambas Gesicht lässt keinen Zweifel daran, dass ihm solch ein Angriff nur recht wäre. «Ihre Ölpipeline können die Georgier dann auch vergessen.»

BLAUHELME ZWISCHEN DEN FRONTEN

Als ich das Ministerium verlasse, überhole ich auf der Treppe den alten Mann mit Filzhut und den vielen sowjetischen Orden, der noch immer nicht das Erdgeschoss erreicht hat. Fünf Stufen hat er noch vor sich. Ich hoffe, dass er gleich nebenan wohnt.

Der Weg zum UN-Hauptquartier führt an der Uferpromenade entlang, die noch vor zehn Jahren als die exklusivste des gesamten Sowjetreichs galt. Der Anblick ist trostlos: Von den großen Luxushotels, erbaut noch im russischen Imperialstil, sind nur zerbombte Ruinen geblieben, aus denen schon kleine Bäume wachsen. Von der Königssuite des «Riza»-Hotels, von der schon vor hundert Jahren russische Aristokraten auf das endlose Blau des Meeres blicken konnten, hängt noch der Balkon an der verkohlten Fassade. Die Promenade, von Rhododendron und Oleander gesäumt, ist fast menschenleer. Nur ein paar alte Männer spielen im Schatten eines Eukalyptusbaums Backgammon. Als Spielsteine benutzen sie alte Flaschendeckel. Etwas weiter grasen Kühe vor den Ruinen.

Direkt am Strand gelegen ist auch das Kasernengelände der russischen Friedenstruppen. In einem ehemaligen Sanatorium auf dem Grundstück wohnen russische Kurgäste, die hier Urlaub machen. Viele von ihnen können sich das vornehmere Sochi im Norden nicht leisten, oder aber das abchasische Heilwasser, das hier gereicht wird, tut ihnen so gut, dass sie Chaos und Bürgerkrieg um sich herum vergessen. Auf jeden Fall gehört der Anblick der fettleibigen Frauen, die in zu knappen Badeanzügen, vorbei an getarnten russischen Funkwagen und eskortiert von Kalaschnikow-bewehrten Soldaten in Kampfuniformen, zum Strand watscheln, zum Surrealsten, was die ehemalige Sowjetunion zu bieten hat.

Trotz einer 8-Uhr-Ausgangssperre scheinen sich die Urlauber in Suchumi wohl zu fühlen: Die Währung Abchasiens ist noch immer der russische Rubel, es gilt Moskauer Uhrzeit, und Baltika-Bier aus Sankt Petersburg ist problemlos erhältlich, auch in der berüchtigten Braustärke Nr. 9 (Alkoholgehalt: 16,5 %). Ein russischer Kommandant, der über seine Friedensmission – und vielleicht auch ein wenig über Tourismus – plaudern würde, lässt sich leider nicht auftreiben. Am Tor der Kaserne, wo zwei gelangweilte Wachen stehen, blickt von einem Steinmosaik noch immer Genosse Lenin in Überlebensgröße. Er trägt eine geschmacklose hellblaue Krawatte. Wenn sich Kommunisten nur stilvoller zu kleiden gewusst hätten, wäre vielleicht vieles im 20. Jahrhundert ganz anders gelaufen.

Am UN-Hauptquartier wartet bereits die Patrouille, mit der ich quer durch Abchasien bis hinter die Waffenstillstandslinie fahren will. Captain Zsolt Romvari, der den Zug leitet, ist ein Mann, mit dem man nie ein Problem haben möchte. Der Ungar hat einen breiten, blank rasiertem Schädel und Oberarme wie Fachwerkbalken. «Bevor ich nach Abchasien gekommen bin, habe ich am Wochenende als Türsteher bei einer Diskothek am Plattensee gearbeitet», erzählt der 36-Jährige mit viel sagendem Blick. Um sein mageres Gehalt als Pilot der ungarischen Luftwaffe aufzubessern, wie er sagt.

Als müsse er seine Kraft noch unter Beweis stellen, greift sich Romvari einen zufällig vorbeikommenden UN-Leutnant aus Pakistan und hebt den armen Mann hoch wie ein Kleinkind. Ein türkischer Hauptmann bleibt kurz stehen, kichert und geht weiter. Nachdem der magyarische Hüne ihn runtergelassen hat, salutiert der Pakistani vor ihm und sieht zu, dass er davonkommt.

Captain Romvari setzt sich eine Topgun-Piloten-Sonnenbrille auf, wir steigen in den weißen Frontrunner und sausen vom Gelände. Zum Konvoi gehören noch zwei weitere der unvermeidlichen Toyotas. Mit der UN muss der japanische Autokonzern seinen Deal des Jahrhunderts gemacht haben: In welche UN-Mission auf der Welt man auch kommt, die Frontrunner sind schon da. Dabei sehen die hell blitzenden Geländewagen in dem Elend, durch das UN-Mitarbeiter gerne hocherhoben jagen, immer etwas nach protzigem Vorstadt-Spielzeug aus. Da ist es kein Wunder, dass die Herren der blauen Wimpel von Menschen vor Ort oft als arrogante Neokolonialisten betrachtet werden. Natürlich werden Frontrunner alle naselang geklaut, im Kosovo einmal fast hundert in einer Nacht, sodass Toyota fleißig nachliefern darf.

«Jeden Tag patrouillieren wir auf dieser Strecke, auf abchasischer und georgischer Seite», erklärt der Peacekeeper seine Aufgabe. «Wir überwachen, ob der Waffenstillstand eingehalten wird und ob die Kampfparteien vielleicht heimlich Soldaten oder schwere Waffen in die entmilitarisierte Zone bewegen, was ihnen verboten ist.» An einem markanten, ausgebrannten Gebäude gibt Romvari per Funk unsere Position an das Hauptquartier durch und fügt «keine besonderen Vorkommnisse» hinzu.

«Eigentlich ist es vorgeschrieben, dass wir kugelsichere Westen tragen, aber die sind so furchtbar unbequem», sagt der Ungar, der wie alle UN-Mitarbeiter unbewaffnet ist. Tatsächlich scheint die einzige Gefahr in dieser idyllischen flachen Landschaft aus Kühen zu bestehen, die, wie überall im Kaukasus, auf der Straße stehen oder liegen und sich stur weigern, herannahenden Fahrzeugen auch nur die geringste Beachtung zu schenken.

Doch Romvari warnt: «Immer wieder dringen georgische Partisanen aus dem Kodori-Tal über die Waffenstillstandslinie in dieses Gebiet ein. Erst im vergangenen Monat haben sie in einem abchasischen Dorf fast alle Männer getötet. Da ist noch viel Hass zwischen denen.»

Die Regierung in Tiflis toleriert das Treiben der paramilitärischen Gruppen, die so phantasievolle Namen tragen wie «Weiße Legion», «Waldbrüder» und «Cobra». UN-Mitarbeiter müssen besonders Überfälle und Entführungen fürchten, denn Menschenraub ist für die lokalen Banditen seit langem ein gutes Geschäft. «Im letzten Jahr wurden mehrere von uns gekidnappt, kamen aber nach ein paar Tagen wieder frei.» Da die UN grundsätzlich kein Lösegeld bezahlt, musste sich die georgische Regierung einschalten.

Und was machen die russischen Truppen? Der Ungar überlegt nicht lange: «Ohne die Russen hier wäre die georgische Armee längst wieder in Suchumi, und wir könnten nach Hause gehen.»

Entlang der Straße warnen Schilder vor Minen, die auf der Böschung und auf den Feldern vergraben liegen. Ein Arbeitstrupp von Halo Trust taucht rechts auf, einer der weltweit größten Minenräum-Organisationen, die in Krisengebieten aktiv sind. In mühsamer, hochgefährlicher Stocherarbeit beseitigen die Männer die wohl hinterhältigsten Waffen überhaupt, die einen Krieg nie enden lassen. Auch in Abchasien gibt es viel zu tun: Fast 200 Einheimische beschäftigt Halo Trust und ist damit der größte internationale Arbeitgeber der Provinz.

Wir erreichen den UN-Stützpunkt in Gali, dem letzten Ort vor der Waffenstillstandslinie. Hier, mitten in der Pufferzone, kam es im Mai 1998 erneut zu heftigen Gefechten, bei denen abchasische Kämpfer etwa 2000 Gebäude niederbrannten, mehr als 100 verbliebene Georgier töteten und 30 000 weitere vertrieben. Russische Friedenstruppen sahen den ethnischen Säuberungen tatenlos zu.

Ich verabschiede ich mich von Captain Romvari und steige in eine UN-Patrouille um, die auf die georgische Seite fahren soll. Vor den Fahrzeugen kommt es zu einem unerwarteten Wiedersehen: Den Konvoi leitet der österreichische Hauptmann Stefan R., der nach dem Jugoslawien-Krieg 1999 in der UN-Mission im Kosovo als Presseoffizier Dienst tat.

«Eigentlich wollte ich nach meinem Weggang aus Priština in eine Mission nach Afrika, aber jetzt haben sie mich hierher geschickt.» Er zuckt die Achseln und sagt, es gebe Schlimmeres.

Im minensicheren südafrikanischen Scout-Fahrzeug fahren wir über die Brücke, die über den Inguri führt. Hier verläuft die neue Grenze zwischen einem zerfallenden Land und einem surrealen Marionettenstaat, einer Bananenrepublik, die nur vom übermächtigen Nachbarn im Norden am Leben erhalten wird. Auf der anderen Seite der Brücke steht ein russischer Panzerwagen, auf dem eine Gruppe junger Rekruten in olivgrünen Uniformen sitzt. Missmutig blicken sie zu unserem Konvoi herüber. «Die Russen», sagt Hauptmann Stefan R., «die haben hier ihre ganz eigenen Pläne.»

Wenige Tage später, Ende September 2001, wird der UN-Hubschrauber auf dem Flug nach Suchumi von georgischen Freischärlern beschossen und stürzt ab. Besatzung und Passagiere sind sofort tot. Unter den Toten ist auch ein ungarischer UN-Offizier. In den folgenden Tagen sterben bei Gefechten fast fünfzig Abchasen und Georgier.

BLUT AUCH FÜR ÖL:
TSCHETSCHENIEN

Im Januar 1999, als der zweite russische Feldzug gegen Tschetschenien begann, hielt es Beslan Albukarow nicht mehr aus. Er verrammelte sein kleines Lebensmittelgeschäft in der Hauptstadt Grosny, das russische Soldaten schon im ersten Krieg von 1994 bis 1996 geplündert und verwüstet hatten. Mit seiner Frau und ihren zwei kleinen Töchtern schlug Albukarow sich nach Inguschetien durch, der winzigen Nachbarrepublik Tschetscheniens im Nordkaukasus. In der Nähe der Stadt Nasran fanden sie auf der ehemaligen Kolchose «MTF Altieno» Unterschlupf. Früher wurden in den Ställen der Kolchose 1000 Schweine gehalten und 500 Schafe. Heute hausen hier 2000 Menschen, tschetschenische Flüchtlinge.

«Auf den dritten Winter gehen wir jetzt in diesem Lager zu, es ist zum Verzweifeln», sagt der kleine, drahtige Tschetschene, als er mich über den sandigen Hof führt. Der Wind treibt Unrat vor sich her, es stinkt nach Kloake. In der Mitte des Hofs steht noch eine kommunistische Denkmalsstatue aus Stahl: ein Bauer mit typisch hoch aufgeschossener kaukasischer Fellmütze schüttelt die Hand eines russischen Agrarplaners. «Sozialistische Völkerverständigung, aber auf Russisch», kommentiert der 43-jährige Albukarow und versucht zu lachen. Auf 200000 schätzt man die Zahl der Flüchtlinge insgesamt, die sich über die Grenze nach Inguschetien geschlagen haben. Zivilisten sind es, die vor der Grausamkeit der russischen Armee und der separatistischen Rebellen geflüchtet sind. Manche leben in Zeltstädten, die meisten aber in Notunterkünften wie der Kolchose. «Spontaneous Settlements», Spontane Niederlassungen, so heißen sie verniedlichend in der offiziellen Sprache des UNHCR, des Flüchtlingshilfswerks der Vereinten Nationen.

Neben dem kommunistischen Denkmal steht ein großes olivgrünes Zelt, das als provisorische Schule dient. Durch eine Öffnung in der Plane schauen wir in das Innere, wo hölzerne Tische, Schulbänke und eine Tafel stehen. «Dies hat eine Hilfsorganisation errichtet, aus Polen», erläutert Albukarow. «Hier sollen unsere Kinder Unterricht bekommen, aber im Moment fehlt noch das Geld für Lehrer. Sagt man uns.» Und so spielen die Kinder des Lagers zwischen den verfallenden Betongebäuden Verstecken und Fangen. Albukarow winkt seine Tochter herbei, ein hübsches Mädchen von zehn Jahren, das Milona heißt. Sie kennt das Lager schon länger als ihr Vater, bereits den ersten Krieg hat sie mit ihrer Mutter hier verbracht. Nur blass erinnert sich das Mädchen noch an sein altes Zuhause in Grosny. «Alle meine Freunde kommen jetzt aus dem Lager», sagt sie.

Wir gehen in einen der langen Ställe. Zu beiden Seiten des betonierten Mittelgangs liegen ehemalige Sauenboxen, abgeteilt mit Eisenstangen. Daran haben die Flüchtlinge notdürftig Spanplatten und Holzlatten befestigt, als Wände, damit die Nachbarn in den Boxen nebenan und gegenüber nicht alles vom eigenen engen Leben mitbekommen. Bevor Albukarow in seine «Wohnung» in der Mitte des Stalls tritt, zieht er seine Schuhe aus. Diese einfache Handlung, selbstverständlich in muslimischen Ländern, hat hier, in all dem unverschuldeten Elend, eine besondere Würde. Ich tue es ihm nach. Der Betonboden des Raums ist mit rauen Decken ausgelegt, ein Vorhang trennt die Pritsche der Eltern von der der Kinder. Albukarows Frau ist nicht da. Sie hole wohl gerade Wasser, sagt ihr Mann.

Auf einem Tisch steht eine Kerosinlampe, darunter ein Gaskocher mit Teekanne. Albukarow zuckt mit den Achseln: «Strom funktioniert auch, aber nur ganz selten. Wenigstens haben wir ein Dach über dem Kopf.» Waschbecken oder Duschen gibt es nicht in der Wohnung, für die Notdurft teilen sich alle Flüchtlinge ein paar Klohäuschen, die hinter den Ställen stehen. «Im Winter ist es sehr hart, wenn man da draußen in der Kälte warten muss, und manchmal bricht Streit aus», erzählt Albukarow. Was glaube er, wie lange seine Familie hier noch bleiben müsse? Albukarow überlegt einen Moment und sagt: «Bis Frieden ist.» Wann das wohl sein werde? Dieses Mal kommt die Antwort sofort: «Wenn der letzte Russe unser Land verlassen hat.» Worum es in diesem Krieg eigentlich gehe? Albukarow überlegt lange, fast eine Minute. Einmal holt er Luft und will etwas sagen, aber dann pustet er wieder aus. Er zieht die Augenbrauen hoch, dann die Achseln und schüttelt den Kopf: «Ich weiß es nicht. Aber alle sagen, es geht um Geld.»

Als im Herbst 1991 der Tschetschenen-Führer Dschochar Dudajew, ein General der strategischen Luftwaffe der Sowjetunion, die kleine Republik für unabhängig erklärte, hielt die Aufregung in Moskau nur kurz an. Die Sowjet-Führung plagte damals ganz andere Sorgen: Generalsekretär Michail Gorbatschow hatte kurz vorher einen Putsch reaktionärer Erzkommunisten nur mit Hilfe des russischen Präsidenten Boris Jelzin überstanden, der ihm danach selbst einen harten Machtkampf lieferte. Jelzin drängte darauf, dass die Sowjetunion sich auflöste und Russland unabhängig wurde. Das Sowjetreich lag in den letzten Zügen. «Nehmt so viel Selbständigkeit, wie ihr schlucken könnt», hatte Jelzin auf seinen Reisen durch Russland 1991 den Menschen zugerufen. Viele nahmen ihn beim Wort. Kein Wunder, dass auch zu Russland gehörende Provinzen wie Tschetschenien den Sowjetrepubliken nacheifern wollten und ihre staatliche Unabhängigkeit forderten.

Nach dem Ende der Sowjetunion handelten Tschetschenen-Führer mit der Regierung in Moskau sogar einen Abzug der russischen Truppen aus dem Land aus. Im Sommer 1992 stand kein russischer Soldat mehr auf tschetschenischem Boden – was für keinen anderen Teil des ehemaligen Sowjetimperiums, nicht einmal Ostdeutschland, galt.

Die Eliten in Moskau, geschockt vom Verlust der ehemaligen Kolonien im Baltikum, im Westen, im Kaukasus und in Zentralasien, waren nicht gewillt, nun auch noch Rumpfrussland zerfallen zu sehen. Gerade im strategisch wichtigen Kaukasus, den die Armeen der Zaren im 18. und 19. Jahrhundert mühsam den Persern und Osmanen abgerungen hatten, war Moskau nicht bereit, noch einen Meter preiszugeben. Die Unabhängigkeit Tschetscheniens zu dulden hätte einen gefährlichen Präzedenzfall geschaffen, an dem sich andere der mehrheitlich muslimischen Bergrepubliken im Nordkaukasus – Karatschajewo-Tscherkessien, Kabardino-Balkarien, Inguschetien und Dagestan – ein Beispiel genommen hätten. Im Umfeld von Präsident Jelzin, der sich vom Patriarchen der orthodoxen Kirche in seinem Amt bestätigen ließ, hatte niemand Interesse daran, dass sich an der Südflanke des Landes der Islam ausbreitete. Immerhin hatte Tschetscheniens Präsident Dudajew seinen Eid auf den Koran geleistet.

Dies allein aber würde den russischen Angriff auf Tschetschenien im November 1994 nicht erklären. Ein anderer Faktor ist ebenso entscheidend: Öl. Schon der Zeitpunkt des Überfalls ist aufschlussreich: Wenige Wochen zuvor hatten in Baku internationale Rohstoffkonzerne mit der aserbaidschanischen Regierung den bereits erwähnten «Jahrhundertvertrag» unterzeichnet. Er ermöglichte erstmals westlichen Firmen, die Ölvorkommen des Landes auszubeuten. Moskau hatte heftig gegen den Vertrag protestiert, mit der Begründung, dass keine Bohrrechte vergeben werden könnten, solange Grenzen und Eigentumsverhältnisse im Kaspischen Meer nicht geklärt seien.

Eines war allerdings jedem in Moskau klar: Solange keine neue Pipeline nach Westen gebaut wurde, musste das aserbaidschanische Öl durch die einzige bestehende Pipeline zum russischen Schwarzmeerhafen Noworossisk gepumpt werden – und die verlief quer durch Tschetschenien und den restlichen Nordkaukasus. Wollte Russland vom Ölboom in Baku durch Transitgebühren profitieren und zugleich mit dem einzigen Verkaufsweg ein mächtiges politisches Druckmittel gegenüber Aserbaidschan bekommen, so musste es die Kontrolle über die abtrünnige Republik zurückgewinnen.

Auch in Tschetschenien selbst gibt es beträchtliche Ölvorkommen, die bereits Ende des 19. Jahrhunderts entdeckt und ausgebeutet wurden. Damals war Grosny nach Baku die zweitgrößte Ölstadt im russischen Zarenreich. Im Jahre 1980 wurden noch 7,4 Millionen Tonnen Rohöl aus tschetschenischen Quellen gefördert. Strategisch wichtiger war Grosny allerdings für die Weiterverarbeitung. In drei riesigen Raffinerien wurden noch 1991 bis zu 17 Millionen Tonnen Öl verarbeitet, sodass Grosny im Zentrum eines dichten Pipelinenetzes zwischen Sibirien, Kasachstan und Noworossisk lag.[16] Zu dem Zeitpunkt war die Pumprichtung der kaspischen Pipeline noch umgekehrt, von Grosny nach Baku. So sehr hatte die sowjetische Führung in den vergangenen Jahrzehnten die Ölproduktion auf den Feldern vor der aserbaidschanischen Küste verringert, dass Baku nun über Grosny Öl von den ertragreicheren und für Moskau strategisch günstigeren westsibirischen Vorkommen bezog.

Nachdem Dudajew die Macht ergriffen hatte, lieferten die Russen trotz einer offiziellen Blockade weiter Millionen Tonnen Rohöl in die Raffinerien von Grosny. Das Ölgeschäft sorgte für zwei Drittel aller Einkünfte in Tschetschenien, geschätzte 800 bis 900 Millionen Dollar allein im Jahre 1993. Schwarzmarkt und Korruption blühten wie nie zuvor, und auch die russische Ölmafia nutzte den rechtsfreien Raum, um illegale Transaktionen abzuwickeln. Gegen Ende der anarchischen Herrschaft Dudajews brach das tschetschenische Ölsystem weitgehend zusammen. Wer konnte, stahl Öl von den Pipelines, Manager der Raffinerien verkauften immense Mengen durch die Hintertür. Da verloren viele im Moskauer Establishment die Geduld.

Über die Gründe für den Angriff hat auch der russische General Alexander Lebed, Mitglied des Nationalen Sicherheitsrats, mehrfach deutliche Hinweise gegeben. Als Sonderbeauftragter des Kreml, der mit den Tschetschenen-Führern den Abzug der russischen Truppen nach dem ersten Krieg aushandelte, hatte Lebed Einblick in die Vorgänge, die zum Waffengang führten. Er beschuldigte mächtige russische Finanzkreise, Präsident Jelzin 1994 zum Überfall auf Tschetschenien gedrängt zu haben. Im April 2002 kam Lebed unter rätselhaften Umständen bei einem Hubschrauberabsturz in Sibirien ums Leben.

Der «kleine siegreiche Krieg», den sich Jelzin 1994 wünschte, endete in einem Blutbad, in dem etwa 60 000 Menschen ihr Leben verloren. Unter den Toten waren 6000 russische Soldaten und 50 000 tschetschenische Zivilisten. Einer von ihnen war Präsident Dudajew, den eine auf sein Satellitentelefon ausgerichtete Rakete im April 1996 zerfetzte und zum Märtyrer machte. Da der Krieg in der russischen Öffentlichkeit jedoch von Tag zu Tag unpopulärer wurde, ersuchte der Kreml wenige Monate später die Rebellen um einen Waffenstillstand. Das Fiasko für die Russen war besiegelt, und die verbliebenen Truppen zogen geschlagen aus Tschetschenien ab. Die Militärelite akzeptierte die Niederlage allerdings nie und sann auf Rache.

Die Gelegenheit dazu kam im Herbst 1999: Nachdem tschetschenische Rebellen Dörfer im benachbarten Dagestan überfallen hatten und Unbekannte in Moskau mehrere blutige Bombenattentate verübten, entschied sich Jelzin auf Drängen seines Premiers und Nachfolgers Wladimir Putin für einen zweiten Feldzug. Wieder starben Zehntausende, aber dieses Mal war die russische Armee besser vorbereitet und gewann gegen die Rebellen die Oberhand. Die Hauptstadt Grosny, von den Russen 1818 als Fort gegründet, wurde restlos zerbombt. Anfang des Jahres 2001 erklärte der Kreml die abtrünnige Republik offiziell für befriedet und fordert seitdem Flüchtlinge auf, in ihre Heimat zurückzukehren – ohne Erfolg.

«Frieden?» Der Tschetschene Ruslan A. lacht auf, gar nicht mal bitter, sondern schlicht amüsiert. «Der Frieden, der in Tschetschenien herrscht, ist ein russischer Frieden.» Damit sei alles gesagt. Auch zur Frage, warum er nicht nach Grosny zurückkehre. Mit der Hand fährt sich Ruslan durch sein dichtes schwarzes Haar, das ihn verwegen aussehen lässt. Er ist ein kräftiger Mann mit dunklem Gesicht, aus dem schöne braungrüne Augen stechen. Ließe er sich einen Bart wachsen, würde der 31-Jährige gut zu den Typen passen, die auf Fahndungsplakaten der russischen Polizei an jeder Straßensperre im Nordkaukasus zu sehen sind.

Aber Ruslan ist kein Rebell, und eigentlich ist er nicht einmal mehr ein Flüchtling. Im Lager hat er nie gelebt, sondern ist gleich zu Beginn des ersten Kriegs 1994 bei Verwandten in Nazran untergekommen. Viele Inguschen haben damals Tschetschenen aufgenommen. Beide Völker sprechen ähnliche Sprachen, auch wenn Inguschen ihre Cousins aus dem Osten gerne als romantische Hitzköpfe beschreiben. Ruslan hat sich einen guten Job als Fahrer für eine internationale Hilfsorganisation besorgt und ist zusammen mit Frau und Sohn in eine passable Wohnung in der Stadt gezogen. «Nasran ist jetzt mein Zuhause», sagt der gebürtige Grosnyer.

In Ruslans schwarzem Wolga 3100, Baujahr 1977, knattern wir durch die Stadt. Auf der Rückbank sitzt sein Freund Amerhan, ein eher verschlossener Ingusche, der den Kragen seiner dunklen Lederjacke bis über die Ohren hochgeschlagen hat. Die beiden wollen mir ein Denkmal außerhalb der Stadt zeigen. Es ist später Nachmittag, und auf den dreckigen Straßen geht es chaotisch zu: Kleine Ladas streiten mit Pferdefuhrwerken um jeden Meter Raum, dazwischen ziehen alte Männer Karren, auf denen sie Kartoffeln oder Holz für den nahenden Winter transportieren. In dem Durcheinander finden sich viele nagelneue dunkle Limousinen der Marken BMW und Audi, mit getönten Scheiben. Erstaunlich für eine Gegend, die zu den ärmsten der ehemaligen Sowjetunion gehören soll. Ruslan erläutert: «Hier ist sehr viel Geld im Umlauf. Nicht weit von hier wird Krieg geführt, und da lässt sich immer gut verdienen.»

Der Tschetschene macht sich keine Illusionen, worum es in dem Konflikt geht: «Die einen sagen, es gehe um die Einheit des Landes, die anderen sagen, es gehe um Freiheit und Islam. Und die einfachen Kämpfer auf beiden Seiten glauben das sogar, und sie töten für diese Ziele. Aber für ihre Bosse und Befehlshaber geht es nur ums Geld.» Beide Kriegsparteien würden Profite aus Waffenverkäufen, Plündereien und Kidnappings schlagen. Das ganz große Geschäft aber sei das Öl. «In diesem Krieg will jeder gewinnen, um die Raffinerien zu kontrollieren und die Pipeline, die durch Tschetschenien verläuft», fährt Ruslan fort. «Hätten eben alle gerne die Hände drauf, auf der Pipeline.» Außerdem lägen ja im Boden der Republik selbst noch viele unerschlossene Ölreserven. «Da lohnt es sich doch zu kämpfen», fügt er ironisch hinzu.

Fast während des gesamten ersten Kriegs war die Pipeline von Baku nach Noworossisk unterbrochen und der Betrieb blieb eingestellt. Nach der Niederlage und dem Abzug der russischen Truppen im Jahre 1996 wollte Moskau die Tschetschenen zunächst mit einer Pauschale von einer Million Dollar Transitgebühren für zukünftiges Öl abspeisen, die Abtrünnigen forderten stattdessen 265 Millionen Dollar als Reparationszahlungen. Beide Seiten einigten sich schließlich auf eine Gebühr von beträchtlichen 2,20 Dollar pro Tonne Erdöl. Zugleich begann man gemeinsam, die Pipeline zu reparieren und wieder in Gang zu bringen.

Inzwischen wurde allerdings eine Umleitung der Baku-Noworossisk-Pipeline durch den hohen Norden Tschetscheniens gebaut – im Schutz der russischen Armee. Zusätzlich verläuft die brandneue CPC-Pipeline durch Nordtschetschenien, die das gigantische Ölfeld Tengiz in Kasachstan mit einem supermodernen Terminal in Noworossisk verbindet. Rund 2,8 Milliarden Dollar hat die 1650 Kilometer lange Leitung gekostet, durch die 560 000 Barrel pro Tag fließen können. Betrieben wird sie von einem internationalen Ölfirmen-Konsortium, das von den jüngst fusionierten US-Giganten Chevron und Texaco angeführt wird. Mitte Oktober 2001 floss das erste Öl nach Noworossisk.

Ruslan lenkt den Wagen in eine ruhige Nebenstraße. Er hält es für klug, den zahlreichen Kontrollpunkten der Polizei in Nasran auszuweichen. Nach kurzer Zeit tauchen zu beiden Seiten stattliche Villen auf, keine älter als fünfzehn Jahre. Oft mehrere Stockwerke hoch, sind in jedes dieser roten Ziegelsteinhäuser zahllose architektonische Spielereien wie Erker, Balkons und Torbögen eingefügt. Die Dachfirste und die Grundstücksmauern sind, ähnlich wie auf Zigeuner-Schlössern in Rumänien, mit reichen Zinnverzierungen versehen. Neben fertigen Häusern finden sich viele neue Baustellen. Auch hier ist offenbar wieder viel Geld im Spiel. «Dieser Stadtteil wird Westberlin genannt», sagt plötzlich Amerhan vom Rücksitz aus, wo er bislang geschwiegen hatte. «Er entstand in den späten 1980ern. Wir Inguschen haben den Namen gewählt, um die Kommunisten in Moskau zu ärgern.»

Nach zwanzig Minuten gelangen wir an der Ausfallstraße vor der Stadt zu dem Denkmal, von dem die beiden Freunde sprachen. Es ist ein Nachbau eines der alten Wehrtürme, in denen sich die Einwohner kaukasischer Bergdörfer seit Jahrhunderten verschanzten, wenn ein übermächtiger Feind nahte. Wir steigen aus und gehen näher an den Turm heran. Erst jetzt fällt mir auf, dass er vom Fuß bis zur Spitze mit Stacheldraht umwickelt ist. Amerhan sagt mit sehr ernstem Gesicht: «Mit diesem Denkmal soll der Deportation unseres Volkes gedacht werden und der vielen Menschen, die dabei ums Leben kamen.» Die Verschleppung ganzer Volksgruppen, eines der dunkelsten Kapitel des Stalinismus, hatte nach dem Überfall Hitlers auf die Sowjetunion im

Juni 1941 begonnen: Eine Million Wolgadeutsche ließ Stalin nach Sibirien und Zentralasien deportieren.

Dann kamen Tschetschenen und Inguschen an die Reihe. In den frühen Morgenstunden des 23. Februar 1944 riegelten 100 000 Soldaten und Spezialtruppen der Geheimpolizei NKWD alle Dörfer in der Republik ab. Die überraschten Bewohner wurden in amerikanische Studebaker-Lkw geladen, die sich die Russen von den USA geliehen hatten. Am Bahnhof von Grosny zwängte man die Menschen wie Vieh in mehr als 12 000 Eisenbahnwaggons, die nach Kasachstan fuhren. Als Vorwand wurden die Tschetschenen und Inguschen beschuldigt, mit den deutschen Truppen kollaboriert zu haben. Dabei hatte die Heeresgruppe Süd ihr Ziel, die Ölfelder von Grosny, im Winter 1942/43 nie erreicht. Eine Woche nach Beginn der Aktion berichtet ihr Organisator, Geheimpolizeichef Lawrentij Berija, in einem Telegramm an Stalin: «Bis zum 29. Februar 1944 sind 478 479 Menschen, einschließlich 91 250 Inguschen und 387 229 Tschetschenen, deportiert und in Truppenzüge geladen worden.»[17]

Tschetschenien-Inguschetien hatte als Republik aufgehört zu existieren. Die Deportation kam einem langsamen Völkermord gleich: In der kasachischen Steppe, wo die Menschen ausgeladen wurden, waren sie der Winterkälte schutzlos ausgeliefert. 150 000 überlebten die ersten vier Jahre nicht. Die vielen bitteren Jahre im Exil waren eine Erfahrung, die die Volksgruppen im gemeinsamen Hass auf Russen vereint hat. Die Brutalität der Kämpfe in den neunziger Jahren ist ohne die Ereignisse von 1944 und danach nicht zu verstehen. Erst im Jahre 1957 erlaubte Stalins Nachfolger Nikita Chruschtschow den Tschetschenen und Inguschen die Rückkehr in ihre Heimat. Nur die inguschetische Region Prigorodny rechts des Terek-Flusses überschrieb Moskau dem christlichen Nordossetien, Russlands traditionell einzigem Verbündeten im Nordkaukasus. Das führte Ende 1992 zu blutigen Zusammenstößen zwischen Osseten und Inguschen.

Die russische Armee ergriff die Seite der Osseten, und fast 70 000 Inguschen wurden aus Nordossetien vertrieben.

Schweigend gehen Ruslan, Amerhan und ich zum Wagen zurück. Die schlimme Geschichte ihrer Völker ist den beiden jungen Männern noch heute schmerzhaft präsent. «Wir wollen nicht, dass vergessen wird, was uns angetan wurde», sagt Ruslan. Über uns fliegt, aus Osten kommend, ein Hubschrauber der russischen Luftwaffe hinweg, ein großer Truppentransporter. Welcher Typ Hubschrauber das sei, frage ich. Amerhan antwortet: «Wir nennen sie ‹die fliegenden Leichenwagen›.»

Bis zur Grenze nach Tschetschenien ist es von Nasran etwa eine Stunde Autofahrt durch flache, weitgehend reizlose Landschaft. In Sernowodsk, der letzten kleinen Stadt auf inguschetischer Seite, ist die Nähe zum Kriegsgebiet deutlich spürbar. An jeder Straßenecke stehen teure und offenbar gestohlene BMW und Mercedes mit verdunkelten Scheiben und ohne Kennzeichen. Unter den zahllosen tschetschenischen Flüchtlingen hier sind viele Gestalten, die rastloser und verschlagener als die Lagerinsassen der Kolchose bei Nasran aussehen. Einige tragen kaum verborgene Waffen. Polizisten sind nirgendwo zu sehen. Meine Versuche, mit einigen Männern an einem Kiosk ins Gespräch zu kommen, stoßen auf feindseliges Misstrauen. Ein Mann mit Cowboyhut und vernarbtem Gesicht herrscht mich an, ich solle mich vom Acker machen, solange ich noch könne.

Ich fahre weiter in Richtung Grenze. Illusionen darüber, wie riskant dieser Ausflug ist, mache ich mir nicht. Um nach Tschetschenien zu gelangen, brauchen Ausländer – besonders Journalisten – eine Erlaubnis aus Moskau. Seit Beginn des zweiten Kriegs unter Präsident Putin werden Pressebesuche nur noch äußerst selten gestattet, in jedem Fall nur unter ständiger Begleitung und Aufsicht russischer Offiziere. Die neue Regierung in Moskau hat schnell das Einmaleins des Medienzeitalters gelernt: Alles, was kein Journalist sieht, geschieht nicht wirklich. Ein Krieg, bei dem die Kameras fehlen, hält sich nicht einen Tag lang im öffentlichen

Bewusstsein. Und wenn Kameras schon sein müssen, dann sollte man sie richtig zu lenken wissen. Etwa 1994: Bilder, auf denen irgendwo am Horizont die zerbombte Skyline Grosnys zu erkennen war, wirkten nie so stark wie im selben Jahr die Nahaufnahmen der von einer Granate zerfetzten Bosnier auf dem Markt von Sarajevo.

Leider werden Kontrolle und Zensur nicht nur von den russischen Behörden ausgeübt: Auch die meisten westlichen Kriegsreporter haben, wie viele heute selbst einräumen, bei der Berichterstattung beider Tschetschenien-Kriege versagt. Zu sehr verließ man sich auf offizielle Angaben der russischen Armee, die als einzige geregelten Zugang zum Kriegsgebiet verschaffen konnte. Die wenigen mutigen Journalisten, die sich auf der Suche nach Wahrheit über die Berge zu Rebellen und einfachen Zivilisten durchschlugen, litten zudem oft unter dem mangelnden Interesse ihrer Redakteure und Leser im Westen. Die jahrelangen Horrormeldungen vom Balkan in den 1990ern hatten offenbar die Bereitschaft ermüdet, auch die Kriege im Kaukasus wahrzunehmen.

Nach mehreren Kilometern Fahrt durch kahles Niemandsland taucht der erste russische Armee-Checkpoint auf: kein Schlagbaum oder sonstige Hindernisse, nur ein halbes Dutzend Soldaten, die gelangweilt an einer ehemaligen Bushaltestelle am Straßenrand stehen. Zwei Männer sitzen daneben im Gras. Diese Truppe entspricht so gar nicht dem Bild, das Alexandre Dumas im Jahr 1858 vom russischen Soldaten zeichnete: «Im Kaukasus dagegen ist er durchweg heiter, lebhaft, oft lustig, wie der französische Soldat; die Uniform bringt ihm Ehre, er hat Aussicht auf Beförderung, Auszeichnung, Gefahr. Die Gefahr bringt ihn seinen Offizieren näher und erhöht sein Selbstgefühl, erheitert ihn, zeigt ihm den Wert des Lebens.» [18]

Ein Gefreiter in reichlich abgerissener olivgrüner Uniform, die Kalaschnikow fest im Griff, bedeutet mir anzuhalten. «Dokumente her!», verlangt er. Sein Gesicht ist unrasiert, der Atem riecht deutlich nach Wodka. Ich reiche ihm meinen Reisepass.

Verständnislos blättert er durch die Seiten, während seine Kameraden sich um mein Auto aufstellen. Der Truppführer beschließt, mich zum nächstgelegenen Armeelager zu bringen, was mir gerade recht ist. Er zwängt sich auf den Beifahrersitz, die Waffe zwischen den Beinen, und wir fahren los.

Nach etwa zehn Minuten gelangen wir an eine Kreuzung, an der mehrere russische Panzer Stellung bezogen haben. Sie sind mit Tarnnetzen überzogen, darauf sitzen mehrere junge Rekruten und blicken gleichgültig zu uns rüber. Keine 19 Jahre alt werden die meisten von ihnen sein, ihre schlichten Gesichter verraten ländliche Herkunft. Schon seit langem zieht das russische Militär kaum noch Soldaten aus großen Städten, wo der Bildungsgrad generell höher ist und viele Menschen den Krieg in Tschetschenien ablehnen. Der Truppführer meldet unsere Ankunft, und aus einem Militärzelt tritt ein junger, schlaksiger Offizier. Von den Soldaten hebt er sich durch eine saubere, schneidige Uniform ab. Als Leutnant Michail M. aus Rostow-on-Don stellt er sich vor und fragt dann, in überraschend gutem Englisch, was zum Teufel ich bitte in Tschetschenien zu suchen hätte. Ich würde gerne das befriedete Grosny besuchen, antworte ich. Michail stutzt und lacht kurz auf. Das werde nicht gehen, entgegnet er höflich, ich müsse leider sofort umkehren. Warum? «Für Ihre eigene Sicherheit. Tschetschenische Banditen sind noch immer in der Gegend aktiv, und Sie könnten entführt werden.»

Ob man mir nicht eine russische Militäreskorte stellen könne? Michail schüttelt den Kopf: «Dadurch wären Sie nur in noch größerer Gefahr, angegriffen zu werden.» Aber sei denn der Krieg gegen die Separatisten nicht gewonnen und beendet, wie es in Moskau heiße? «Moskau ist weit weg», antwortet Michail lakonisch. Nervös schaut er über seine Schulter zum Kommandeurszelt. Als ich mich ein weiteres Mal auf die offizielle Version der russischen Regierung berufe, dass in Tschetschenien wieder Recht und Ordnung herrsche, verliert Leutnant Michail die Geduld: «Hören Sie, Sie scheinen ja gar nichts zu begreifen. Das

Problem sind nicht die Tschetschenen, sondern gewisse russische Einheiten. Wenn ich Sie nach Grosny weiterfahren lasse, glauben Sie, dass Sie da je ankommen werden? Man wird Sie unterwegs zwanzigmal anhalten, und das wird sehr unangenehm werden.» Michail ist sehr nah getreten und hat seine Stimme gesenkt. Intensiv blickt er mir in die Augen. «Nicht jeder russische Soldat ist so nett wie ich, verstehen Sie? Und jetzt machen Sie, dass Sie hier wegkommen!» Ich danke Michail für seinen Rat und kehre um.

Wenige Wochen später werden bei einem Überfall tschetschenischer Mudschaheddin auf genau diesen Grenzposten fast ein Dutzend russischer Soldaten getötet.

«KEIN ERBARMEN, KEINE GEFANGENEN»

Der bittere Konflikt zwischen Russen und Tschetschenen hat eine Vorgeschichte. Schon als die Zarenarmeen im 19. Jahrhundert die kaukasischen Bergvölker bekämpften und schließlich unterwarfen, floss viel Blut auf beiden Seiten. Besonders die Tschetschenen und die weiter westlich siedelnden Tscherkessen leisteten den Eroberern jahrzehntelang heftige Guerillagefechte. Der berühmteste Anführer des Widerstands war der dagestanische Fürst Imam Shamil, der die Russen mehr als 25 Jahre lang mit Tapferkeit und Schläue bekämpfte. Als der fromme «Löwe von Dagestan» schließlich im August 1859 von russischen Einheiten umzingelt wurde und sich ergeben musste, war er längst zum Mythos geworden, an dem sich die tschetschenischen Rebellen noch heute orientieren. Nicht zufällig hat ihn sich einer ihrer gefürchtetsten Kommandeure, Shamil Basajew, zum Vorbild genommen.

Die Kaukasus-Kriege des 19. Jahrhunderts haben auch die Dichter jener Zeit inspiriert. Lermontow, Gribojedow und Puschkin schufen einen regelrechten Kaukasus-Romantizismus, in dem sie die russische Eroberung verherrlichten. Lermontows *Klosternovize* und Puschkins *Der Gefangene im Kaukasus* vermitteln bis heute jedem russischen Schulkind die Idee von «unserem Kaukasus».

Kritisch stand der russischen Vernichtungsstrategie nur Leo Tolstoi gegenüber, der von 1851 bis 1853 in Tschetschenien diente. Der Dichter war erschüttert über das Blutvergießen und zugleich tief bewegt vom Widerstand der Bergvölker. In seiner Novelle *Haji Murat* findet sich die berühmte Beschreibung eines russischen Angriffs auf das Dorf Makhkety im Januar 1852, bei dem die Soldaten alle Gebäude niederbrennen und ein Kind mit einem Bajonett aufspießen. Nach dem Überfall versammeln sich die Tschetschenen inmitten der Ruinen ihres Dorfs: «Niemand sprach von Hass gegen die Russen. Das Gefühl, das alle Tschetschenen, Jung und Alt zugleich, empfanden, war stärker als Hass. Es war nicht Hass, sondern eine Weigerung, diese russischen Hunde als Menschen anzuerkennen, und Abscheu, Ekel und Verwirrung über die sinnlose Grausamkeit dieser Wesen, sodass der Wunsch, sie zu vernichten, wie der Wunsch, Ratten, giftige Spinnen und Wölfe zu vernichten, so natürlich war wie der Selbsterhaltungstrieb.»[19]

Als Dumas vor 150 Jahren seine «gefährliche Reise durch den wilden Kaukasus» unternahm, betrachtete er eher die Russen als Opfer: «Und wie wird dieser Krieg geführt! Man kennt im Kaukasus kein Erbarmen, man macht keine Gefangenen, jeder Verwundete wird unter die Toten gezählt, der Feind schneidet jedem Russen, der ihm in die Hände fällt, den Kopf ab.»[20] Dumas selbst begegnete am Ufer des Terek einem kampfeslustigen Tschetschenen. In der Erzählung vom tödlichen Duell des tschetschenischen Abreks mit einem seiner Kosaken findet sich die romantische Wildheit jener Zeit.

Menschenrechtsorganisationen wie Human Rights Watch und Amnesty International dokumentieren heute in regelmäßigen Abständen die Gräueltaten besonders der russischen Armee und der

Söldner. Auch die tschetschenischen Rebellen sind gnadenlose Kämpfer. Sogar eine eigene Homepage (www.kavkaz.org) haben die Aufständischen eingerichtet, auf der sie sich unverblümt ihrer Brutalität rühmen. Neben jüngsten Frontberichten und politischen Pamphleten über den tschetschenischen Befreiungskampf wird dem Besucher der Webseite eine endlose Auswahl von blutrünstigen Fotos und Videos von Kampfhandlungen mit Russen präsentiert. In einem typischen Kurzfilm ist zu sehen, wie ein Trupp Mudschaheddin, grimmige Männer mit langen Bärten, in einem Graben einem russischen Konvoi auflauert.

Seelenruhig filmt der tschetschenische Kameramann, wie sich drei Militärfahrzeuge dem Hinterhalt nähern. Plötzlich explodiert eine Mine unter einem Laster, und die Rebellen schießen aus dem Graben auf den Konvoi. Die Russen sind zu überrascht, um effektiven Widerstand zu leisten. Ein Soldat nach dem anderen stürzt getroffen zu Boden. Schnitt. In der letzten grausamen Bildsequenz war zu sehen, wie triumphierend lachende Tschetschenen verwundeten Russen mit Dolchen die Kehle durchschneiden und sie ausbluten lassen. Die Macher der Homepage, die täglich aktualisiert wird, vermutet der russische Geheimdienst im Untergrund in Georgien oder in der Türkei, wo viele Tschetschenen und Sympathisanten ihrer Sache leben. Man schätzt, dass die Homepage täglich von Zehntausenden Menschen besucht wird. In Internetcafés im Kaukasus gibt es kaum einen Computer, in dem www.kavkaz.org nicht unter den Bookmarks des Browsers zu finden ist.

Russische Militärs begegnen den Rebellen – und vielen tschetschenischen Zivilisten – mit vergleichbarer Härte. Von Menschenrechtlern besonders angeprangert wird die als «Bezbredil» bekannte russische Taktik, tschetschenische Dörfer im Morgengrauen zu umstellen und nach Rebellen und sonstigen verdächtigen Männern zu durchkämmen. Immer wieder würden bei diesen Razzien unschuldige Zivilisten misshandelt, gefoltert und ermordet. Viele Fälle sind bekannt, in denen Jugendliche zum angeblichen Verhör verschleppt und so lange gefoltert wurden, bis Verwandte sie für 1000 Dollar pro Kopf freikauften.

Zurück im inguschetischen Nasran, suche ich Menschen auf, die die Lage in Tschetschenien gut kennen. Das Internationale Rote Kreuz hat sein Hauptquartier in einem alten herrschaftlichen Haus im Stadtkern eingerichtet, das nach dem architektonischen Stil der Region mit hohen zinnenverzierten Mauern umgeben ist. Ein gewaltiges Tor aus massiver beschlagener Eiche führt zum Innenhof, wo etliche weiße, mit roten Kreuzen versehene Geländewagen stehen. Dutzende Menschen arbeiten hier, die meisten von ihnen Einheimische oder vertriebene Tschetschenen. Neben Flüchtlingen in Inguschetien versorgt das Rote Kreuz die Not leidenden Einwohner von Grosny und anderen Orten mit Medikamenten und Nahrung.

Der Leiter der Mission, ein sanft auftretender Schweizer, empfängt mich höflich, lehnt es aber kategorisch ab, sich zur Menschenrechtssituation in der umkämpften Republik zu äußern. «Es ist traditionelle Praxis des Roten Kreuzes, in Konflikten neutral zu bleiben und nicht auf einseitige Weise verübte Verbrechen zu kommentieren.» Bedeutet das, dass Kommentare zu Menschenrechtsverletzungen in diesem Fall einseitig, also zu Ungunsten der russischen Armee, ausfallen würden? «Das können Sie gerne annehmen, aber ich werde Ihre Frage nicht beantworten. Sonst brächte ich die Fortsetzung unserer humanitären Hilfsaktionen in Gefahr.» Sie sehen jeden Tag, was in Tschetschenien geschieht, aber Sie schweigen lieber darüber? «Ich muss. Wir sind in unserer Arbeit auf die Kooperation der russischen Behörden angewiesen.» Als ich das Gelände verlasse, muss ich an die folgenlosen Besuche von Delegationen des Roten Kreuzes im deutschen Vorzeige-Konzentrationslager Theresienstadt denken. Auch sie waren auf die Kooperation der Nazi-Behörden angewiesen.

Ich suche die Mission der Vereinten Nationen in Nasran auf. Sie befindet sich in einem neuen Stadtteil, in dem geschäftstüchtige Inguschen an einem künstlichen See Dutzende von Häusern im westlichen Standard gebaut haben, die sie nun für Tausende Dollars im Monat an ausländische Organisationen vermieten. Fast die gesamte internationale Gemeinde an NGOs und offiziellen Institutionen hat sich auf dem sehr gepflegten und streng bewachten Gelände niedergelassen. Auch der Präsident Inguschetiens hat hier ein Haus bezogen, das direkt am See liegt. An Wochenenden spielt er bisweilen mit den Ausländern Fußball. Man kennt und versteht sich.

Der Kanadier Ben M., einer der Leiter der UN-Mission in Inguschetien, ist ein quirliger junger Mann, der an diesem Morgen Wanderstiefel im Büro trägt und seine mittellangen blonden Haare großzügig gegelt und zurückgestriegelt hat. Er spricht gerne laut, besonders wenn seine junge inguschetische Assistentin zugegen ist. «Tja, in Tschetschenien, das ist nicht schön», sagt Ben. «Was die Russen machen, ist fragwürdig, wirklich fragwürdig.» Was machen sie denn? «Na, das ist doch bekannt. Aber wir von der UN können dazu wirklich nichts sagen, die russischen Behörden sind da sehr sensibel. Offiziell hat die UN ja nicht einmal eine Erlaubnis, in Inguschetien eine Mission zu unterhalten, eigentlich sind wir in Moskau akkreditiert.» Aber was macht die UN denn, wenn Verbrechen in Tschetschenien begangen werden? «Wir sprechen mit den russischen Behörden darüber, aber nicht offiziell. Das würde sonst so aussehen, als ob die UN Partei für eine Seite ergriffe.»

Der einzige Mann an diesem Tag, der sich keiner Schweigepflicht unterwirft, ist Markus B., der Leiter einer kleinen deutschen Hilfsorganisation. Sie ist eine der letzten, die noch Nahrung an hungernde Zivilisten in Tschetschenien selbst verteilt. Die meisten großen internationalen Organisationen haben ihr Engagement stark eingeschränkt: zum einen, weil das hohe Risiko für Mitarbeiter Projekte in der umkämpften Republik unmöglich macht, zum anderen, weil immer weniger Spenden für die Region geleistet werden – auch ein Zeichen der wachsenden Gleichgültigkeit des Westens. Ich treffe Markus an der Bar eines

Nasraner Hotels. Der hoch aufgeschossene Mittdreißiger aus Dresden ist in Birkenstock-und-Wollpulli-Kluft gekleidet, aber jahrelange Arbeit in der ehemaligen Sowjetunion hat ihm kantige, entschlossene Gesichtszüge gegeben. Sein Händedruck ist fest. «Gehen wir auf mein Zimmer, da können wir freier sprechen als hier», sagt er.

Oben angelangt, beginnt Markus zu erzählen. Fast jeden Tag fährt er in einem Transporter Lebensmittel und Medikamente von Nasran in das zwei Autostunden entfernte zerbombte Grosny. Dabei begleitet ihn nur der einheimische Fahrer. «Die Regierung in Moskau kann verkünden, was sie will: Dass die Flüchtlinge nicht in ihre Heimat zurückkehren, ist kein Wunder. Sie haben Angst. In Tschetschenien herrschen schlimmere Anarchie und Gewalt als je zuvor.» In den russischen Kampfverbänden brächen Ordnung und Hierarchie immer wieder zusammen, viele Soldaten seien korrupt, undiszipliniert und dem Alkohol verfallen. «Neulich, an einem Armee-Checkpoint vor Grosny, verhandelte ich mit einem Oberst über irgendeine Sache, da geht im selben Moment ein gewöhnlicher Soldat, völlig betrunken, an meinen Fahrer ran und verlangt Geld – vor den Augen des Offiziers, und der ist nicht eingeschritten!»

Am schlimmsten allerdings verhielten sich die Söldner, die das russische Verteidigungsministerium für die übelste Drecksarbeit anheuert. Sie bekämen ein geringes Gehalt, in der stillschweigenden Übereinkunft, dass es durch Raub und Entführungen aufgebessert werde. «Einer meiner tschetschenischen Mitarbeiter hatte einen kleinen Bruder, der vielleicht 14 oder 15 Jahre alt war. Vergangenen Monat wurde das Dorf, in dem seine Familie lebt, von Söldnern durchsucht. Die haben den Jungen einfach mitgenommen, zum Verhör, wie sie sagten.» Markus macht eine Pause, schiebt den Ärmel seines Pullovers hoch, dann zieht er ihn wieder runter. Er ringt um seine Fassung. «Die Familie hat sofort angefangen, Geld zu sammeln, um ihn auszulösen, aber sie bekamen die 1000 Dollar nicht rechtzeitig zusammen. Der Junge wurde tot aufgefunden.» Bevor er starb, seien ihm alle Fingernägel gezogen worden. Markus blickt auf den Boden, wir schweigen. Dann sagt er: «Und das Unglaubliche ist: mein Mitarbeiter hat mir in der ganzen Zeit nichts davon erzählt! Ich habe es erst von meinem Fahrer erfahren. Tschetschenen sind stolz.»

Wir verabschieden uns voneinander. Die harten Züge in Markus' Gesicht haben sich etwas aufgeweicht. In seinen Augen steht eine Mischung aus Zorn und Traurigkeit. «Auf jeder Fahrt nach Grosny packt mich wieder das Grauen. Aber im Westen will ja keiner mehr wissen, was hier los ist.»

Wenige Tage nach meinem Aufenthalt in Inguschetien werde ich, keine 50 Kilometer entfernt, in der nordossetischen Stadt Wladikawkas von russischer Polizei festgenommen und mehrere Tage lang verhört. Die Beamten sind über meine kaukasische Reiseroute genauestens informiert und werfen mir Spionage vor. Nachdem sie mein Auto, selbst gedrehte Videofilme und eine beträchtliche Summe Dollars «beschlagnahmt» haben, werde ich in einem Flugzeug nach Istanbul ausgewiesen. Der folgende Tag ist der 11. September 2001, der Tag der mörderischen Anschläge in New York und Washington. Der erste Staatschef, der dem amerikanischen Präsidenten kondoliert, ist Wladimir Putin. Er erinnert daran, dass Russland seit Jahren unter tschetschenischem Terror leidet, und sichert Bush volle Solidarität und Kooperation im Kampf gegen die Verantwortlichen der Anschläge zu.

Im Gegenzug für seine Kooperation in der Anti-Terror-Koalition erhofft sich der Kreml eine Carte blanche in Tschetschenien. In den Monaten, als die Augen der Welt auf den Krieg in Afghanistan gerichtet sind, intensiviert die russische Armee ihre Aktionen gegen Tschetschenen, die Moskau von nun an unwidersprochen als islamistische Terroristen bezeichnet. Bei einem gefeierten Besuch Putins in Berlin Anfang Oktober 2001 sichert Bundeskanzler Gerhard Schröder ihm öffentlich zu, den Tschetschenien-Konflikt in Zukunft «differenzierter zu beurteilen».

DIE GROSSE RÖHRE: ENTSCHEIDUNG IN DER VILLA PETROLEA

Früh morgens erreiche ich die Villa Petrolea, die Konzernzentrale von BPAmoco in Baku. Ich bin mit Firmenchef David Woodward verabredet. Es gebe etwas über die Mittelmeer-Pipeline nach Ceyhan zu sagen, hat mir Woodwards Assistentin Taman zuvor bedeutungsvoll am Telefon mitgeteilt. Während ich in der Eingangshalle auf Taman warte, zähle ich die kleinen roten Punkte an der hohen Stuckdecke: lauter kleine Hämmer und Sicheln, die dort oben prangen, alle liebevoll in Scharlachrot ausgemalt. Es gehört zur feineren Ironie der Geschichte, dass die Villa, von der aus einer der reichsten Konzerne der Welt heute seine kaspischen Geschäfte leitet, noch vor zehn Jahren ein Regierungsgebäude der Kommunistischen Partei war. An den Wänden hinter der Sicherheitsschranke, wo früher Verlautbarungen zu Fünfjahresplänen zu lesen waren, hängen jetzt Plakate einer BP-Werbekampagne: «We were put on this earth to do more than just drive people to the video store», steht auf einem Poster. Daneben heißt es: «BP – the company formerly known as just an oil company.»

Taman holt mich an der Sicherheitsschranke ab und begleitet mich über geschwungene Treppen und lange, helle Flure in das oberste Stockwerk des Hauses. Unterwegs bläut sie mir erneut die vereinbarten Verhaltensregeln für das Interview ein. «Keine politischen Fragen! Wir sind ein Wirtschaftsunternehmen und können zur Politik um die Pipeline nichts sagen.» Sicher, kein Problem. Taman bleibt misstrauisch: «Wir können nur Aussagen zu kommerziellen Aspekten des Ölgeschäfts machen. Die Politik ist nicht unser Business, damit hat David Woodward nichts zu tun.» Sicher, kein Problem. Taman weiß genau, woher Gefahr droht. Woodward ist neben Staatspräsident Alijew und dessen Sohn wohl der mächtigste Mann im BP-Firmenland Aserbaidschan. Er verwaltet rund 15 Milliarden Dollar, die der Ölkonzern in den kommenden Jahren vor der aserischen Küste investieren will. BPAmocos Stellung in Aserbaidschan ist so dominant, dass kaum eine wichtige Entscheidung in Sachen Öl ohne Woodwards Zustimmung fällt. Der Konzern, mit Abstand das größte Unternehmen in der Republik, besitzt mehr als ein Drittel der Anteile im AIOC-Konsortium, das die aserischen Energievorkommen ausbeutet. Ein ehemaliger BP-Sprecher hat es mir gegenüber mal so ausgedrückt: «Wenn wir aus Baku abzögen, würde das Land über Nacht zusammenbrechen.»

Woodward ist ein groß gewachsener Mann mit vollem, angegrautem Haar, Vollbart und Brille. Der BP-Veteran, in dessen Lebenslauf keine der klassischen Job-Stationen von Aberdeen bis Alaska fehlt, kommt sofort zum Punkt: «Unsere Entscheidung ist gefallen. Wir werden die Pipeline nach Ceyhan bauen, und wir werden sie mit Öl voll machen. Sie wird rentabel sein, im Sommer geht es los!» Woodward nickt, atmet scharf ein, lehnt sich zurück und verschränkt seine Arme. Macht eine Kunstpause.

Also doch: Nach jahrelangem Zögern, Durchhalteparolen und Planungen, die mehr als 150 Millionen Dollar verschlungen haben, doch noch grünes Licht. Trotz aller Gefahren auf der Strecke, trotz Chaos, Banditen und Bürgerkriegen. Sie werden die Pipeline bauen.

Der Brite grinst wie einer, der es allen gezeigt hat. Und er ahnt die nächste Frage: «Um es gleich zu sagen: nein, wir machen es nicht aus politischen Gründen, es ist kein politisches Projekt.»

Trotz jahrelangem Druck aus Washington, die Leitung so schnell wie möglich zu bauen, sei die Entscheidung rein ökonomisch motiviert: «Wir sind keine wohltätige Organisation. Wenn sich die Sache nicht rechnen würde, hätten wir den Amerikanern und Aseris gesagt: ‹Sorry, aber es geht nicht!›» Freilich habe man jahrelang genau das befürchtet, aber inzwischen sei sich BP sicher, dass ausreichende Ölvorkommen vor der aserischen Küste lägen. Dass der Konzern außerdem allen betroffenen Regierungen knallhart günstige Konditionen bei Transitgebühren und Gewinnbesteuerung abgerungen hat, übergeht Woodward an dieser Stelle.

Drei Jahre wird der Bau der 1750 Kilometer langen Stahlröhre von 42 Zoll Durchmesser wohl dauern. Die Kosten sind astronomisch: 2,9 Milliarden Dollar. Falls die Sache noch teurer wird, hat sich die türkische Regierung verpflichtet, die Mehrkosten zu übernehmen. Die Pipeline soll täglich bis zu eine Million Barrel Rohöl des aserischen Felds Chirag transportieren. Nun, da die Würfel gefallen sind, will sich Woodward keine Gedanken mehr über Alternativrouten machen. Er räumt ein, dass ein Nord-Süd-Korridor durch den Iran kürzer, billiger und wahrscheinlich auch sicherer wäre als die Pipeline durch das bürgerkriegsgefährdete Georgien. «Aber wir halten uns an die amerikanischen Sanktionen gegen den Iran. Wir sind die größte Ölfirma in den USA und müssen so handeln, als ob wir ein amerikanisches Unternehmen wären. Außerdem will unser Gastgeber Aserbaidschan nicht vom Iran abhängig sein – was wir respektieren müssen.» Natürlich macht sich Woodward Sorgen um die Sicherheit seiner Ölröhre im wilden Kaukasus: «Wir werden die Pipeline mehrere Meter unter der Erde verlegen und Mauern und Zäume um alle Einrichtungen ziehen. Wir werden die Pipeline bewachen und den Zugang scharf kontrollieren.» Mit diesen Methoden habe BP in den vergangenen Jahren schließlich auch die kleine Ausfallpipeline in den georgischen Hafen bei Supsa betrieben. Man müsse Vertrauen haben, dass die Behörden im Transitland Georgien gut auf die Anlagen achten würden.

Die Chancen dafür steigen in der Tat, denn sogar der russische Widerstand gegen das Projekt wird offenbar geringer. Anders als sein Vorgänger Boris Jelzin, scheint Präsident Wladimir Putin einzusehen, dass Moskau derzeit keinen Vorteil aus politischem Chaos und Bürgerkriegen in Aserbaidschan und Georgien ziehen kann. Im Oktober 2001, auf dem Höhepunkt russisch-amerikanischer Détente im gemeinsamen Kampf gegen Terror, reiste Woodward mit ein paar Kollegen nach Moskau und stellte das Baku-Ceyhan-Projekt erstmalig im dortigen Energieministerium vor. Noch ein Jahr zuvor wäre dies undenkbar gewesen. «Der stellvertretende Minister war da und schien sehr interessiert zu sein. Er stellte intelligente Fragen und zeigte keinen Widerstand gegen das Projekt.» Auch habe der Minister deutlich gemacht, dass russischen Firmen, die sich an der Pipeline beteiligen wollten, keine Steine in den Weg gelegt würden.

So hat denn auch der Ölriese Lukoil, der als verlängerter Arm russischer Außenpolitik betrachtet wird, Interesse signalisiert, sich in das Projekt einzukaufen. Schon jetzt hält Lukoil, dessen Vorstandsvorsitzender ein ethnischer Aseri ist, einen Anteil von zehn Prozent am AIOC-Konsortium. Nach den Erfahrungen, die die Länder im Südkaukasus in den vergangenen Jahren mit russischem Einfluss machen mussten, bleibt Woodward jedoch vorsichtig: «Der Pragmatiker Putin ist zwar im Moment der treibende Motor, aber in der russischen Regierung gibt es viele verschiedene Positionen. Einige mächtige Leute, wie etwa vom russischen Pipelinebetreiber Transneftegaz, werden weiterhin gegen unser Projekt sein.» Wieder lehnt sich Woodward zurück und verschränkt die Arme. Dann sagt der Chef des völlig unpolitischen Wirtschaftsunternehmens doch noch etwas Politisches: «Es ist gut, amerikanische Unterstützung für das Projekt zu haben.» Ob er dabei an die amerikanischen Truppen in Georgien denkt?

Vor der Villa Petrolea nehme ich das erste Taxi in die Innenstadt, zum weißen Gründerzeitpalast von Socar, dem staatlichen Ölkonzern Aserbaidschans. Nirgendwo in Baku dürfte man über BPs Entscheidung, die Pipeline zu bauen, erleichterter sein als hier. Ich habe Glück, Valech Aleschkerow hat Zeit für ein Gespräch. Der kräftige, stets elegant gekleidete Mann hat eine Schlüsselfunktion bei Socar: Seit fast zehn Jahren handelt er die Verträge über Bohrrechte mit ausländischen Ölfirmen aus. Schon der «Jahrhundertvertrag» von 1994 war überwiegend das Werk des ehemaligen Ölingenieurs, der an der prestigeträchtigen sowjetischen Regierungsakademie in Moskau Business studiert hat. Über BPs Schritt über den Rubikon ist der 50-Jährige natürlich längst im Bilde. «Die Pipeline wird gebaut!», ruft er zur Begrüßung, und der Triumph in seiner Stimme ist nicht zu überhören. «All die Jahre haben die Leute das Projekt schlecht gemacht. Ihr könnt es nicht bezahlen, haben sie gesagt, ihr findet nicht genügend Öl und so weiter – und jetzt machen wir es doch!» Zufrieden streicht Aleschkerow, die Augenbrauen hochgezogen, einen imaginären Fussel vom Ärmel seines vornehmen Nadelstreifenanzugs, so als wollte er alle Kritiker der Vergangenheit ein für alle Mal abschütteln. Gerade ist er, Socars Chefunterhändler, von Unterredungen in Moskau und Washington nach Baku zurückgekehrt. «Sehr interessante Verhandlungen, mehr kann ich nicht sagen», kommentiert er kryptisch. Plötzlich klingelt eines der sechs Telefone auf Aleschkerows Schreibtisch. «Ruhe jetzt, das ist die Leitung zum Büro des Staatspräsidenten.» Sehr vorsichtig, fast zärtlich hebt er den Hörer vom roten Apparat. Nach kurzem Telefonat entschuldigt er sich und hastet aus dem Raum.

Einige Stunden später sehe ich Aleschkerow wieder. Nervös zieht er an einer Marlboro. «Exxon macht Ärger», sagt er kurz. Am Morgen hat es in allen Zeitungen gestanden: Ein Firmensprecher gab bekannt, dass ExxonMobil seine Aktivitäten vor der aserischen Küste einstellen will. Monatelang hatten Exxon-Ingenieure zuvor über einem vermuteten Offshore-Ölfeld gebohrt, immer weiter, bis auf eine weltweite Rekordtiefe von 6700 Metern – und nichts gefunden. Die Quelle war trocken, stellten die enttäuschten Geologen fest. Exxon hatte knapp 100 Millionen Dollar buchstäblich in den Sand gesetzt. Die Konzernchefs verloren die Nerven und entschieden, die Quelle zu versiegeln und ihre Leute abzuziehen. «Exxon kann sich jetzt nicht aus dem Staub machen. Sie sind vertraglich verpflichtet, ein zweites Loch zu bohren», schimpft Aleschkerow. Nur mit Mühe kann er seinen Zorn unterdrücken: «Die Erfahrung weltweit zeigt, dass auf zehn Testbohrungen nur ein Ölfund kommt. Mensch, in der Nordsee ist man damals auf 123 trockene Quellen gestoßen, bevor es den ersten Treffer gab!» Erst sechs Fehlschläge habe es bislang in Aserbaidschan gegeben, noch nicht einmal ein Viertel aller Ölvorkommen sei bislang entdeckt worden. «Ist auch egal, das sind eben die üblichen Spielchen», resümiert Aleschkerow dann. «Zur Not gehen wir eben mit Exxon vor ein internationales Schiedsgericht in Stockholm, dann werden wir ja sehen.»

Er drückt die Zigarette aus und wendet sich, betont entspannter, wieder der guten Nachricht des Tages zu. Er malt eine Karte der Region auf ein Blatt Papier und zieht einen roten Strich von Baku bis zum türkischen Hafen Ceyhan: «Diese Route – nicht Iran, nicht Russland – ist die beste Option für uns, um die maximale Menge an Cash nach Baku zu holen.» Langsam und genüsslich wiederholt er die Worte: «Maximum Cash!» Es bereitet dem Aseri offensichtlich große Genugtuung, dass auch Russland, von Beginn an erklärter Gegner der Pipeline, sie nun nicht mehr verhindern kann. «Aserbaidschan ist ein unabhängiges Land, und ich renne nicht nach Moskau und frage um Erlaubnis für irgendetwas! Die Zeiten sind vorbei.» Allerdings macht sich der Patriot keine Illusionen, wem Aserbaidschan seine Unabhängigkeit zu verdanken hat: «Nur den Vereinigten Staaten. Die Amerikaner helfen uns. Natürlich nicht, weil sie uns mögen, das ist uns klar, sondern weil sie unser Öl wollen.» Das sei eben Pragmatismus. Da klingelt erneut das rote Telefon.

Auch im «Finnegan's» hat sich die Kunde vom Bau der Mittel-meer-Pipeline schon herumgesprochen. Hier treffen sich die anderen Ölmänner. Nicht die Bosse und Manager, die zieht es nach Feierabend eher ins feine «Sunset Café» oder direkt heim in ihre Villen vor der Stadt. Das «Finnegan's» ist für die Jungs von den Bohrinseln. Die sich, wenn der Hubschrauber sie mal wieder heil an Land gebracht hat, nach einem Pub wie zu Hause sehnen. Hier wird ihnen geholfen: Rockmusik kommt aus den Boxen über dem Tresen, man kann in Dollars bezahlen, und im Fernseher an der Wand spielt Manchester United gegen Chelsea.

«Die Pipeline ist eine super Sache», sagt Thomas und pustet den Schaum von seinem Bier. «Wenn sie wirklich gebaut wird, ist das ein Grund zum Feiern.» Der Ingenieur aus Westfalen ist vor einigen Monaten aus Libyen ans Kaspische Meer, dem neuen Wilden Osten der Ölindustrie, gekommen. Das ist lange genug, um fast jeden der meist schottischen Arbeiter im «Finnegan's» zu kennen. Alle begrüßen Thomas freundlich, als er an die Bar tritt. Am Nachmittag hat ihn der Konzern-Helikopter von BPAmoco vom Ölfeld Chirag, 80 Kilometer auf dem Meer gelegen, in die Stadt gebracht. «Ein wackeliger Flug, bin gespannt, wann die nächste Maschine ins Meer plumpst», kommentiert Thomas trocken. Ein Schotte neben uns hört zu und sagt, er habe just mit einigen Kollegen eine Wette abgeschlossen, wessen Hubschrauber wohl als erster abstürzen wird. «Jeder hat auf seinen eigenen Flug gesetzt – dann hat man wenigstens die Wette gewonnen, wenn es abwärts geht.»

Thomas ist Ingenieur auf Chirag, einem der größten kaspischen Ölfelder, dessen Volumen auf bis zu sieben Milliarden Barrel, etwa eine Milliarde Tonnen, geschätzt wird. «Nach Öl zu bohren ist das größte Abenteuer, das ich mir vorstellen kann. Ich passe auf, dass es auf unserer Bohrinsel keine Blow-outs gibt und das ganze Ding in die Luft fliegt.» Ein Blow-out ist im Ölgeschäft der größte anzunehmende Unfall: Das Druckgefälle im Bohrrüssel, mit dem die kostbare Flüssigkeit osmotisch aus dem Boden

gesogen wird, wird plötzlich zu groß, und binnen weniger Sekunden dringen Unmengen heißes Rohöl und Gas in das Rohr
und jagen nach oben. Die Ventile bersten, die braune Masse
schießt in die Luft und regnet auf die Insel. Was in alten Filmen
über die ersten Ölfunde als Glücksmoment erscheint, wenn Pioniere und Investoren Arm in Arm im Drecksregen tanzen und
feiern, ist tatsächlich der Horror jedes Ölarbeiters: Der hohe
Gasgehalt in einem Blow-out braucht nur einen Funken, um zu
explodieren. Immer wieder sind in den vergangenen Jahrzehnten
alle Männer, die nicht schnell genug rannten oder sich in die Ret-
tungsboote retten konnten, bei lebendigem Leib verbrannt.

«Heute hilft mir natürlich die moderne Technik, um festzu-
stellen, wann sich unten in der Tiefe Gefahr zusammenbraut»,
sagt Thomas, «aber trotzdem muss man immer aufpassen – alles
kann ganz schnell gehen.» Für seine Risikobereitschaft wird
Thomas gut entlohnt: Sieben Wochen dauert eine Schicht auf
dem Wasser, dann darf er sich fünf Wochen an Land ausruhen.
Bei einem Gehalt von 7000 Dollar im Monat kann Thomas es
sich in Baku gut gehen lassen. Zudem zahlt die Firma ihm eine
große Wohnung in der Innenstadt. «Alles Weststandard, mit
Holzfußboden und Mischbatterie in der Dusche.» Der Deutsche
ist zufrieden.

Wie fürstlich das Leben ausländischer Ölarbeiter in Aserbaidschan ist, wird deutlich, als ich am nächsten Tag nach Sumgayit
fahre, die berüchtigte ehemalige Industriestadt, nur zwanzig Au-
tominuten im Norden von Baku. Hier hatten die Sowjets nach
dem Zweiten Weltkrieg 14 Fabriken aus dem Boden gestampft,
in denen 150 000 Menschen arbeiteten. Darunter waren zwei
Chemiefabriken, Stahlhütten und ein Aluminiumwerk. In kaum
einer anderen Stadt im Sowjetreich waren Wasser und Boden
schlimmer verseucht und die Luft schlechter als in Sumgayit. Die
Verschmutzung ist heute nur deshalb weniger geworden, weil
alle 14 Staatsunternehmen mittlerweile dichtgemacht wurden.
Nicht eines war rentabel.

Seitdem verfallen die riesigen Fabrikhallen am Stadtrand von Sumgayit: Die Fenster sind zerbrochen, auch Dächer haben an vielen Stellen schon nachgegeben. Durch den Asphalt der Höfe, über die noch vor zehn Jahren Tausende Arbeiter gingen, dringt heute Unkraut. Dutzende Güterwaggons rosten auf verbogenen Eisenbahngleisen vor sich hin. Zum Teil sind die Schienen von den Schwellen gerissen worden. Auf den Feldern zwischen den Fabriken liegt Schrott, in Grasbüscheln haben sich Plastiktüten verfangen, die der Wind über die Industriewüste jagt. Frauen und Männer strolchen über die endzeitliche Landschaft und stöbern mit gebücktem Rücken im Schrott nach Aluminiumstücken, die sie später auf dem Markt in Baku für ein paar Cents verkaufen können.

Viele unter ihnen sind hierher vor knapp zehn Jahren aus Karabach geflüchtet, als armenische Truppen die Enklave eroberten. Etwa 50 000 Vertriebene besetzen seitdem die halb leeren grauen Plattenbauten-Blocks der Stadt, andere leben in Wellblechhütten und Bretterverschlägen. Fast jeder Erwachsene ist arbeitslos, Drogenmissbrauch und Kriminalität steigen, viele Kinder gehen nicht regelmäßig zur Schule. Die meisten der knapp eine Million Karabach-Flüchtlinge im Land leben im Elend, viele sogar zehn Jahre nach ihrer Vertreibung noch in Zeltstädten. Sie sind die dunkle Seite des Ölbooms in Aserbaidschan – und zugleich eine große Gefahr für den Frieden im Kaukasus. Aufgestachelt von nationalistischen Politikern, fordern Flüchtlingsgruppen die Rückeroberung ihrer Heimat von Armenien. Das nötige Geld für eine schlagkräftige Armee soll der Ölreichtum liefern.

Vor einem der Gebäude hocken ein paar Männer im Sand und unterhalten sich. Stundenlang können Kaukasier so verharren, denn sie stellen nicht nur die Ballen, sondern die gesamten Unterseiten ihrer Füße auf den Boden. Die Männer tragen schwarze, zerschlissene Kleidung, dazu dicke Fellmützen, unter denen sonnengegerbte Gesichter hervorschauen. Wir kommen ins Gespräch. «Wir sind Bauern aus Karabach. Unser ganzes Leben haben wir auf dem Land verbracht, und nun leben wir in dieser hässlichen Stadt», sagt einer von ihnen, dabei fällt sein Blick auf seine großen, schwieligen Hände. «Wir gehören nicht hierher. Dies ist kein Leben mehr.» Jamil Agajew, so heißt der alte Mann, lädt mich ein, auf einen Tee in seine Wohnung im Block zu kommen. Der Weg dorthin führt durch ein dunkles, nach Urin stinkendes Treppenhaus in den zweiten Stock. Vor einem Eingang, den statt einer Tür nur ein Stoffvorhang verschließt, bleibt Agajew stehen. «Bitte, treten Sie ein!», sagt er mit rasselndem Atem. Hinter dem Vorhang ist ein Zimmer von vielleicht acht Quadratmetern, in dem der alte Bauer mit seiner Frau, zwei Schwägerinnen und drei anderen Mitgliedern der Familie lebt. Zwei schmale Holzbetten stehen an der Wand. Der Boden ist mit alten Teppichen ausgelegt, darauf sitzen die Frauen in bunten Wollkleidern und backen in einem Elektroöfchen Fladenbrot auf. Sie beeilen sich, denn Strom gibt es, wie fließendes Wasser, nur selten in ihrem Haus.

An der Wand hängen Schwarzweißporträts von zwei ernsten jungen Männern, hinter den Rahmen stecken Plastikblumen. «Das sind unsere beiden Söhne, sie sind gefallen», sagt der alte Mann. Vor neun Jahren hat der Krieg alle, die von der Familie Agajew übrig waren, nach Sumgayit getrieben. «Eines Nachts haben die armenischen Truppen unser Dorf angegriffen, da mussten wir fliehen.» Fast beiläufig fügt der 72-Jährige hinzu, dass er noch in derselben Nacht die Leichen seiner Söhne auf dem Dorffriedhof ausgegraben und auf die Flucht mitgenommen habe. In einer Kiste auf dem Leiterwagen. «Ich konnte sie doch nicht zurücklassen. Wochenlang haben wir die beiden mit uns geschleppt. Zum Glück kam der Winter, und die Leichen waren gefroren und stanken nicht. Hier habe ich sie dann wieder beerdigt.» Fast keine Habseligkeiten hätten sie in der Eile mitnehmen können. Das wenige Geld, was sie bei sich trugen, wurde ihnen von marodierenden Soldaten der eigenen Armee geraubt.

Nicht ein Dorfbewohner blieb zurück, zu groß war die Angst vor den armenischen Kämpfern. Die Frauen auf dem Teppich beginnen, grausame Geschichten von Folter und Vergewaltigungen zu erzählen. Ich höre sie mir zunächst mit Skepsis an, zu oft habe ich in Kriegsgebieten erlebt, dass die Taten des Feindes bis ins Groteske übertrieben werden. Doch das Entsetzen, das den Frau beim Erzählen in den Gesichtern steht, ist echt. Von der aserischen Armee habe man keine Hilfe erhalten. Der Kommandeur der Einheit, die das Dorf bewachte, hatte seinen Männern am Abend zuvor ohne erkennbaren Grund den Rückzug befohlen. «Er hat das Dorf an die Armenier verkauft, gegen Dollars», glauben die Agajews. Korrupte aserische Militärs, die sich vom Feind bestechen ließen, waren im Krieg keine Seltenheit und für die Niederlage Aserbaidschans mit entscheidend.

Ein junger Mann betritt das Zimmer. Es ist Agajews Schwiegersohn Haydar, der mit seiner Familie ein paar Häuserblocks weiter wohnt. Er sagt, die Flüchtlinge würden sich verkauft und verraten fühlen. «Keiner der Mächtigen in diesem Land interessiert sich wirklich für unser Schicksal und unser Land, Karabach», glaubt der 29-Jährige, der im Krieg Infanterist in der regulären Armee und in Milizverbänden war. «Wir bekommen fast gar keine Hilfe von der Regierung. Seit Jahren redet sie vom Reichtum, den das Öl uns allen bringt – und wir kriegen nicht einmal 15 000 Manat im Monat für Brot.» Das sind etwa drei Euro. Haydar fährt fort: «Das Ölgeld sollte außerdem in unsere Armee gesteckt werden, damit wir unser Land zurückerobern können – irgendetwas muss geschehen. Wir können so nicht weiterleben.» Der junge Mann blickt auf die Fotos seiner beiden gefallenen Schwäger und sagt: «Ich bin bereit, wieder zu kämpfen, um das Blut meiner Verwandten abzuwaschen.» Nach einer kurzen Pause fügt Haydar hinzu: «Aber dieses Mal gehe ich nur an die Front, wenn alle mitkommen und kämpfen, auch der Sohn des Präsidenten.»

ZWEITER TEIL

DIE KASPISCHE CONNECTION

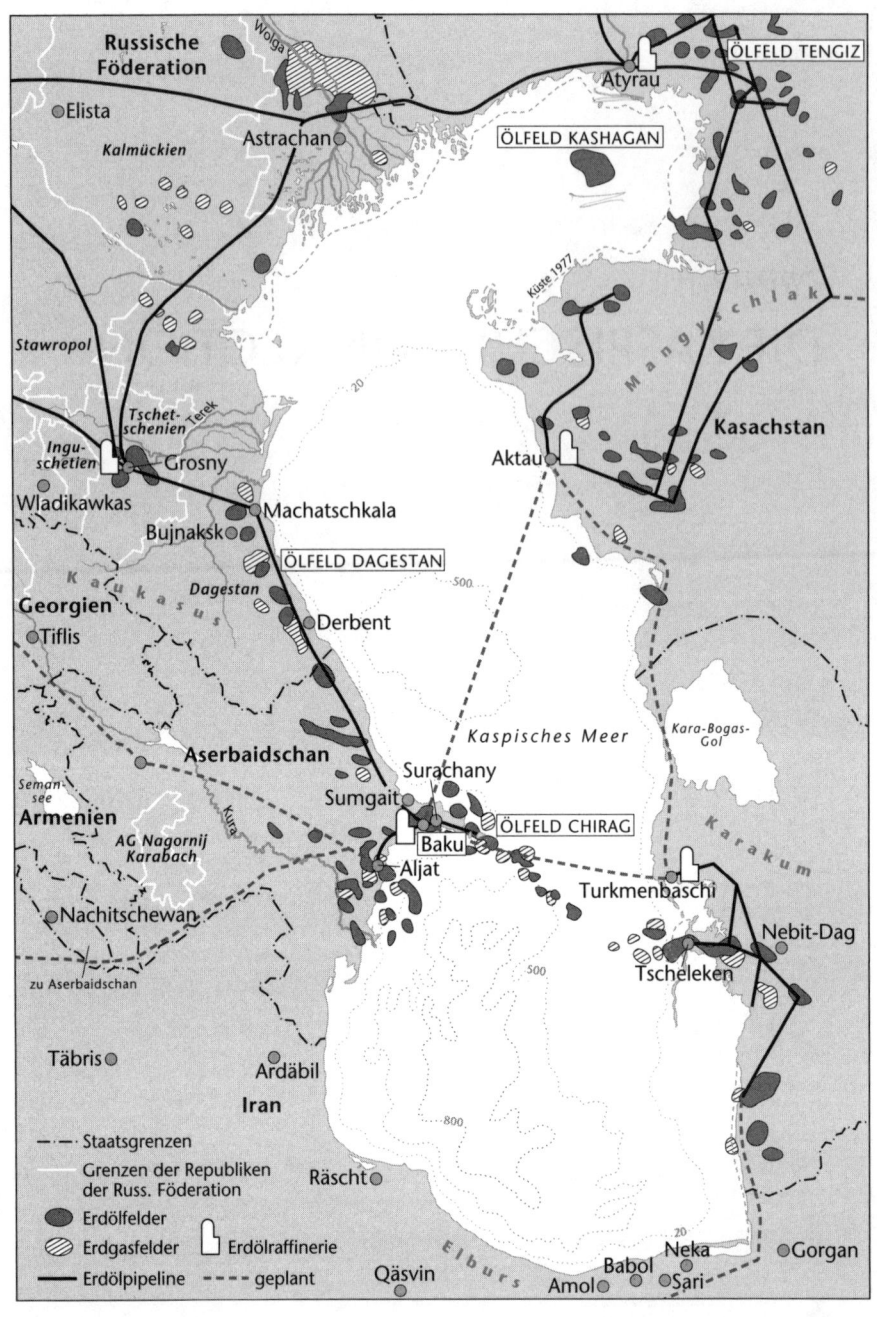

Russische
Föderation

○ Elista

Kalmückien

Astrachan ○

Wolga

ÖLFELD KASHAGAN

Atyrau

ÖLFELD TENGIZ

Mangyschlak

Stawropol

Kasachstan

Tschet-schenien

Terek

Ingu-
schetien

○ Grosny

Wladikawkas

Bujnaksk ○

Machatschkala

Aktau

Kaukasus

Dagestan

ÖLFELD DAGESTAN

Derbent

Kara-Bogas-Gol

Georgien

Tiflis ○

Kaspisches Meer

Karakum

Aserbaidschan

Surachany

Seman-see

Armenien

AG Nagornij Karabach

Kura

Sumgait

Baku

ÖLFELD CHIRAG

Aljat

Turkmenbaschi

Nachitschewan

Nebit-Dag

zu Aserbaidschan

Tscheleken

Täbris ○

Ardäbil ○

Iran

– · – · – Staatsgrenzen

Grenzen der Republiken
der Russ. Föderation

Erdölfelder

Erdgasfelder

Erdölpipeline   – – – geplant

Erdölraffinerie

Räscht ○

Qäsvin ○

Elburs

Amol

Babol

Sari

Neka

Gorgan ○

DAS NEUE ÖL DORADO:
KASACHSTAN

Von fern erscheint sie wie eine Kircheninsel in der Lagune von Venedig, wenn nur das Wasser rundherum nicht gefroren wäre. Blauschimmrige Eisschollen, einige vom Wind zu schroffen Bergen aufeinander geschoben, bedecken das nördliche Kaspische Meer bis zum Horizont. Als wir näher kommen, entpuppt sich der vermeintliche Duomo als Bohrturm und die Kirche darunter als Ölplattform, so breit wie ein Fußballfeld. Wir befinden uns 50 Kilometer vor der Küste Kasachstans, im Westen liegt irgendwo das russische Ufer. «Sunkar» haben sie die Bohrinsel genannt, das ist kasachisch für «Adler». Eigentlich ist sie nur ein schwerfälliges Floß, das noch vor wenigen Jahren durch die Sümpfe Nigerias schipperte. Dann haben sie es an diesen Ort geschleppt, über viele tausend Kilometer. Erst die afrikanische Westküste hoch, dann durch das Mittelmeer, das Schwarze Meer, den Don aufwärts und schließlich die Wolga runter, bis ins kaspische Gebiet. Wer so etwas tut, hat einiges vor.

«Hier ist es damals passiert», sagt Neil Booth trocken. «Hier haben wir es gefunden, und es war groß.» Der Engländer pflegt das Understatement. Was Booth, Manager des Ölkonzerns Agip, so vorsichtig umschreibt, war der vermutlich weltweit größte Ölfund in den vergangenen Jahrzehnten: das Kashagan-Feld. Im Juli 2000 stießen Geologen unter einem uralten Korallenatoll in 4500 Metern Tiefe auf eine gewaltige Ölblase. Wie weit und wohin sie den Testbohrer auch bewegten, an Bord der Sunkar barsten beinahe die Ventile, weil das hochkonzentrierte, braune Rohöl nach oben drückte. Schon nach wenigen Tagen wurde allen Anwesenden klar: Seit dem sensationellen Ölfund in Alaskas Prudhoe Bay 1970 war nicht mehr so viel flüssiges Gold an einem Ort entdeckt worden.

«Wir waren alle völlig perplex», erinnert sich Booth, nun doch etwas angeregter, während er sein blondes Haar nach hinten streicht. Sein Arbeitgeber, das italienische Unternehmen Agip, führt heute die Gruppe von Ölkonzernen an, die damals Kashagan in Angriff nahmen. «Keiner wollte es glauben, als die Resultate eintrafen. Es war doch eine ‹wild cat› gewesen.» Eine «wilde Katze», so nennt man in der Branche eine Ölsuche an einem Ort, wo nie zuvor gebohrt worden war. Da das nordkaspische Meer in der Sowjetunion unter Naturschutz stand, gab es keine Erfahrungen mit Offshore-Bohrungen. «Eine wilde Katze, das ist ein Glücksspiel, da stehen die Chancen auf einen Treffer bei eins zu zwanzig, nicht mehr.» Begeistert von ihrer Fortune, wollten die Geologen als Nächstes die Ausdehnung des Ölfelds unter dem Meer bestimmen. Ein zweites Mal ging der Bohrrüssel in die Tiefe, an einem Ort, der 40 Kilometer vom ersten Treffer entfernt lag. Ein kühner Versuch. So als ob man beim Schiffeversenken nach einem Treffer den nächsten Schuss nicht ein, sondern vier Felder weiter platziert, in der Hoffnung auf ein Schlachtschiff.

Aber der Coup gelang: Wieder sprudelte Öl zutage! «Die chemische Zusammensetzung des Öls aus beiden Funden ist sehr ähnlich», berichtet Booth. «Das deutet darauf hin, dass es sich tatsächlich um ein und dieselbe Blase handelt.» Vierzig Kilometer zusammenhängende Ölmasse, vielleicht noch mehr: Experten schätzen, dass in Kashagan astronomische 30 Milliarden Barrel Erdöl verborgen liegen. Die kasachische Regierung spricht, freilich nicht ganz objektiv, von bis zu 50 Milliarden. Damit wäre es das zweitgrößte Ölfeld der Erde. Nur Ghawar in

Saudi-Arabien ist mit 80 Milliarden Barrel noch größer, die Felder der Nordsee bergen noch insgesamt 17 Milliarden. Booth ist da vorsichtiger, möchte die Vermutungen noch nicht bestätigen: «Wir können zum jetzigen Zeitpunkt nicht offenbaren, wie viel da unten liegt. Das würde unsere Shareholders verärgern.» Nach einer kurzen Pause fügt er, im klassischen englischen Understatement, hinzu: «Aber es ist schon ein bisschen was da.»

Die Entdeckung von Kashagan ist nicht nur für die beteiligten Ölkonzerne eine Verheißung auf Riesenprofit. Der gigantische Ölfund hat die geopolitische Balance am Kaspischen Meer ins Wanken gebracht und eine neue, gefährliche Runde im großen Ringen der Weltmächte um Rohstoffe und Pipelines eingeläutet. Kasachstan, noch vor einem Jahrzehnt eine rückständige Sowjetrepublik, wird sich in naher Zukunft zum größten Erdölexporteur nach Saudi-Arabien entwickeln. Jeden Tag bis zu fünf Millionen Barrel könnte das Land schon im Jahr 2010 an den Rest der Welt verkaufen. Dem internationalen Ölkartell OPEC bereitet diese Aussicht Kopfschmerzen: dass sich das Nicht-Mitglied an Preisabsprachen und Förderlimits halten wird, ist mehr als unwahrscheinlich. Zusammen mit Russland, das der OPEC ebenfalls nicht angehört, könnte Kasachstan so die Macht der saudischen Scheichs über Wohl und Wehe der westlichen Industrieländer brechen. Für jede energiehungrige Gesellschaft, allen voran die USA, ist Kasachstan dadurch strategisch sehr wichtig geworden.

Auch im Poker um Pipelines werden die kaspischen Karten seit Kashagan völlig neu gemischt. Wie gelangen die Unmengen an Öl von Kasachstan an einen Tiefseehafen? Die kasachische Regierung möchte den Wohlstand nicht von Moskau abhängig machen und lehnt, zur Genugtuung Washingtons, eine Route über russisches Territorium ab. Schon ist von einer zweiten Röhre entlang der geplanten Baku-Ceyhan-Pipeline durch den Südkaukasus die Rede. Dafür müsste das Kashagan-Öl allerdings zunächst umständlich mit Tankern quer über das Kaspische Meer geschifft werden. Alles sieht daher nach einer Südroute zum Persischen Golf aus. Durch zwei Länder könnte sie verlaufen: durch den Iran oder Afghanistan. Der Fund von Kashagan hat also die entscheidende Phase im geopolitischen Kampf um Zentralasien eröffnet.

Das wurde schon Anfang 2001 deutlich, als die am Kashagan-Projekt beteiligten Konzerne unter sich einen Betreiber bestimmen sollten. Der Posten ist in jedem Konsortium sehr begehrt, denn der Betreiber hat die Kontrolle über alle praktischen Förderarbeiten. Das britisch-holländische Unternehmen Shell, verantwortlich für die Planungsphase, hatte sich durch mehrere Fehler selbst vorzeitig aus dem Rennen gebracht. Auch British-Petroleum/Amoco strich früh die Segel und stieg sogar ganz aus dem Projekt aus. Der Preis von 440 Millionen Dollar, den TotalFinaElf für BPs Anteile von nicht einmal zehn Prozent bot, überzeugte auch die letzten Skeptiker vom enormen Wert des Kashagan-Felds. Infrage kamen somit eigentlich nur noch der amerikanische Megakonzern ExxonMobil und sein französischer Konkurrent TotalFinaElf.

Die Verhandlungen der Bosse, die sich an mehreren geheim gehaltenen Orten der Welt trafen, sollen Insidern zufolge schnell zu einem branchentypischen Hauen und Stechen ausgeartet sein. Politik kam ins Spiel, ein Streit brach aus über die iranische Pipelineoption. Als amerikanische Firma würde ExxonMobil, so fürchteten seine Partner im Konsortium, die lukrative Route von vornherein ablehnen müssen. Aus dem umgekehrten Grund war TotalFinaElf, das sich – in bester gallischer Tradition – bei Geschäften im Iran nicht um amerikanische Sanktionen schert, für die Amerikaner inakzeptabel. Erst in einer nächtlichen Dringlichkeitssitzung im Februar 2001 einigte man sich am Flughafen Heathrow auf einen politisch weitgehend neutralen Kompromisskandidaten: Agip, die Tochter des italienischen ENI-Konzerns, bezog das Konsortium-Hauptquartier in der kasachischen

Stadt Atyrau. Im Jahre 2005 soll die Produktion in Kashagan beginnen.

«Wir sind Pioniere hier draußen», sagt der Kashagan-Projektleiter Booth, der in den 1970ern bereits für BP beim Ölrausch in Prudhoe Bay und in Aberdeen dabei war. Dabei zieht sich der 50-Jährige Kaffee aus einer der Espressomaschinen, die seit Agips Übernahme auf jedem Flur der Zentrale in Atyrau stehen. «Dies ist eine extrem schwierige und teure Operation: Das Ölfeld liegt weit auf dem Wasser, das zudem den ganzen Winter über zugefroren ist.» Zudem ist das Kaspische Meer im Norden sehr flach. An manchen Stellen sind es zum Grund nur zwischen zwei und zehn Meter. Bläst ein starker Nordwind das Wasser nach Süden, wird es flach und die Küste wandert über Nacht sehr weit ins Meer hinein. «Dann ist es wie auf einer riesengroßen Pfütze, und unsere Eisbrecher laufen auf Grund.» Noch schwieriger macht die Sache eine kaspische Eigenart, die Wissenschaftlern seit Jahrzehnten Rätsel aufgibt: Der Meeresspiegel steigt und sinkt periodisch um mehrere Meter. Im Jahr 1977 lag der Wasserstand 3,3 Meter unter dem Niveau der 1930er, seitdem steigt er wieder drastisch. Als Ursache werden unterseeische Quellen oder tektonische Verschiebungen vermutet. Törichterweise ignorierten sowjetische Planer das Naturphänomen und legten Siedlungen und Industrie nahe den kaspischen Küsten an. Heute versinken die Gebäude zu Tausenden im Wasser.

«Wenn die Eisbrecher nicht durchkommen, haben wir große Probleme in der Versorgung der Plattform – und in Notfällen», erzählt Booth weiter. Das größte Risiko ist der plötzliche Austritt von unsichtbarem, tödlichem Schwefelgas, das am Grund des Kaspischen Meers in besonders großen Mengen lauert. Luftdicht verschließbare kanadische Amphibienfahrzeuge sollen den Männern auf der Bohrinsel Sicherheit geben. Die Rettungswagen der Marke Arktos – so nannten die antiken Griechen angeblich Polarbären – wirken wie Panzer aus dem Ersten Weltkrieg.

Sie können bis zu 25 Menschen aufnehmen und auf Raupenketten über das Eis an Land fahren.

Das ist noch nie passiert. Die Männer sind dennoch jedes Mal froh, wenn der Helikopter sie für ein paar Tage Erholung nach Atyrau zurückbringt. Dabei ist die graue Stadt am Nordende des Kaspischen Meers ein trostloser Ort: Reih an Reih stehen verfallende sowjetische Beton-Plattenbauten, die wenigen Bäume im Zentrum lassen sich an einer Hand abzählen. In einem so genannten Park steht noch die Büste Lenins. Einzig der Lauf des Ural-Flusses, die geographische Grenze zwischen Europa und Asien, hat sich der Phantasie sowjetischer Reißbrettplaner entzogen. Breit und mäandernd schleppt sich der Strom mitten durch die Stadt, wenige Kilometer weiter mündet er ins Meer. Die 150 000 Einwohner halten sich mit Fischfang und Schiffbau über Wasser. Wer nicht arbeitslos ist und säuft, verdient im Schnitt etwa 30 Dollar im Monat. Mehr bekommt nur, wer in der Kaviar-Mafia mitmischt und illegal die wenigen verbliebenen Exemplare des Störs im Kaspischen Meer jagt. Bis vor kurzem war Atyrau damit eine typische vergessene Stadt, irgendwo in den Weiten des zusammengebrochenen roten Imperiums.

Das ändert sich jetzt dramatisch: Plötzlich sitzen in den Tupolews aus Moskau smarte Geschäftsleute, die während des Flugs ihre Laptops traktieren. Rechts und links der frisch geteerten Hauptstraße in Atyrau stehen große Schilder, die den Bau neuer Banken und Bürogebäude ankündigen. Ein italienischer Baukonzern hat am Ufer des Urals einen schwarz funkelnden Glaspalast errichtet, in dem Officeräume und ein Luxushotel untergebracht werden sollen. So gewaltig rollt der Ölboom über das verschlafene Atyrau her, dass das *Wall Street Journal* schon das «neue Houston» ausruft.

Die Ölmänner von der Kashagan-Bohrinsel leben im «Chagalla», einem hastig aus Wohncontainern zusammengebastelten Hotel. Hohe Stacheldrahtzäune schotten das Ausländerdomizil vom Rest der Stadt ab, bewaffnete Wachleute am Tor lassen Einheimische nur nach gründlicher Kontrolle der Personalien und Kleidung passieren. Stolze 149 Dollar kostet ein Einzelzimmer mit Bauwagen-Charme, aber immerhin liegt eine dicke Daunendecke auf dem Bett, wegen der kasachischen Kälte. Auch in der Lobby stehen an jeder Ecke Espressomaschinen, es wimmelt vor italienischen Ölmännern. Abends verziehen sie sich lieber auf die Zimmer, während die angelsächsischen Kollegen sich zum Bier im brandneuen O'Neill's Irish Pub auf dem Hotelgelände treffen. Hier mischen sich Alkohol und Testosteron, und die harten Männer erzählen einander Geschichten aus dem Wilden Osten, von Frauen und anderen Vergnügungen. Dass es in Kasachstan natürlich keine Polizeistunde gibt, hilft dabei.

Der nächste Morgen ist grau verhangen. Hinter dem Zaun ums Chagalla schleppen sich vermummte Eisfischer auf den zugefrorenen Ural-Fluss. Vorsichtig tasten sie mit Füßen das Eis ab, die Woche zuvor hatte es getaut und zwei Männer waren an einer dünnen Stelle eingebrochen. Freunde zogen sie wieder raus, sie kamen mit dem Schrecken davon. Wenn ein Fischer einen stabilen Ort gefunden hat, stößt er mit einer Eisenstange ein tellerbreites Loch ins Eis und hängt seine Angelschnur mit Köder hinein. Zu Hunderten sitzen die Eisfischer, mit Fellmänteln und Mützen gegen den beißenden sibirischen Wind geschützt, bis zur Dämmerung auf dem Fluss. Sie starren auf die Löcher, trinken wärmenden Wodka und warten auf leichtsinnige Fische. Wie jedes Jahr im Februar.

Jeder von ihnen kennt die Frau, mit der ich an diesem Morgen verabredet bin. Galina Chernowa führt den Kampf derer in Atyrau an, die dem Ölboom nicht trauen, und das sind viele. Vor fünf Jahren hat die Ökologin eine Bewegung gegründet, die die Ölbohrungen auf dem Meer stoppen will. In einem Land wie Kasachstan ist Umweltschutz keine Aufgabe für Zartbesaitete, und danach sieht Frau Chernowa auch nicht aus: Ihre mehr als zwei

Zentner Leibesfülle weiß sie für ihre Sache so gut einzusetzen wie ihre großen grünen Augen, die aus einem klugen Gesicht hervorstechen. Auf ihrem vollen schwarzen Haar trägt sie eine grüne Baskenmütze.

«Die Ölfirmen müssen wieder von Kashagan abziehen, das gesamte nördliche Kaspische Meer ist seit 1971 ein Naturreservat», sagt Chernowa, während wir einen Spaziergang am Ural-Fluss entlang machen. Inzwischen ist die Sonne hinter den Wolken hervorgekommen, und einige Eisfischer haben ihre Fellmützen abgelegt. «Die Konzerne haben unsere Regierung überredet, den Schutzstatus aufzuheben, einfach so. Dabei war es sogar unter den Sowjets verboten, vor unserer Küste zu bohren.» Ich muss daran denken, was Khoshbakht Jusifzadeh mir in Baku von seinen Schwierigkeiten als kaspischer Chefgeologe in den siebziger Jahren erzählte: wie er im sowjetischen Fischereiministerium in Moskau vergeblich um eine Sondererlaubnis gebeten hatte, im Schutzgebiet bohren zu dürfen. Offenbar hatten die Kommunisten zumindest hier den Schutz von Flora und Fauna ernst genommen. «Das Meer ist hier im Norden ein einzigartiger Lebensraum, es gibt hier 308 Vogelarten und 209 andere Tierarten», erläutert Chernowa.

Die bekannteste unter ihnen ist der kaspische Seehund, von dem noch 400 000 Exemplare leben. Viele Fische wandern zum Laichen den Ural-Fluss und die Wolga aufwärts. Darunter ist der kaspische Stör, der für seine delikaten Eier – Kaviar – gefangen wird. Etwa 90 Prozent allen Kaviars weltweit kommt vom Kaspischen Meer. Mittlerweile ist der größte Süßwasserfisch der Erde, der bis zu 100 Jahre alt wird, akut vom Aussterben bedroht. Durch oft illegale Überfischung und Wasserverschmutzung ist die offizielle jährliche Fangmenge von 30 000 Tonnen in den späten Siebzigern auf kärgliche 550 Tonnen im Jahre 2000 gesunken. Um den Kollaps zu verhindern, haben die kaspischen Anrainer ein vorübergehendes Fangverbot verhängt. Als Maßnahme gegen Wasserverschmutzer fordert Frau Chernowa einen sofortigen Bohrstopp: «Die Ölfirmen sagen uns, dass ihre Arbeit gar keinen Schaden an der Umwelt anrichtet, aber das stimmt doch hinten und vorne nicht», fährt Chernowa fort. «Das Meer ist hier doch so flach. Selbst wenn es nie eine große Ölpest gibt, reichen schon kleine Mengen aus, um das Wasser mit Schwermetallen restlos zu vergiften.»

Auf dem Fluss neben uns zieht ein Fischer seine Angelschnur aus dem Wasser, am Haken zappelt ein weiß glänzender Fisch. Der Mann greift ihn mit einer Hand, löst den Haken und wirft das Tier aufs Eis, wo es noch einige Sätze macht und dann ruhig liegen bleibt und verendet. «Nicht viel zu fangen in diesem Winter», sagt ein anderer Angler, der gerade ans Ufer tritt. Gefangen hat er nichts, in seinem Plastikeimer liegen nur kleine Ködertiere. «Sieht so aus, als ob die Fische sich verzogen haben.» Eigentlich wollte der alte Mann seine Rente ein wenig aufbessern und seiner Frau ein Mittagessen mitbringen, aber daraus wurde nichts. Er geht weiter.

«Die Menschen hier machen sich Sorgen, was der ganze Ölboom für sie bedeutet», glaubt Frau Chernowa. «Wir wollen nicht, dass die Konzerne mit dem Geld davonrennen und uns hier in einer toten Zone zurücklassen.» Mit ihren dreißig freiwilligen Mitarbeitern, darunter Biologen, Geologen und Anwälte, hat sie im kasachischen Parlament Petitionen und Gesetzesvorschläge eingereicht. «Aber die Regierung interessiert sich nicht für uns. Sie steht voll auf der Seite der Ölkonzerne, gemeinsam wollen sie unseren Reichtum stehlen.» Noch sei von den Steuern, die die Firmen in die Hauptstadt zahlen, kein einziger Cent nach Atyrau zurückgekehrt. «Und die Jobs, von denen die Ölkonzerne immer reden, gibt es doch auch nicht. Sie stellen doch fast keine Einheimischen an.» Arbeit und Geld scheinen den meisten Bewohnern von Atyrau allerdings wichtiger als das Überleben der Seehunde. Frau Chernowa berichtet von einer öffentlichen Anhörung zum Umweltschutz, die von den Ölfirmen organisiert wurde. «Proppevoll war der Raum,

Hunderte Menschen waren da, wir waren begeistert. Dann stellte sich heraus, dass die meisten gekommen waren, um sich bei den Firmen für Jobs zu empfehlen.» Die couragierte Frau ringt sich ein Lächeln darüber ab. Umweltschutz in Kasachstan ist eben nichts für Kleinmütige.

Bei Agip will man zeigen, dass man die Ängste der Menschen um die kaspische Natur ernst nimmt. Konzernsprecherin Penny Esson, eine betont zuvorkommende Dame vom Typ Doris Day, schlägt ein Gespräch mit dem Umweltbeauftragten der Firma vor. Dessen Büro liegt außerhalb des Chagalla-Komplexes in der Stadt, und da gerade kein Firmenwagen zur Hand ist, müssen wir das kurze Stück gehen. Frau Esson ist darüber nicht begeistert, denn auf der Straße bleiben ihre Stöckelschuhe wiederholt im grauen Schlamm stecken. Schlimmer noch, vorbeifahrende Ladas drohen Dreck auf den knöchellangen weißen Nerzmantel zu spritzen, den die PR-Frau für unseren Ausflug angezogen hat. Einige Kasachen bleiben überrascht stehen und starren uns an. «Es ist so ein zauberhafter Mantel, ist es nicht?», flötet Frau Esson. «Und so wunderbar warm. Jetzt weiß ich endlich, warum diese Tiere im Winter nie frieren.»

David Preston, der Umweltbeauftragte, ist ein sympathischer Mann. «Die Menschen hier sind sehr, sehr besorgt um die Umwelt», sagt er, «denn die Sowjets haben ja nie etwas gegen Verschmutzung getan. Es gibt bei den Menschen tiefen Zorn darüber, dass die Regierung uns die Erlaubnis gegeben hat, im Schutzgebiet zu bohren.» Dann berichtet Preston von allen Maßnahmen, die Agip gegen die Gefahr einer Ölpest ergreife. Darunter sind schnelle Einsatzkräfte, die auslaufendes Öl eindämmen würden. «Kategorisch ausschließen kann man eine Ölpest natürlich nie.» Dennoch tue der Konzern natürlich alles, um sie zu verhindern. «Wir haben schließlich am meisten zu verlieren: Geld für Strafen und unseren Ruf.» Wenn alles normal läuft, behauptet Preston, gelangt in Kashagan nicht ein einziger Tropfen Öl ins Meer. Ob es möglich wäre, mich davon bei einem Besuch der Plattform selbst zu überzeugen, frage ich. Preston und Konzernsprecherin Esson zucken zusammen. Im Prinzip ja, antworten sie, aber in den kommenden Tagen sei gerade, wie dumm, gar kein Platz im Helikopter.

SCHMUTZIGE DOLLARS

Agip wäre nicht der erste Ölkonzern, der in Kasachstan nicht sauber bleibt. Der wirklich üble Schmutz im kasachischen Ölbusiness jedoch treibt ohnehin nicht auf der Wasseroberfläche. Die Rede ist von Korruption. Von Schmiergeldern, die in die Hunderte von Millionen Dollar gehen. Wie die nigerianische Sunkar-Bohrinsel über dem Kashagan-Feld sind die dunklen Geschäfte in Kasachstan ein Tribut an das, was Menschen zu tun bereit sind, um an Öl zu gelangen. Die Vorgeschichte ist schnell erzählt: Im April 1993 verlieh die kasachische Regierung dem amerikanischen Konzern Chevron die Bohrrechte für ein Ölfeld, das auch nicht weit von Atyrau entfernt liegt: Tengiz. Anders als Kashagan liegt Tengiz an Land und wurde schon im Jahre 1979 von russischen Geologen entdeckt. Es war damals der größte Ölfund im gesamten Ostblock: Das Reservoir erstreckte sich über mehr als 400 Quadratkilometer, und der Flöz war an manchen Stellen unglaubliche 1700 Meter dick. Er enthielt, wie man heute weiß, bis zu 25 Milliarden Barrel Öl.

Die Förderung erwies sich allerdings von Beginn an als extrem schwierig: Das Öl lag in mehr als 4000 Metern Tiefe, tiefer als in jeder anderen großen Ölblase der Welt, und es schoss mit einem bis dahin unerhörten Druck von 800 Bar zutage. Dazu kam ein ungewöhnlich hoher Schwefelgehalt. Die besten Ingenieure der Sowjetunion wurden in den achtziger Jahren nach Tengiz gerufen, aber ihre Versuche scheiterten kläglich: Im Juni 1985 kam es zu einem fatalen Blow-out, bei dem zahlreiche Ölarbeiter getötet und verletzt wurden. Mehr als ein Jahr lang brannte ein riesiges Feuer über der Quelle, dessen Flammen bis zu 200 Meter in den Himmel stießen, sichtbar aus 140 Kilometern. Die Feuerwehrleute konnten das Feuer nicht mit einer künstlichen Explosion löschen, da in Tengiz Unmengen an tödlichem Schwefelwasserstoffgas lagerten. «Das Gas würde jedes Lebewesen im Umkreis von Hunderten Kilometern töten», schrieb die russische Zeitung *Iswestia* damals vom Unglücksort.

Als das Feuer endlich gekappt werden konnte, war selbst kommunistischen Hardlinern klar, dass sie hier nicht ohne westliches Know-how weiterkommen würden. Schon in den späten Achtzigern gab es daher erste Kontakte zu Chevron. Nach dem Zusammenbruch der Sowjetunion war der Konzern das erste westliche Ölunternehmen, das das Wagnis einging, massiv auf postsowjetischem Territorium zu investieren. Was die amerikanischen Ingenieure anfangs vorfanden, war kümmerlich: Nur 15 von 90 Quellen funktionierten und brachten lächerliche 25 000 Barrel Öl zutage. Um die Produktion zu steigern, musste der US-Gigant mehr als zwei Milliarden Dollar in das Joint Venture Tengizchevroil mit dem staatlichen Ölkonzern Kasachstans investieren. Schon bald sollte Chevron den Lohn für seine Risikobereitschaft ernten: bis heute verzehnfachte sich die Fördermenge, bis 2010 will man weitere zwei Milliarden Dollar investieren und hofft auf 700 000 Barrel pro Tag. Damit ist Tengiz auf Platz sechs in der Liga der weltgrößten Ölfelder gerückt.

Doch hinter dieser rosigen Statistik steckt eine dubiose Vorgeschichte. Es begann an dem Tag im Herbst 1995, als Lucio Noto, Vorstandsvorsitzender von Chevrons amerikanischem Konkurrenten Mobil, den Entschluss fasst, sich in das Joint Venture von Tengiz einzukaufen. Kurzerhand lässt er den Präsidenten von Kasachstan, Nursultan Nazarbajew, in einem Firmenjet zu Verhandlungen nach Nassau auf den Bahamas fliegen. Der ehemalige Ingenieur ist schon lange an den Schalthebeln der Macht. Als Chef der Kommunistischen Partei in Kasachstan und Politbüromitglied war der 63-Jährige in der Spätzeit der Sowjetunion der Hauptmittler im Machtkampf zwischen Michail Gorbatschow und Boris Jelzin. Nachdem er sich 1991 zum Präsidenten der Republik wählen ließ, erntete er weltweit Lob für die freiwillige Rückgabe aller Atomraketen an Russland. Besonders Washington war erleichtert, dass Kasachstan völlig auf Nuklearwaffen verzichtete.

Auf den Bahamas reden Nazarbajew und sein Gastgeber Klartext. Ölboss Noto will wissen, was denn die Hälfte der staatlichen Anteile an Tengiz kosten würde. Wie der amerikanische Journalist Seymour Hersh recherchiert hat, verlangt der Kasache neben einer erklecklichen Dollarsumme einige Geschenke von den Konzernherren: darunter ein neuer Gulfstream-Luxusjet und vier Aufnahme-Trucks mit Satellitenschüsseln für das kasachische Staatsfernsehen.[21] Dazu kommt als klassisches Überbleibsel sowjetischer Schmierpraxis noch die Bitte an Mobil, auf Nazarbajews Anwesen in Kasachstan einige Tennisplätze zu bauen. Mobil streitet seither ab, irgendeine dieser Forderung erfüllt zu haben. Wie allerdings eine firmeninterne Untersuchung später ergibt, zahlt der Konzern Mitte der Neunziger Hunderte Millionen Dollar an Scheinfirmen in Russland und Kasachstan. Die Prüfer decken unzulässige Buchhaltungsmethoden und Transfers auf, die, wie es in ihrem Bericht heißt, «offenbar keinen gültigen Geschäftszweck haben». Seit dem Jahre 2000 müssen sich Mobil und andere amerikanische, in Kasachstan aktive Ölfirmen vor Gerichten in Washington und New York verantworten. Das amerikanische Justizministerium wirft ihnen Verstöße gegen das «Gesetz zu korrupten Praktiken im Ausland» vor. Das 1977 verabschiedete Gesetz verbietet es jedem Amerikaner, für ein Geschäft ausländische Beamte direkt oder durch einen Agenten zu bestechen.

Im Mai 1996 kauft Mobil für eine Milliarde Dollar – so zumindest lautete der offizielle Preis – ein Viertel aller Tengizchevroil-Anteile. Ab hier wird die Aktion endgültig kriminell. Mobil überweist den Kaufpreis auf Bankkonten in der Schweiz, die die Kasachen angegeben haben. Schon ein Jahr später tauchen erste Berichte auf, dass die Hälfte des Geldes, eine halbe Milliarde Dollar, spurlos verschwunden ist. An keiner Stelle im kasachischen Staatshaushalt ist die Summe verzeichnet. Präsident Nazarbajew, unter Druck, schiebt die Schuld auf seinen damaligen Premierminister, der ins Exil nach London flieht und seitdem eine sehr gut organisierte Auslandsopposition mit exzellenten Verbindungen zu westlichen Regierungen aufgebaut hat. Zu Hause schlägt Nazarbajew zurück und lässt seine Polizei gegen jegliche Opposition vorgehen. Er kann jedoch nicht verhindern, dass er nun persönlich ins Visier der Korruptionsfahnder im US-Justizministerium gerät. Auf Druck Washingtons friert die Schweizer Regierung eine Reihe von Konten ein, die auf den Namen von Kindern und Verwandten Nazarbajews laufen. Kasachische Sonderemissäre des empörten Potentaten, die in Washington auf ein Ende der Untersuchung drängen, fallen den US-Beamten durch rüdes Verhalten auf und erreichen nichts.

Erst im März 2002 gibt Nazarbajew öffentlich zu, die eine – saubere – Milliarde Dollar von Mobil seinerzeit ohne Wissen des Parlaments in einem geheimen Bankkonto in der Schweiz versteckt zu haben. Regierungstreue Medien feiern das nach westlichen Maßstäben ungeheuerliche Eingeständnis als die «neue Transparenz in Kasachstan». Rein vorsichtshalber hat der Autokrat das Parlament zuvor ein Gesetz verabschieden lassen, das ihm lebenslange Straffreiheit für Fehlverhalten während der Amtszeit garantiert. Gleichzeitig fordert er, es müsse dringend etwas gegen die Kapitalflucht aus Kasachstan getan werden. Bis zu ein Fünftel aller Vermögen des Landes, so wird vermutet, sind inzwischen auf Konten in der Schweiz gelandet. Also beschließen die Abgeordneten eine offizielle Legalisierung der Geldwäsche: Kein Kasache muss fortan für Devisen, die er aus dem Ausland mitbringt, Rechenschaft ablegen oder Steuern zahlen. Niemand hat Illusionen darüber, wessen Familie am meisten von dem neuen Gesetz profitieren wird.

Nicht nur Kasachen haben gewaltige Summen aus den Deals um Tengiz in ihre Taschen gesteckt. Reich geworden sind auch einige westliche Geschäftsleute, die als Mittelsmänner und Berater fungierten. Etwa der Amerikaner James Giffen. Der 1931 in Kalifornien geborene Jurist begann schon während des Kalten Kriegs, Geschäftsbeziehungen in den Ostblock aufzubauen. Für eine amerikanische Stahlfirma verkaufte er jahrelang Ölbohrtechnik in die Sowjetunion. Mitte der 1980er baute Giffen, der äußerlich dem US-Milliardär Donald Trump ähnelt, in New York ein Bankunternehmen namens Mercator auf. Seine Kontakte zu Sowjet-Führern pflegte er weiterhin, besonders zu Nazarbajew, damals Erster Parteisekretär für Kasachstan. Nach seiner Wahl zum Präsidenten 1991 holte der neue und alte Herrscher den Amerikaner als persönlichen Berater zu sich in den Palast. Dort wurde Giffen schnell zur schillernden Schlüsselfigur der boomenden Ölszene des Landes. Mit einem kasachischen Diplomatenpass, Leibwächtern und Mercedes-Limousinen ausgestattet, fädelte der Courtier Deals mit ausländischen Firmen ein. Jeder bedeutende Investor nutzte Giffens exzellente Kontakte zu Entscheidungsträgern.

Auch als Chevron sich in das Tengiz-Feld einkaufte, wirkte das Finanzgenie als Mittelsmann. Für seine Dienste stellte er eine Erfolgsgebühr in Rechnung: pro Barrel Öl, den Chevron fördert, bekommt Giffen seit 1993 sieben amerikanische Cents. Bei der derzeitigen Produktion verdient er so noch heute mehr als 15 000 Dollar am Tag, etwa fünf Millionen Dollar pro Jahr. Da war es kein Wunder, dass Nazarbajews kalifornischer Rasputin auch im Herbst 1995 ihn in Mobils Firmenjet auf die Bahamas begleitete. Für den Deal erhielt Giffen eine offizielle Courtage von 41 Millionen Dollar. Erst im Herbst bekam der Multimillionär erstmals ernsthafte Probleme: Ein jordanischer Geschäftspartner reichte bei einem Londoner Gericht eine Klage gegen ihn, den kasachischen Ölminister und einen Subkontraktor Mobils ein. Der Kläger behauptete, die Herren hätten ihn um zugesagte Mittlergebühren in Höhe von mehreren Millionen Dollars geprellt. Im Zuge des Verfahrens flogen mehrere dunkle Geschäfte Giffens auf. Wegen Korruption, Betrug und Geldwäsche ermitteln inzwischen auch amerikanische Behörden gegen den Geschäftsmann.

In der Konzernzentrale von Tengizchevroil (TCO) am Flughafen von Atyrau möchte man mit alldem nichts mehr zu tun haben. Das Geschäft läuft blendend, und bald schon wird die gesamte Führungsspitze aus dem provisorischen Container-Hauptquartier, treffend «Transithotel» genannt, in eine nagelneue, umzäunte Anlage am Stadtrand ziehen. Nachdem mehrere Faxe und Briefe an TCO und die dahinter stehenden Ölkonzerne, in denen ich um ein Gespräch für dieses Buch bat, unbeantwortet bleiben, beschließe ich, weniger förmlich vorzugehen und den Direktor von TCO im «Transit» aufzusuchen. Die Sicherheitsleute am Tor lassen mich passieren. Der Direktor ist ein hagerer Amerikaner namens Tom Winterton. Ein Gespräch über die Vorgänge der vergangenen Jahre lehnt er rundweg ab. Die Verantwortlichen der hinter TCO stehenden Konzerne hätten ihn angewiesen, nicht auf meine Interviewgesuche einzugehen. Meine Frage nach dem Grund für dieses unhöfliche Vorgehen beantwortet Winterton lapidar: «Wir sind eben eine konservative Sorte von Menschen.»

Nach langem Hin und Her erklärt sich der Tengiz-Direktor bereit, einige schriftlich gestellte Fragen ebenfalls schriftlich zu beantworten. Dabei rutschen dann, vermutlich unbeabsichtigt, neben leeren Phrasen zwei Sätze heraus, die im Licht der Giffen-Affäre und der Korruptionsvorwürfe gegen Präsident Nazarbajew geradezu ironisch erscheinen. Zum Engagement Chevrons in Kasachstan schreibt Winterton: «Eine solche Investition in einem gerade unabhängig gewordenen Land zu tätigen, das gerade erst sein legales und fiskales System zu entwickeln begann, barg natürlich gewaltige politische Risiken. Aber die starke Führung und strategische Vision von Staatspräsident Nazarbajew und die Bemühungen seiner Regierung, ein stabiles und positives Investitionsklima zu schaffen, haben diese Risiken mittlerweile effektiv gemindert.»

Wenige Tage später bekomme ich die Gelegenheit, die Suche nach den Hintergründen der Korruption zu vertiefen. Eine mir wohlgesinnte Kasachin mit guten Kontakten verschafft mir einen Sitzplatz im TCO-Firmenjet, der am Abend von Atyrau nach Astana, die neue Hauptstadt Kasachstans, fliegen soll. «An Bord wird auch Scherdabajew sein, der Präsident von TCO», flüstert mir die junge Dame zu und reicht mir das Spezialticket. Ich sichere ihr Diskretion zu und danke ihr für die Hilfe. Drei Stunden später sitze ich in der VIP-Lounge des Flughafens. Eine kleine, weiße Tupolew neuesten Typs steht schon auf der Startbahn. Die etwa 15 anderen Passagieren, die auf das Boarding warten, sehen wie Ölingenieure und mittlere Manager aus. Die meisten sind Kasachen. Plötzlich schreitet Boris Scherdabajew in den Raum, gekleidet in dunklem Kaschmirmantel, mit zwei männlichen Assistenten, die verdächtig fit aussehen. Der Präsident strahlt orientalische Autorität aus. Alle Umstehenden scheinen zunächst wie gelähmt, dann verneigen sie sich kurz und respektvoll, aber ohne jedes vertraute Lächeln. Mit einem kurzen Nicken nimmt der TCO-Boss, ein untersetzter Mann mit einem etwas aufgedunsenen, asiatischen Gesicht, die Begrüßungen zur Kenntnis und stellt sich abseits. Scherdabajew, ehemaliger Vizechef des staatlichen Ölkonzerns Kasachstans, gehört zu den so genannten Öligarchen – Männern, die wie im postsowjetischen Russland durch Petrol-Deals zu Macht und Reichtum gelangt sind.

In einem Land, das noch immer von Clans beherrscht wird, sind die Scherdabajews die mächtigste Familie im Oblast von Atyrau. In der kasachischen Elite, die insgesamt aus nicht mehr als 3000 Personen besteht, spielen sie ganz oben mit. Der Vorgänger von Scherdabajew als Chef von TCO war dessen älterer Bruder, der zugleich lange Jahre als Gouverneur von Atyrau und

Ölminister Kasachstans fungierte. Heute kontrolliert er die Geschäfte des staatlichen Ölkonzerns in der Ukraine. Ein Neffe der mächtigen Brüder hat einen hohen Posten im Energieministerium. Im Jahre 2000 setzte Präsident Nazarbajew den 48-jährigen Boris Scherdabajew auf seinen derzeitigen Posten.

Plötzlich tritt ein junger Kasache auf den Ölboss zu. Die Leibwächter blicken ihn misstrauisch an. Doch der Mann fasst sich ein Herz und stellt sich mit eifrigem Gesichtsausdruck vor. Der Ältere reicht ihm ernst die Hand, aber sie tauschen kein weiteres Wort aus und lächeln auch nicht. Fast wie ein Initiationsritus. Der Junge entfernt sich wieder, wobei er rückwärts geht. Eine Hostess taucht auf und bringt uns an Bord. Wie durch eine Fügung setzt sich Scherdabajew in den Sitz neben mich, gleich hinter der Pilotenkabine. Unter seinem Mantel trägt er einen hellgelbes Polohemd. Der Flieger hebt ab.

Fieberhaft überlege ich, wie ich mit dem Mann ins Gespräch kommen könnte. Nach kurzem Augenkontakt löst Scherdabajew selbst das Problem. «Wer sind Sie eigentlich, und was haben Sie hier an Bord meines Flugzeugs zu suchen?», fragt er mich in flüssigem Englisch. Auch die Leibwächter, die breitbeinig im Gang neben uns stehen, scheinen sehr an meiner Antwort interessiert zu sein. Ich stelle mich vor und gebe mir Mühe, in Mimik und Gestik den jungen Kasachen aus der Lounge nachzuahmen. Doch das Misstrauen der Männer wächst. Schweigend und feindselig starren sie mich an. Das Flugzeug dürfte inzwischen auf 10 000 Fuß gestiegen sein.

Er habe noch eine Frage an mich, sagt Scherdabajew in die todernste Stille hinein. Ich nicke, er wartet einen Moment. Dann fragt er, langsam und leise: «Mein Junge, wie gefallen dir unsere kasachischen Mädchen?» Wir sind im Gespräch.

Aufgewachsen in einem Dorf ganz in der Nähe von Tengiz, studierte der junge Boris am prestigeträchtigen sowjetischen Institut für Öl und Gas in Ufa, Sibirien. «Als das Tengiz-Feld 1979 entdeckt wurde, war ich als Ingenieur dabei», erzählt der Kasache, während uns ein Steward Lachs und Champagner serviert. «Aber wir schafften es einfach nicht, auf 4000 Meter Tiefe zu bohren und mit diesem unglaublichen Druck klarzukommen. Wir brauchten die Technik und das Geld von Chevron.» Die Enttäuschung, dass man damals auf westliche Hilfe angewiesen war, ist ihm noch heute anzuhören. Viele Öligarchen, die mittlerweile zu Reichtum gelangt sind, unterstützen die neue Politik der Regierung, ausländische Firmen nur noch in Joint Ventures unter der Kontrolle von Kasachen investieren zu lassen. Auch der Kashagan-Vertrag müsse nachträglich neu verhandelt werden, ist immer öfter aus Regierungskreisen zu hören. Wurden Tengiz und Kashagan damals unter Wert an ausländische Konzerne verscherbelt?, frage ich Scherdabajew. Er schweigt, das Gesicht ist versteinert. Das Thema ist also tabu. Noch hat es keinen Sinn, ihn auf Korruption anzusprechen. Der Champagner muss noch eine Weile wirken.

Ich blicke aus dem Fenster. Unter uns sind in der Dämmerung die unklaren Linien der kaspischen Küste zu sehen. Viele kleine Inseln ragen aus dem Meer von Eisschollen. Nicht weit davon, an Land, stehen die Bohrtürme von Tengiz. Weithin leuchten die riesigen, orangenen Flammen, in denen Gas, das bei der Förderung ausgetreten ist, abgefackelt wird. Diese sinnlose Luftverschmutzung ist weltweit zunehmend umstritten, und Ölkonzerne müssen sich neue Methoden einfallen lassen, das Gas zu verwerten. Im Schein der Feuer sind neben der Anlage gelbe Blöcke der Größe von Fußballfeldern zu erkennen, die wie gigantische Goldbarren in der Steppe liegen. Es sind 4,5 Millionen Tonnen verfestigter Schwefel, der über die Jahre mit dem Erdöl aus dem Boden geschossen ist. Jeden Tag kommen weitere 4500 Tonnen hinzu. Sie werden auf die gelben Haufen gesprüht, wo sie sich zu porösem Stoff verhärten. Um das ätzende Zeug loszuwerden, versucht TCO es zu Düngerkörnern zu verarbeiten und nach Europa zu verkaufen.

«Welche ist die beste Universität in Großbritannien?», will

Scherdabajew wissen. «Ich möchte meinen Sohn da hinschicken.» Vierzehn Jahre sei der Junge, und in Kasachstan könne er ja schließlich nichts lernen. Seine beiden Töchter hat Scherdabajew in einem College in Boston untergebracht. Er frage sich oft, was man dort, und überhaupt im Westen, von Kasachstan als Land halte. Das ist der Moment, auf den ich gewartet habe. Nur Gutes, antworte ich, allerdings sehe man die Korruption als ein großes Problem. Scherdabajew lacht auf, hell wie ein kleiner Junge: «Ja, die Korruption ist ein Problem, aber nicht nur bei uns, auch in Europa und in Amerika.»

Man höre viel darüber, lege ich nach, dass ausländische Ölfirmen in Kasachstan Schmiergelder zahlen mussten, um Konzessionen zu bekommen. «So, hört man das, ja?», erwidert der Kasache, und das Lachen verschwindet aus seinem Gesicht. «Und wer sind die Amerikaner, dass sie uns solche Sachen vorwerfen? Eine Frau, die mit zwei Männern schläft, sollte nicht eine andere Frau Nutte nennen, nur weil die mit fünf Männern schläft!» Einer der Leibwächter sieht zu uns herüber, sein Chef ist jetzt hörbar wütend. «Wir haben hier so lange unter sowjetischer Herrschaft gelitten! Wie ich diese Stagnation als junger Mann satt hatte! Und dann waren wir plötzlich auf uns allein gestellt und mussten unsere Probleme selbst lösen. Die letzten zehn Jahre waren aufregend, ja, aber sie waren nicht einfach. Jeder musste doch zusehen, wo er blieb. Und sich dann noch um seine Familie kümmern.»

Der Steward schenkt Champagner in unsere Gläser nach. Kurz blicke ich aus dem Fenster, wir fliegen über tief verschneite Steppe. Scherdabajew holt Luft und schnauft: «Korruption! Die müssen reden. Wie ist denn George W. Bush Präsident von Amerika geworden, bitte schön? Und der deutsche Kanzler, Helmut Kohl, was hat der gemacht?» Mürrisch schiebt der Kasache den Teller mit Lachs von sich, ihm ist sichtbar der Appetit vergangen. «Es ist in Ordnung, dass die Amerikaner hierher kommen und uns helfen. Prima! Aber sie müssen nicht glauben, uns deswegen erziehen zu können.» Der Pilot tritt zu uns und kündigt die Landung in Astana an. Wir sollten uns warm anziehen, rät er, es wehe ein eisiger Wind und die Temperatur liege unter minus 20 Grad.

Vor dem Terminal wartet ein Chauffeur in einer Geländewagen-Limousine auf Scherdabajew, der mir anbietet, mich in die Stadt mitzunehmen. Vor einem Hotel im Zentrum halten wir. Der Kasache begleitet mich hinein und spricht mit der Rezeptionistin, damit sie mir ein gutes Zimmer gebe. Wir verabschieden uns. «Ich würde dir ja das Zimmer bezahlen, mein Junge», sagt der Öligarch beim Gehen. «Aber das würde doch sehr nach Bestechung aussehen, oder?»

DIE FASSADEN-HAUPTSTADT

Am nächsten Morgen sehe ich mich in Astana um. Der Wind ist über Nacht noch schärfer geworden und treibt Schnee vor sich her, die sibirische Kälte beißt in die Wangen. Die wenigen Menschen, die auf den Straßen zu sehen sind, haben sich so eingehüllt, dass Männer kaum von Frauen zu unterscheiden sind. Verständlich, dass ausländische Diplomaten kollektiv aufstöhnten, als Präsident Nazarbajew Mitte der neunziger Jahre erklärte, die Hauptstadt werde aus dem attraktiven Almaty in diese bis dahin völlig unbedeutende Provinzstadt umziehen. Damals hieß der gottverlassene Ort in der nördlichen Steppe noch Akmola. Das bedeutet «weißes Grab» auf Kasachisch, für eine Kapitale etwas unpassend. Kurzerhand taufte Nazarbajew Akmola in Astana um, was schlicht und sinnvoll «Hauptstadt» heißt. Was den Autokraten hierher zog, blieb lange rätselhaft. Das historische und kulturelle Zentrum war seit langem die Millionenstadt Almaty, die zudem klimatisch günstig und windgeschützt am Fuße hoher Berge liegt. Politische Beobachter vermuteten, dass Nazarbajew ein bewusstes Signal an Moskau senden wollte. Gerade mal die

Hälfte aller Einwohner des Landes sind ethnische Kasachen. Mehr als ein Drittel sind Russen, die besonders im Norden leben. Nach der Unabhängigkeit der ehemaligen sowjetischen Republik forderten nationalistische Russen, der Norden Kasachstans müsse russischem Territorium zugeschlagen werden. Indem er die Hauptstadt genau dorthin verlegte, wollte Nazarbajew diesem Irredentismus einen Riegel vorschieben.

Vielleicht wollte er sich aber auch nur eine eigene Stadt aufbauen, so wie Jungs gerne über einen eigenen Sandkasten für Türme und Burgen verfügen. Diesen Eindruck gewinne ich zumindest beim Anblick der grandiosen Prunkbauten in den Straßen Astanas. Der Präsidentenpalast (Baukosten: 50 Millionen Dollar) und – etwas kleiner – das Parlament vereinen sowjetische Megalomanie mit zentralasiatischen Architekturschnörkeln wie blauen Kuppeln. Den weitläufigen Platz davor schmücken eingefrorene Springbrunnen und eigenartige Lampen aus China, die wie Palmen aussehen. Aus einem Pfosten kommt ein Schopf Leuchtfasern, in denen blinkende Neonlichter nach oben laufen. Das Ganze soll wohl wie ein Feuerwerk wirken. Ich fühle mich eher an Kirmes erinnert.

Direkt neben den Regierungsgebäuden steht, ebenfalls aus hellem Marmor, ein Einkaufszentrum, das eine getreue Kopie einer Shoppingmall aus Hicksville, Kansas, sein könnte. Auf drei Stockwerken, die mit Rolltreppen verbunden sind, findet sich eine Luxusboutique neben der anderen. Die Preise sind für Durchschnittskasachen offenbar so erschreckend, dass niemand auch nur an den Schaufenstern vorbeibummeln möchte. Bis auf die gelangweilten Verkäuferinnen ist das Gebäude völlig leer, ein Geisterkaufhaus. «Internationale Presse», steht über einem Zeitschriftenladen, aber darunter versteht der Inhaber offenbar nur russische Zeitungen. Am Ufer des Ishim-Flusses ragen weitere zwanzigstöckige Protzhäuser in den Himmel, deren Wohnungen leer zu stehen scheinen. In der Ferne ein gigantischer Turm, auf dessen Spitze ein Globus rotiert. Erst in den alten Wohngebieten entlang der Hauptstraße sind wieder einige Menschen zu sehen. Um Staatsbesucher auch hier zu beeindrucken, hat man vor die grauen Wände der Häuser einfach potemkinsche Plastikfassaden geklebt, die nach Marmor aussehen sollen. Dummerweise pellen sie aber an den Ecken schon ab.

Mehr als eine Milliarde Dollar hat Präsident Nazarbajew bereits in seine Phantasiehauptstadt gesteckt. Er ist damit nicht der erste Herrscher, der viel Geld mit protziger Architektur verschwendet. Nach einiger Zeit kann man François Mitterrands Bibliothek und Louvre-Pyramide in Paris oder sogar Félix Houphouët-Boignys grandioser Kathedrale im Dschungel der Elfenbeinküste sicher etwas Positives abgewinnen. Das ändert aber nichts daran, dass die allermeisten der 16 Millionen Kasachen bitterarm sind. «Von den Ölprofiten sickert nichts nach unten durch», sagt Elena Karaban von der Weltbank-Niederlassung in Kasachstan. «Der Abstand zwischen den wenigen Reichen und der Masse der Armen ist unvorstellbar groß.» Karaban unterstützt Nichtregierungsorganisationen (NGOs), die darauf achten, wie die Regierung die Petrodollars ausgibt. Sie berichtet, wie Korruption und Ungerechtigkeit soziale Unruhe erzeugen, die das Land in gewaltsame politische Krisen stürzen könnte. «In breiten Schichten der Bevölkerung ist sehr viel Zorn darüber, wie der Wohlstand verteilt wird. Es herrscht das Gefühl, dass die Regierung und ausländische Konzerne gemeinsam die Schätze des Landes plündern.»

Soziale Missstände in den kaspischen Ölländern, von denen Kasachstan nur ein Beispiel ist, interessieren die Geostrategen des neuen «Great Game» bislang nur am Rande. Doch Elend und Unterdrückung der Menschen können schnell eine geopolitische Tragweite bekommen, wenn sie zum Nährboden für sozialrevolutionäre und fundamentalistische Bewegungen werden. Es fällt nicht schwer, sich vorzustellen, welche Personen und Einrichtungen die ersten Ziele möglicher Terrorattacken sein würden.

Auch Andrew Rearick sieht den Ölboom eher als Fluch denn als Segen für Kasachstan. Der junge Mann aus Massachusetts ist Direktor eines renommierten Thinktanks in Almaty, der auch ausländische Firmen in Zentralasien berät. «Im Umgang mit seinem plötzlichen Ölreichtum verhält sich Kasachstan noch nicht ganz so schlimm wie Nigeria, aber weiß Gott auch nicht wie Norwegen.» Tatsächlich gilt das skandinavische Land als das einzige der Welt, das den Schock eines Öl-Jackpots ohne ernste politische oder soziale Krisen überstanden und den Wohlstand relativ gleich verteilt hat. In allen anderen Ölstaaten der Erde hat plötzlicher Petrolreichtum zu Korruption, sozialen Spannungen, Regierungsumstürzen und Bürgerkriegen geführt. Weniger beachtet, aber nicht minder ernst sind die ökonomischen Auswirkungen.[22] Nach der Ölkrise von 1973 nutzten die meisten Regierungen Erdöl exportierender Länder die vervielfachten Einkünfte für enorme Investitionen in Sozialprogramme, Infrastruktur, Militär und subventionierte Staatsbetriebe. Doch die Volkswirtschaften konnten einen derartigen Dollarsegen nicht absorbieren und gerieten ins Schlingern. Als die Ölpreise in den achtziger Jahren fielen, war der Luxus nicht mehr zu bezahlen und der Boom fand ein jähes Ende. Die modernen Prunkbauten in Lagos und Caracas begannen zu verfallen, Arbeitslosigkeit und Armut wurden dramatisch. Tatsächlich fiel das Wirtschaftswachstum der meisten Ölländer in den zwei Jahrzehnten nach 1973 niedriger aus als davor, und das reale Pro-Kopf-Einkommen sank.

Viele Länder erlebten tiefe soziale und politische Krisen: im Iran endete das Programm der «Großen Zivilisation» des Schahs in der islamischen Revolution, in Nigeria putschten sich Generäle an die Macht, Algerien und der Sudan versanken im Bürgerkrieg, und Venezuela wird bis heute von Aufständen und Militärumstürzen erschüttert.

Um das Unheil abzuwenden, begannen die OPEC-Staaten, massiv Kredite aufzunehmen. Heute leiden sie unter zum Teil zweistelligen Inflationsraten und immensen Auslandsschulden.

Selbst Saudi-Arabien hat ein enormes Haushaltsdefizit. Dafür verantwortlich ist auch ein Phänomen, das die Wissenschaft die «Holländische Krankheit» nennt. Dabei verlässt sich ein Land zu sehr auf einen Wirtschaftszweig und vernachlässigt alle übrigen. Regierungen, die hohe Einkünfte aus dem Rohstoffexport beziehen, halten es oft nicht mehr für nötig, produzierendes Gewerbe und Landwirtschaft zu fördern. Diese Unternehmen gehen ein, viele Menschen werden arbeitslos, und Fachkräfte wandern ins Ausland ab. Hinzu kommt, dass Ölreichtum oft die Währung eines Landes künstlich stützt, sodass der Export leidet. Ernüchtert stellt der Politologe Rearick fest: «In allen kaspischen Ländern beginnt die ‹Holländische Krankheit› bereits zu grassieren.»

Dass sich plötzlicher Ölreichtum für die meisten Staaten als Unglück erweist, liegt jedoch vor allem an Korruption. «Öl erhöht die Beute für politische Machtkämpfe», fasst Rearick das Dilemma nüchtern zusammen. Norwegen hat dieser Gefahr vorgebeugt, indem es die Einkünfte aus der Nordsee in einen speziellen Ölfonds leitet, aus dem etwa Krankenhäuser finanziert werden. Die Praxis soll weltweit Schule machen. Auch kaspische Länder wie Aserbaidschan und Kasachstan haben unter dem Druck westlicher Regierungen derlei nationale Ölfonds eingerichtet. «Allein im Jahr 2001 hat ihn Präsident Nazarbajew mit einer Milliarde Dollar aufgefüllt», berichtet Rearick. «Das Problem ist nur, dass er das Geld einfach aus dem Staatsbudget abgeschöpft hat.» Nun unterliege es nicht mehr öffentlicher Kontrolle, denn den Fonds verwalten Freunde des Präsidenten. Weder seien einzelne Posten festgelegt noch die Zwecke von Ausgaben. «Niemand weiß, was sie mit dem Geld machen. Dem Volk wird gesagt: Vertraut uns, wir werden schon das Richtige für euch tun.» Problemlos könnten die Verantwortlichen große Summen für ihre Freunde und Familien abzweigen. «Aber Nepotismus gilt in Kasachstan ja nicht als Korruption», resümiert Rearick sarkastisch, «sondern als Verantwortung für den Clan.»

Auch Nazarbajew selbst weiß seine Macht in der Familie zu halten. Kein habsburgischer Herrscher hätte seine drei Töchter klüger verheiraten können: die jüngste unter ihnen mit dem Sohn des kirgisischen Präsidenten, die zweite mit Timur Kulibajew, Vizechef des staatlichen Ölkonzerns Kazmunaigaz, und die dritte, Dariga, mit dem langjährigen Chef des Geheimdiensts. Zugleich leitet die älteste Nazarbajewa seit Jahren das staatliche Medienimperium Khabar und ist als präsidentielle Nachfolgerin ihres Vaters im Gespräch. Um ihr politisches Profil daheim und im Ausland zu heben, veranstaltet die 38-Jährige im Frühjahr 2002 eine glanzvolle Medienkonferenz in Almaty, zu der Hunderte Journalisten und andere Medienschaffende aus fast 70 Ländern einfliegen. Darunter sind viele Asien-Korrespondenten international angesehener Presseorgane.

Das so genannte Eurasia Media Forum, zu dem ich als Redner eingeladen bin, zeigt auf fast surreale Weise, wie in Kasachstan Politik gemacht wird. Nach einem Grußwort des Präsidenten debattieren die Teilnehmer, deren Flüge und Logis in einem Luxushotel meist die Organisatoren bezahlen, drei Tage lang über Geopolitik und Medien in Zentralasien. Eines der Hauptthemen ist Pressefreiheit – bemerkenswert, wo doch Nazarbajew sämtliche regierungskritische Medien unterdrücken lässt. Gerade in den Monaten vor der Konferenz wurden Fernsehsender und Zeitungen verboten und Journalisten verhaftet. Um dagegen zu protestieren, wagen sich am folgenden Morgen zwölf Mitglieder der Opposition in das Hotel und verteilen Flugblätter an die ausländischen Konferenzgäste. Augenblicke später erscheint Polizei, und die Aktivisten werden vor aller Augen abgeführt. Proteste der anwesenden westlichen Journalisten bleiben aus. Im Plenum tut jeder Redner so, als sei nichts geschehen, und alle debattieren darüber, was für eine wunderbare Sache doch die Pressefreiheit sei. Und wie wichtig im übrigen für die Demokratie. Dariga Nazarbajewa sitzt auf dem Podium und sieht zufrieden aus.

Tags darauf aber gerät die Show ein wenig außer Kontrolle. Der Chef des oppositionellen Fernsehkanals TAN-TV schmuggelt sich mit einigen Mitarbeitern in das Plenum und ergreift das Mikrophon, um sich über den Entzug der Lizenz für seinen Sender zu beklagen.

Während des Vortrags sitzt Präsidententochter Dariga wie versteinert da, unternimmt aber nichts, um den Mann zu stoppen. Sogar andere Oppositionelle dürfen zu Wort kommen. Dann geht sie, zur Überraschung aller, ans Rednerpult und antwortet denen, die sie «meine Gegner» nennt. Sie seien «unprofessionell, parteiisch und korrupt», aber ihr mache kritischer Dialog Spaß. «Sie sehen, ich bin sehr tolerant.» Was denn aus den zwölf Verhafteten geworden sei, will nun ein holländischer Journalist wissen. «Die sind wieder auf freiem Fuß. Sie wurden festgenommen, weil sie eine illegale Massenversammlung darstellten. Dafür ist vorher eine behördliche Genehmigung einzuholen.» «Ob wohl auch zwölf Leute, die auf einen Bus warten, eine Straftat begehen?«, flüstert ein russischer Kollege neben mir und kichert.

Nach der Debatte frage ich die noch sichtlich erregte Nazarbajewa, ob sie als Tochter des Präsidenten in ihrem Fernsehsender jemals dessen Politik kritisieren lassen würde? Kokett lacht die Medienchefin auf, wobei sie ihren Kopf nach hinten wirft: «Niemand kritisiert doch die eigenen Eltern harscher als die Kinder. Aber im Ernst: Wir versuchen, neutral zu bleiben.» Aber es falle doch auf, werfe ich ein, dass sich so viele Mitglieder der Präsidentenfamilie in hohen Machtpositionen befänden? «Warum denn? Wir alle arbeiten sehr hart. Mein Vater hätte nie gedacht, dass ich so hart schuften kann.» Tatsächlich gilt Nazarbajewa auch bei ihren Kritikern als eine clevere Geschäftsfrau, die ihr Büro erst spätnachts verlässt.

«Außerdem kann nur ich durch meinen direkten Draht zu meinem Vater unsere journalistische Unabhängigkeit von Regierungsbeamten garantieren. Wenn ich meinen Posten aufgäbe, wäre doch mein Nachfolger schnell in der Hand der Regierung.»

Die Mutter von drei Kindern strahlt mich an. Für einen Moment bin ich sprachlos über so viel Verdrehungskunst. Dann frage ich nach ihren eigenen politischen, vielleicht gar dynastischen Ambitionen. Kurz verengen sich die Augen der Machtfrau zu Schlitzen, dann lacht sie wieder: «Präsident will ich nie sein, nur eine einfache kasachische Bürgerin. Ich möchte reisen, in Paris im Café eine Zigarette rauchen und shoppen gehen.» Schon jetzt würde der 17-jährige Sohn, der im kalifornischen Malibu aufs College geht, klagen, dass die Familie zu wenig Zeit füreinander habe.

DIE CHINESEN KOMMEN

Das geopolitisch vordringlichste Problem in Zentralasien bleibt das der Pipelines. Kein anderer Streitpunkt droht die Region, und damit die um sie wetteifernden externen Mächte, so sehr an den Rand eines Krieges zu bringen. Die Positionen könnten unvereinbarer nicht sein: Kasachstans nördlicher Nachbar Russland macht Druck, damit das Öl aus Kashagan über sein bestehendes Pipelinenetz zum russischen Schwarzmeerhafen Noworossisk gepumpt wird. Die Vereinigten Staaten hingegen wollen, dass Tanker das Öl über das Kaspische Meer nach Baku bringen, wo es in die geplante Leitung zum türkischen Mittelmeerhafen Ceyhan gespeist wird. Der Iran wiederum hat der kasachischen Regierung eindringlich empfohlen, das Öl entlang der kaspischen Ostküste über Turkmenistan und durch den Iran zum Persischen Golf zu exportieren. Teheran hat sogar angeboten, die 1,6 Milliarden Dollar teure Pipeline finanzieren zu helfen. Eine weitere Möglichkeit, von Präsident Nazarbajew auf einem Staatsbesuch Anfang 2001 in Indien ins Gespräch gebracht, wäre eine Südostroute durch das vom Taliban-Regime befreite Afghanistan.

Die geringsten Chancen räumen Beobachter der russischen

Option ein, denn Russland hat bereits ein Teil der kaspischen Rohstoffbeute ergattert. Im Oktober 2001 wurde eine brandneue Pipeline fertig gestellt, durch die das Öl aus Tengiz 1700 Kilometer weit über den Nordkaukasus nach Noworossisk fließt. Die mehr als 2,2 Milliarden Dollar teure Röhre, die pro Tag bis zu 560 000 Barrel fassen kann, hatte eine denkbar schwere Geburt. Als Chevron 1993 in das Tenghis-Feld einstieg, rechnete der US-Konzern mit einer Ölleitung durch den Iran zum Persischen Golf. Die amerikanischen Sanktionen gegen Teheran machten diesen Plan zunichte. Alternativ bot der mächtige russische Pipelinemonopolist Transneftegaz sein Netz an. Doch die Tengizchevroil-Bosse, Amerikaner wie Kasachen, wollten im mafiabeherrschten Chaos der ersten Jelzin-Jahre nicht auf russisches Wohlwollen angewiesen sein und bestanden auf eine eigene, selbst betriebene Pipeline. Moskau lehnte ab. Chevron erfand eine Notlösung: mit 7000 Eisenbahnwaggons, mehr als irgendwo sonst auf der Welt, wurde das Öl ans Schwarze Meer transportiert. Erst als sich 1996 der Mobil-Konzern in Tengiz einkaufte und großzügig Geld an russische Scheinfirmen verteilte, wurden die Russen zugänglicher. Der damalige russische Premierminister Viktor Tschernomyrdin, einer der mächtigsten Öligarchen des Landes, wurde damals trotz eines eher bescheidenen offiziellen Gehalts auf rätselhafte Weise zum Milliardär. Endlich gab er grünes Licht für die Pipeline.

Der russische Staat beteiligte sich an dem Projekt, zusammen mit TCO und den Regierungen Kasachstans und Omans. Die Bauarbeiten verzögerten sich dennoch um weitere Jahre, weil Transneftegaz das Projekt fortwährend sabotierte und russische Provinzbehörden exorbitante Transitgebühren für das Öl forderten. Auch heute muss der Betrieb der Pipeline auf russischer Seite immer wieder unterbrochen werden.

Die Kashagan-Teilhaber werden alles tun, um solche Probleme zu vermeiden. Gegen die Schwarzmeer-Option spricht außerdem, dass sich Öltanker am Bosporus stauen oder gar havarieren könnten. Kasachstan will zudem seinen Wohlstand nicht vom mächtigen Nachbarn abhängig machen, der zugleich ein Hauptkonkurrent auf dem Weltölmarkt ist.

Das hält Moskau nicht davon ab, starken Druck auf Astana auszuüben, damit die Kasachen sich für die russische Route und gegen die Mittelmeer-Pipeline entscheiden. Demonstrativ hielt die russische Flotte zum Besuch Präsident Putins in Aserbaidschan Anfang Januar 2001 ein Manöver auf dem Kaspischen Meer ab. Dabei feuerten Zerstörer mit scharfer Munition und ankerten, ohne die aserbaidschanischen Behörden zuvor um Erlaubnis zu bitten, vor der Küste Bakus.[23] Die kaspische Flotte, die als einzige russische Marineeinheit massiv verstärkt und modernisiert wird, übte zum ersten Mal regelrecht Kanonenbootdiplomatie. Seitdem sind bei Manövern im Norden des Meeres immer wieder russische Geschosse auf kasachischem Boden explodiert. Aus reinem Versehen, wie Moskau beteuert. Zudem können die Russen ökonomisch Druck ausüben, denn noch immer ist ein Drittel der kasachischen Wirtschaft direkt vom ehemaligen Hegemon im Norden abhängig.

Am Spiel um Kashagan ist eine weitere Weltmacht beteiligt, deren Rolle als erwachender Riese in Zentralasien bislang wenig internationale Beachtung gefunden hat: China. Als die Sowjetunion Anfang der neunziger Jahre zusammenbrach, sahen sich die Chinesen an ihrer Westgrenze plötzlich mit einem geopolitischen Machtvakuum konfrontiert. In den neuen unabhängigen Nachbarstaaten erblickten die kommunistischen Machthaber zunächst eine Gefahr für Chinas territoriale Einheit: Ihr Beispiel ermutigte in der westlichen Provinz Xinjiang das muslimische Volk der Uiguren, das mit den zentralasiatischen Völkern eng verwandt ist, sich ebenfalls gegen Pekings Kontrolle aufzulehnen. Islamischer Extremismus, der aus dem exsowjetischen Zentralasien über die chinesische Grenze schwappte, ließ das Problem für Peking umso ernster erscheinen. Tatsächlich kam in den neunziger Jahren neues Leben in die uigurische Separatistenbewegung, die die Unterwerfung und Besiedlung Xinjiangs durch Han-Chinesen rückgängig machen will. Ihr werden etliche terroristische Bombenanschläge auf staatliche Einrichtungen zur Last gelegt. Peking schlug mit Härte gegen mutmaßliche Separatisten zurück: Amnesty International dokumentierte in einem Bericht vom April 1999 allein 190 Hinrichtungen seit 1997.

Allerdings haben Chinas Machthaber auch die Chancen erkannt, die in der Zusammenarbeit mit den neuen Nachbarn liegen. Schon längst floriert über die zusammen 3300 Kilometer langen Grenzen der Handel zwischen den Ländern. Sein Volumen erreichte im Jahr 1998 etwa 950 Millionen Dollar. Freihandelszonen wurden eingerichtet. Gegenseitige Staatsbesuche sind häufig. Im Juni 2001 schlossen Peking und Moskau mit allen zentralasiatischen Staaten außer Turkmenistan einen wirtschaftlichen und sicherheitspolitischen Pakt. Die «Shanghai Six», wie die Gruppe heißt, richtet sich – für Peking recht unverhohlen – gegen ein Eindringen der USA in Zentralasien. Ihr Ziel sei es, die «Multipolarität der Welt zu fördern», verkündete Chinas Präsident Jiang Zemin.

Nun hat Peking auch begonnen, Kasachstans Ölquellen ins Visier zu nehmen. So stark wächst die chinesische Wirtschaft, dass ihr Energiebedarf nicht mehr mit heimischen Ressourcen gedeckt werden kann. Schon jetzt konsumiert das Land 250 Millionen Tonnen Erdöl pro Jahr, fast ein Drittel davon muss importiert werden. Grund genug für den staatlichen Ölkonzern CNPC, erstmals im Ausland aktiv zu werden. In einer weltweiten Einkaufstour 1998/99 gaben die Firmenchefs mehr als acht Milliarden Dollar für Bohrrechte im Sudan, in Venezuela, im Irak und in Kasachstan aus.

Der große kasachische Coup gelang China im Jahre 1997, als CNPC 60 Prozent der Anteile am drittgrößten kasachischen Ölfeld in Aktubiski erwarb. Dafür waren die Chinesen sogar bereit, weit mehr als den Marktpreis zu bezahlen, und wenig später kauften sie zwei weitere Ölfelder. Zugleich schlossen die Regierungen beider Länder ein Abkommen für ein gewaltiges Projekt: Die Chinesen wollen eine Pipeline vom Kaspischen Meer durch die kasachische Steppe bis in Xinjiangs Hauptstadt Urumtschi bauen. Die Kosten werden auf 9,6 Milliarden Dollar veranschlagt, die ohne die Hilfe westlicher Investoren nicht aufzubringen sind. Die mehr als 2000 Kilometer lange Route führt zudem durch sehr schwieriges Terrain, hohe Gebirge müssen an der Grenze überwunden werden. Damit nicht genug: Von Xinjiang soll die Leitung über weitere 4000 Kilometer quer durch China bis an die Südostküste nach Schanghai, dem wirtschaftlichen Zentrum des Landes, verlängert werden. Bislang wird kasachisches Öl in Eisenbahnwaggons ins Reich der Mitte gebracht – ein umständliches und teures Verfahren.

Wie ehrgeizig die chinesischen Pläne in Kasachstan sind, lässt schon das Hauptquartier des CNPC in Almaty ahnen. Mitten im Zentrum der Stadt sind die Chinesen in einen regelrechten Palast gezogen, vor dessen Front massive Säulen stehen. Gegen das weiße Gebäude sieht die amerikanische Botschaft schräg gegenüber wie ein Gartenhäuschen aus. Es ist umgeben von hohen Gitterzäunen, hinter denen grimmige Sicherheitsleute Wache schieben. Über dem Haupteingang hängt ein Banner mit einem chinesischen Schriftzug, der kasachischen Passanten verkündet: «Wir machen große Geschäfte in Kasachstan!»

Der Mann, der dabei die Fäden zieht, heißt Zheng Chenghu, Direktor von CNPC in Kasachstan. Er ist ein höflicher und gescheiter Mann, der eine kleine Nickelbrille trägt. Sofort kommt der Chinese aufs Geschäft zu sprechen: «Im Moment produzieren wir etwa vier Millionen Tonnen Öl in Kasachstan, aber das reicht uns noch lange nicht. Wir wollen in den kommenden Jahren noch viel mehr Quellen in Zentralasien bekommen.» Wächst die chinesische Wirtschaft im derzeitigen Tempo weiter, wird das Land im Jahre 2010 mehr als 100 Millionen Tonnen Erdöl aus dem Ausland importieren müssen. Auch in Ölfelder in Afrika und Südamerika hat sich der Branchengigant CNPC, für den 1,5 Millionen Menschen arbeiten, deswegen eingekauft. «Zwei Jahre war ich auf einem Feld im Sudan, das wir erworben haben, aber jetzt ist unser Schwerpunkt in Kasachstan», sagt der gelernte Geophysiker. «Hier wird es in naher Zukunft noch 100 Ausschreibungen für Offshore-Bohrrechte geben, und wir wollen jede einzelne gewinnen. Damit machen wir dann unsere Pipeline nach Xinjiang voll.» Für Offshore-Förderung wie in Kashagan fehle CNPC allerdings noch die Erfahrung.

Es klopft an der Tür. Drei junge Frauen in sehr kurzen Röcken trippeln wie in einer Prozession zu Chenghus Schreibtisch und legen ihm Schriftstücke zum Unterzeichnen vor. Chenghu jagt seinen Stift über die Papiere, die Chinesinnen deuten kurze Kopfbeugen an und entfernen sich, trotz ihrer Stöckelschuhe, fast lautlos. Als ich zu ihm zurückblicke, sieht der Direktor ernst aus: «Das sind also unsere Pläne, aber die Lage hat sich für uns in letzter Zeit sehr verschlechtert. Die Amerikaner sind dabei, uns aus der Region zu drängen.»

Bei meinen Recherchen musste ich immer wieder feststellen, dass Ölmanager eher zur verschlossenen Sorte Mensch zählen – so kommen Chenghus heftige Worte als Überraschung, zumal bis dahin von Geopolitik in unserem Gespräch keine Rede war. Aber nun ist der Chinese nicht zu stoppen: «Seit dem 11. September sind die USA in Zentralasien sehr aggressiv geworden. Dass sie ihre Truppen hier stationiert haben, ist keine gute Nachricht, weder für die Menschen hier noch für uns.» Seit dem Krieg gegen das Taliban-Regime in Afghanistan im Herbst 2001 sind Tausende US-Soldaten auf Stützpunkten in Usbekistan und Kirgisien, nur wenige Kilometer von der kasachischen Grenze, stationiert. Der Chinese hat keine Zweifel an den Absichten der Amerikaner. Der Kampf gegen den Terror in Afghanistan ist für ihn nur ein Vorwand. «Die US-Truppen sind hier, um die Ölvorkommen in Zentralasien zu kontrollieren.»

Noch hätten amerikanische Soldaten doch keine Bohrinseln

erobert und besetzt, wende ich halb im Scherz ein, aber Chenghu bleibt bitterernst: «Die Kontrolle funktioniert indirekt. Seit US-Truppen bei ihr vor der Haustür stehen, macht die kasachische Regierung lieber wieder Verträge mit westlichen Konzernen – nicht mehr mit uns.» Die große chinesische Pipeline nach Osten könne Peking dann bald abschreiben. Kurz darauf scheint Direktor Chenghu, der zugleich Funktionär der Kommunistischen Partei ist, schon gar nicht mehr ans Öl zu denken, als er mit sorgenvoller Miene sagt: «In Kirgisien steht amerikanisches Militär ganz nah an der chinesischen Grenze. Die USA haben Stützpunkte in Japan, den Philippinen, Südkorea und Taiwan. Und jetzt hier – China soll umzingelt werden!» Chenghu wirkt niedergeschlagen, als ich das CNPC-Hauptquartier verlasse. Zum ersten Mal auf meiner Reise sind die neuen US-Truppen in Zentralasien zur Sprache gekommen – es sollte nicht das letzte Mal sein. Ob Ölboss Chenghu in seiner Analyse richtig liegt, kann ich da noch nicht beurteilen. Will Peking sich allerdings gegen die amerikanische Offensive im Ringen um Zentralasien zur Wehr setzen und das Pipelineprojekt nach Xinjiang dennoch verwirklichen, scheint mir der mutlose Chenghu nicht der richtige Mann dafür zu sein. Seine Gegner sind aus anderem Holz geschnitzt.

Das letzte Wort darüber, welche Pipeline für das Kashagan-Öl gebaut wird, haben die Kasachen. Präsident Nazarbajews Pipelineträume zu erfüllen – das ist die Aufgabe von Sabr Yessimbekow, dem staatlichen Chefplaner für alle Ölleitungen im Lande. Der junge Aufsteiger bei Kazmunaigaz gehört zur neuen, westlich orientierten Generation von Kasachen, die im Ausland ausgebildet wurden und fast so gut Englisch wie Russisch sprechen. Und Japanisch im Fall von Yessimbekow, der Anfang der neunziger Jahre in Yokohama Orientalistik studiert hat. Im Jahre 1994 plante Präsident Nazarbajew seinen ersten Staatsbesuch in Tokio und suchte einen persönlichen Dolmetscher. Yessimbekow war zu Diensten, und seine Karriere hob ab. Kurz darauf wurde er der erste kasachische Botschafter in Japan.

Gerade hat der Chefplaner eine Baustelle inspiziert, auf der Chinesen und Kasachen an einer Verbindungsleitung für die geplante Pipeline nach Xinjiang arbeiten. «Ein gutes Projekt. Wir wollen generell unser Öl nicht nach Westen pumpen, sondern nach Osten, wo die hungrigen Märkte sind.» Sobald die Chinesen genug Öl in Kasachstan gefunden hätten, würden die immensen Baukosten keine Rolle mehr spielen. Als Yessimbekow jedoch von der Baustelle erzählt, verdreht er leicht die Augen: «Es ist sehr schwierig, mit den Chinesen zusammenzuarbeiten. Ihr Stil ist noch sehr sowjetisch: Sie haben ihren Fünfjahresplan, und den ziehen sie knallhart durch. Bürokratisch und unflexibel sind sie.» Unwillkürlich drückt der Chefplaner die Ressentiments aus, die das massive Engagement der Chinesen in ihrem Land bei vielen Kasachen hervorruft. Sowjetische Propagandahetze gegen die «gelbe Plage» nach dem Bruch zwischen Chruschtschow und Mao Zedong in den späten fünfziger Jahren hat zähe Vorurteile verankert. Dazu kommt eine alte, auch rassistisch bedingte Angst vor Chinas Drang nach Lebensraum im Westen.

«Historisch hat China, zusammen mit Russland, immer auf Kosten der Kasachen gehandelt», sagt Yessimbekow. «Und jetzt sind die Chinesen wieder sehr aggressiv. Sie versuchen mit allen Mitteln, nach Kasachstan einzudringen.» Der Kasache fährt fort: «Und deswegen ist es sehr gut, dass die USA ihre Truppen in Zentralasien stationieren – sie halten die Chinesen draußen. Die Soldaten geben uns Sicherheit und machen den Chinesen und Russen klar, dass sich die Welt geändert hat. Die USA haben China jetzt militärisch umzingelt.» Er scheint die pessimistische Einschätzung des chinesischen Ölmanagers Chenghu zu bestätigen. Der Pipeline-Chefplaner grinst unverhohlen schadenfroh: «Wer glaubt denn überhaupt, dass es den Amerikanern in diesem so genannten Anti-Terror-Krieg um Osama Bin Laden geht?» Man müsse sich doch nur vor Augen halten, dass die kaspischen Energievorkommen nach denen des Golfs die zweitgrößten der Welt sind, um auf die wahren Motive zu kommen. «Es geht ihnen um uns, unser Öl wollen sie haben.»

Werden sie es bekommen? Yessimbekow zögert einen Moment, dann sagt er: «Durch Afghanistan könnte man die Pipeline jetzt auch wieder legen. Vielleicht subventioniert die UN den Bau.» Die amerikanische Regierung dränge allerdings noch immer darauf, dass das Kashagan-Öl mit Tanker nach Baku gebracht und dort in die Mittelmeer-Pipeline nach Ceyhan gespeist werde. «Das wäre sicher gut für unsere Tankerflotte, aber das Problem ist und bleibt das instabile Georgien. Ein verrückter Mann reicht doch, um die Pipeline lahm zu legen.» Für Yessimbekow bleibt ein Favorit übrig: die Persienroute. «Wir glauben, dass die Route durch den Iran am günstigsten und ökonomisch sinnvollsten wäre. Und wir werden uns für das entscheiden, was für Kasachstan am besten ist.»

Bislang hält sich Präsident Nazarbajew bedeckt und hat keine der vier Pipeline-Möglichkeiten ausgeschlossen. Ein westlicher Diplomat in Almaty berichtet: «Er erzählt jeder ausländischen Regierung immer das, was sie hören will. Kommen die Iraner zu ihm, schwärmt Nazarbajew von der persischen Route. Spricht er mit einem Amerikaner, glüht er vor Begeisterung für die Mittelmeer-Pipeline!» Nazarbajew hat auf einem Staatsbesuch in Indien Anfang 2001 sogar eine fünfte Route ins Spiel gebracht: durch ein befriedetes Afghanistan. Doch Kasachstan hat zweifellos die größten Sympathien für die Route durch den Iran. Astana kann es sich kaum leisten, mit einer Entscheidung für die Mittelmeer-Option sowohl Russland als auch den Iran zu verprellen. So hat Nazarbajew in Gesprächen mit der US-Regierung wiederholt auf die Amerikaner eingewirkt, damit sie ihren Widerstand gegen das Persienprojekt aufgeben. Der kasachische Präsident wird nicht vergessen haben, dass sich US-Vizepräsident Dick Cheney, als er noch Chef des Öllogistik-Konzerns Halliburton war, vehement für ein Ende der amerikanischen Wirtschaftssanktionen einsetzte.

Doch auch nach dem 11. September 2001, als sich ein zaghaftes Rapprochement zwischen den USA und dem Taliban-feindlichen Iran andeutete, ist Washington kompromisslos geblieben. Während eines Besuchs in Astana im Dezember 2001 bekräftigte US-Außenminister Colin Powell gegenüber Journalisten: «Ich sehe nichts in den Umständen nach dem 11. September, was mich veranlasst zu glauben, dass wir die amerikanische Haltung zu Pipelinerouten in Zentralasien ändern sollten.» Kaum hatte Powell das gesagt, griff sich Nazarbajew das Mikrophon und brüskierte seinen Gast öffentlich: Die iranische Pipelineroute «wäre die profitabelste und effizienteste» für Kasachstan und alle dort aktiven Ölkonzerne. Während Powell mit versteinerter Miene neben ihm stand, unterstrich der Autokrat seine Absicht, diese Pipeline zu bauen.[24] Wenig später bezeichnete US-Präsident Bush in einer Rede vor dem Kongress den Iran als Teil einer «Achse des Bösen» – ein Warnschuss auch für Astana.

Auch die erwähnte Medienkonferenz seiner Tochter Dariga nutzt Nazarbajew, um Öldiplomatie zu betreiben. Er lädt den iranischen Präsidenten Mohammed Khatami, der gerade auf Staatsbesuch in Kasachstan weilt, ein, eine Rede vor der Plenarversammlung zu halten. Der Perser erscheint, gekleidet in klassisch braunem Mullah-Gewand und schwarzem Turban – fast das gesamte Diplomatische Korps, auch der US-Botschafter, hat sich eingefunden. Mit der Formel «Bismillah rahman rahim!» – Im Namen Allahs, des Gnädigen, des Barmherzigen – beginnt Khatami zu sprechen, wie immer huldvoll lächelnd. Dann geißelt er die Rolle der USA im Nahen Osten und warnt vor einer unipolaren Welt. Nazarbajew nickt mehrmals kräftig. Der amerikanische Botschafter verlässt nach der Rede kommentarlos das Hotel.

Ein hoher kasachischer Regierungsbeamter, der die Szene beobachtet, kommentiert nüchtern: «Die Amerikaner begreifen nicht, dass sie für uns keine Nachbarn sind, auch nicht Verwandte. Nur reiche, mächtige Leute, mit denen man sich gut stellen muss, die aber sehr weit weg wohnen.» Die Vereinigten Staaten entwickelten sich zu einer zunehmend imperialistischen Supermacht, glaubt der Kasache. «Wir Kasachen mögen die Amerikaner nicht, wir fürchten sie höchstens. Ihre Freundschaft suchen wir nur, weil es immer nützlich ist, auf der Seite der Gewinner zu sein. Im Herzen aber sind wir mit den Schwachen.»

Am selben Tag bezeichnet Khatami die Präsenz amerikanischer Truppen in Zentralasien als «Erniedrigung» der Region. Worüber Nazarbajew und der iranische Präsident auf dem Staatsbesuch sprechen, wird offiziell sehr diskret behandelt. Auch Maulen Ashimbajew, ein enger Mitarbeiter des kasachischen Präsidenten, wehrt zunächst ab, als ich ihn um Auskunft bitte. Der 31-jährige Direktor des kasachischen Instituts für strategische Studien berät Nazarbajew in außenpolitischen Fragen und ist Mitglied im Nationalen Sicherheitsrat. «Natürlich haben die Herren Präsidenten über die Pipeline durch den Iran gesprochen», räumt Ashimbajew schließlich ein. «Die Iraner wollen damit aus ihrer politischen Isolation heraus, auch Präsident Nazarbajew ist an dem Projekt sehr interessiert.»

Im Vergleich zur Mittelmeer-Pipeline durch den Kaukasus sei die persische Option ökonomisch sinnvoller. «Die amerikanischen Wirtschaftssanktionen gegen den Iran sind da für uns natürlich nicht hilfreich. Wir versuchen den Amerikanern das klar zu machen, doch sie bleiben stur.» So müssten das Projekt europäische Firmen finanzieren, die sich nicht an die amerikanischen Sanktionen gegen den Iran gebunden fühlten. Der französische Ölkonzern TotalFinaElf, der im Ringen um die Kashagan-Führerschaft unterlegen war, erstelle bereits eine Machbarkeitsstudie. Plötzlich lässt Ashimbajew eine Bombe platzen: «Außerdem verhandeln wir gerade mit dem russischen Konzern Lukoil. Er ist sehr interessiert, in die Iran-Pipeline zu investieren.» Lukoil ist der größte Ölkonzern in Russland und gilt als verlängerter Arm russischer Außenpolitik. Mit diesem Deal würde sich Moskau, im Team mit Teheran, im Pipelinepoker ganz nach vorne spielen.

Die Vereinigten Staaten haben jedoch reagiert. Ashimbajew klagt, Washington übe gewaltigen diplomatischen Druck auf das Nazarbajew-Regime aus, die Finger vom Iran zu lassen: «Implizit droht man uns damit, Sanktionen gegen kasachische Firmen zu erlassen, die Opposition in London zu unterstützen und wieder mehr über Menschenrechte zu reden.» Eben die traditionellen Machtinstrumente der USA seien das. Dann blickt der Berater Nazarbajews kurz über seine Schulter und flüstert mir zu: «Und das US-Justizministerium könnte natürlich jederzeit das Untersuchungsverfahren gegen unseren Präsidenten forcieren. Das wäre sehr ärgerlich.»

Einige Zeit später sitze ich in der Abflughalle des Airports von Almaty und warte auf die Maschine der Iran Air, die einmal in der Woche von hier aus nach Teheran fliegt. Die Tupolew-154 steht bereits vor dem Terminal, doch der Tower hat den Start um mehrere Stunden verschoben. Die Abflughalle ist überfüllt und die Stimmung gereizt. Neben mir sitzt ein Perser, offenbar Geschäftsmann. Er trägt einen Anzug, der durch das stundenlange Warten auf den harten Sesseln bereits übel zerknautscht ist. Wir kommen ins Gespräch. Was er denn in Almaty gemacht habe, möchte ich wissen. Kurz mustert der Mann mich und überlegt offenbar, ob er mir trauen kann. Doch die Solidarität mit einem Schicksalsgenossen scheint über das Misstrauen zu siegen. Er neigt sich leicht zu mir rüber und sagt: «Ich bin ein Ölmann. Wir haben gerade mit der kasachischen Regierung über ein wichtiges Geschäft gesprochen.»

PERSISCHE TRÜMPFE: DER IRAN

Tief in der Nacht, mit sieben Stunden Verspätung, landen wir in Teheran. So unsanft setzt die Tupolew der Iran Air auf, dass einige Taschen aus den Gepäckfächern auf die Passagiere purzeln. «Goodbye, we are sorry!», sagen die zwei Stewardessen am Ausgang der Maschine zu jedem der ins Freie tretenden Reisenden. Die meisten raunen gereizt zurück. Dabei gaben sich die Frauen, gekleidet in dunkler Airline-Uniform inklusive Kopftuch, alle Mühe, die nervtötende Warterei in Almaty vergessen zu machen. Pausenlos lächelnd, brachten sie jedem, der wollte, noch einen dritten und vierten Orangensaft. Nur Coca-Cola fehlte im Angebot.

Hamid Honarvar, der Ölmann, war seit unserem ersten Wortwechsel in der Abflughalle in Almaty nicht von meiner Seite gewichen. Auch im Flughafen von Teheran begleitet mich der groß gewachsene, dunkle Mann mit dem Struppelbart durch Passkontrolle und Zoll. Mit einem freundlichen Lächeln stempelt der Grenzbeamte das Visum für die «Islamic Republic of Iran». Als meine Reisetasche in der Gepäckausgabe auf sich warten lässt, bleibt Honarvar eine geschlagene Stunde neben mir, bis sie endlich auftaucht. Vor der Empfangshalle sucht der Teheraner einen ehrlichen Taxifahrer und handelt mit ihm einen fairen Preis für mich aus. Der Händedruck zum Abschied ist fest und lang. Bevor er im Gewimmel von Taxifahrern und Autos verschwindet, sagt Honarvar mit verschwörerischer Stimme: «Vergessen Sie nicht, was ich Ihnen gesagt habe. Sie werden sich an meine Worte erinnern.»

Während der Taxifahrt zum Hotel im Süden Teherans muss ich an meine wundersam zufällige Begegnung mit Honarvar denken. Im Flughafen von Almaty hatte ich lange keine Ahnung, wer dieser Mann in Wahrheit war. Erst im Verlauf des Gesprächs dämmerte mir, dass der Perser mit dem zerknitterten Anzug einer der gewieftesten Spieler im neuen «Great Game» ist: Hamid Honarvar, Teherans Agent für brisante Öl-Deals in Zentralasien. Der Perser ist kein Mann im Rampenlicht, sondern zieht die Fäden hinter den kaspischen Kulissen. Von einem Büro in London aus vertritt Honarvar das Land, das immerhin der fünftgrößte Erdölexporteur der Welt ist. Er bewegt das Milliardenbudget der National Iranian Oil Company (NIOC), des staatlichen Ölkonzerns, mit einem festen Ziel: die Rohstoffpläne der Amerikaner am Kaspischen Meer zu durchkreuzen.

Honarvar kennt seine Gegner gut. Wie so viele der Mächtigen im Iran, hat der Sohn eines Lehrers in den siebziger Jahren in den USA studiert, ausgerechnet im Ölstaat Texas. An der Southern Methodist University in Dallas, deren Initialen SMU schon damals mit «Super Millionaire University» übersetzt wurden, schrieb der junge Hamid sich für Computerwissenschaften ein: «Wir waren Hunderte iranischer Studenten an der Universität. Damals, als die USA noch mit dem Schah-Regime verbündet waren, war es eine Kleinigkeit, ein Visum zu bekommen.» Auch die erzkonservative ehemalige Privatuniversität wurde in jenen Jahren politisiert, und schon bald schloss sich der Student einer Bewegung an, die den Sturz der Pahlevi-Monarchie in der Heimat forderte. «Da wurde ich zum Antiamerikaner. Mir wurde bewusst, was für Imperialisten die Amerikaner sind und wie sie unser Land kontrollieren.» Wie so viele Exiliraner konnte Honarvar der US-Regierung ihre Rolle im Putsch von 1953 nicht verzeihen: Zwei Jahre zuvor war der 70-jährige linksgerichtete Nationalist Mohammed Mossadeq im Iran an die Macht gekommen und hatte soziale und wirtschaftliche Reformen in Angriff genommen. Als erstes wurde die Anglo-Iranian Oil Company, eine Tochter von British Petroleum, verstaatlicht, die über Jahrzehnte als Monopolist den Ölreichtum des Landes ausgebeutet hatte. Doch die Ölindustriellen nahmen Rache für die Enteignung. Als der Schah im Jahre 1953 kurzzeitig aus dem Land floh, glückte der CIA ein Coup gegen den Reformer Mossadeq. Die Ölindustrie wurde wieder privatisiert, doch nun regierten amerikanische Konzerne.

Als Gegenleistung ließ der Schah 1964 ein Gesetz verabschieden, das US-Soldaten im Lande Schutz vor Verhaftung und Straffreiheit zusicherte. Ayatollah Khomeini, der charismatische Führer der geistlichen Opposition, protestierte scharf – und musste ins Exil, erst in die Türkei, später nach Frankreich.

Die Ölkrise von 1974 leitete das Ende der Monarchie ein. Innerhalb eines Jahres stiegen die staatlichen Einnahmen aus dem Petrolgeschäft von vier auf zwanzig Milliarden Dollar. Aber der verschwendungssüchtige Diktator reichte den neuen Reichtum an amerikanische Waffenhändler weiter, die ihm hochmodernes Kriegsgerät buchstäblich in die Wüste stellten. Die Petrodollars wanderten in die Taschen einer kleinen Elite. Die Opposition wurde brutal unterdrückt. Washington sah weg, zu wichtig war der Iran als Öllieferant und kapitalistischer Verbündeter im Kalten Krieg.

Im November 1978 verhängte der Schah das Kriegsrecht im Land und ließ Hunderte Demonstranten erschießen. Nun verlor das Regime auch im Westen an Unterstützung, und die Opposition wuchs von Tag zu Tag. Honarvar begann, sein Studium zu vernachlässigen und Demonstrationen gegen den Schah zu organisieren. «Es war eine aufregende Zeit. Zehntausende kamen auf unsere Demos überall in Texas. Ich hielt Reden, in denen ich die Ausbeutung des Irans durch Amerika anprangerte», erinnert er sich mehr als zwanzig Jahre später. Im Dezember 1978 brach schließlich die Revolution aus. Honarvar entschied sich, seine

Doktorarbeit abzubrechen, um den Kampf im Iran zu unterstützen. «Ich flog nach Teheran, wenige Tage bevor der Schah aus dem Land flüchtete. Wir hatten gewonnen.» Am 1. Februar 1979 brachte ein Flugzeug aus Paris den Ayatollah Khomeini zurück in sein Land, wo er von Millionen begeisterter Anhänger begrüßt wurde. Genau zwei Monate später ließ sich Khomeini zum obersten Führer der ersten islamischen Republik der Welt ausrufen.

Für den damals 27-jährigen Honarvar und seine Mitstreiter aber war der Kampf noch nicht zu Ende. Getreu Khomeinis Schlachtruf, dass nach der Revolution die Revolution komme, schloss er sich den 400 «Revolutionären Wächtern» an, die im November 1979 die amerikanische Botschaft stürmten und 52 Diplomaten und Angestellte 444 Tage lang als Geiseln hielten. «Eigentlich wollten wir sie nicht so lange festhalten, aber es waren viele Spione darunter und Agenten, die einen Gegenschlag planten», rechtfertigt Honarvar die Geiselnahme, während er seinen struppigen Vollbart kratzt. In den braunen, fröhlichen Augen ist keine Spur von Reue. «Wir konnten nicht vergessen, dass der amerikanische Botschafter unsere Regierung jahrelang herumkommandiert hatte. Es war die Rache für die Ausbeutung.»

Ob es denn überhaupt irgendetwas an den USA gegeben habe, was ihm gefiel, möchte ich wissen. Wie auf Kommando kommt die überraschende Antwort: «Ja, alles!» Ein Strahlen geht über das Gesicht des alten Revolutionärs. «Ich habe Amerika geliebt. Es ist ein großartiges Land, für mich war es das Land der Möglichkeiten.» Als er meine Verblüffung bemerkt, fährt er fort: «Unsere Revolution damals richtete sich doch nicht gegen Beziehungen mit dem Westen und den USA an sich, sondern gegen den ungerechten Charakter, den diese Beziehungen hatten!» Wie die meisten Iraner habe er nichts gegen das amerikanische Volk, nur gegen die Regierung, die von Zionisten und Imperialisten gekapert worden sei. Viele amerikanische Freunde habe er als Student gehabt, sie aber alle aus den Augen verloren. «Vielleicht werde ich irgendwann mal im Internet nach ihnen suchen.»

Es ist Zeit fürs Gebet. Honarvar holt einen kleinen Teppich aus seiner Reisetasche, schlendert in eine ruhige Ecke der Wartehalle und breitet ihn aus. Seinen schwarzen Aktenkoffer stellt er in Griffnähe neben sich. Bevor er sich niederkniet, konsultiert er zwei Männer, die kasachisch aussehen, in welcher Richtung Mekka liege. Die Kasachen beraten sich ausgiebig und empfehlen, den Teppich noch etwas nach rechts zu drehen. Der Perser dankt ihnen, geht in die Knie und beginnt mit leiser Stimme Allah zu preisen. Die umsitzenden Menschen, fast alles Kasachen, beobachten ihn neugierig oder verstohlen. Einige sehen weg, offenbar betreten über die offene muslimische Frömmigkeit, die den meisten Zentralasiaten nach siebzig Jahren sowjetischem Atheismus auch heute noch fremd bleibt. Während er betet, fällt mir auf, dass Honarvar zu keinem Zeitpunkt den schwarzen Aktenkoffer aus den Augen lässt.

Nach zwanzig Minuten kommt er lächelnd zurück. Den kleinen Koffer hält er weiter unter seinem Arm. Ich werde neugierig über den Inhalt. «So wie Sie den Koffer hüten, muss ja viel Geld drin sein», sage ich etwas provozierend. Honarvar macht ein geheimnisvolles Gesicht und antwortet: «Nicht ein Dollar, nur Dokumente!» Mit einem lauten Schnalzen lässt er den Verschluss aufspringen und öffnet den Koffer. Tatsächlich sind nur Akten zu sehen. Nach drei Sekunden klappt der Ölmann den Deckel wieder zu und lächelt zufrieden. Er lehnt sich zu mir: «Noch ist es nicht offiziell, aber die Gespräche hier waren sehr erfolgreich. Wir werden einen großen Öltausch mit den Kasachen machen. 100 000 Barrel pro Tag, und das ist erst der Anfang.» Ich traue meinen Ohren nicht, wenn diese Nachricht wahr ist, ist sie sensationell. Die kasachische Regierung und womöglich auch westliche Ölkonzerne setzen sich über die Mahnungen aus Washington, nicht mit dem Iran zu handeln, einfach hinweg!

Schon vor Jahren hat Teheran den zentralasiatischen Ländern den Vorschlag gemacht, Öl zu tauschen. Die Idee ist einleuchtend: Der Iran besitzt zwar riesige eigene Ölvorkommen, aber sie liegen alle im Süden des Landes. Gebraucht wird verarbeitetes Öl aber 800 Kilometer weiter im Norden, wo 80 Prozent der 70 Millionen Einwohner leben. Sie verbrennen pro Tag etwa 1,4 Millionen Barrel Öl. Bislang muss diese Menge durch Pipelines quer durch die Wüste nach Norden gepumpt werden – ein mühsames und kostspieliges Unternehmen. In Zukunft sollen Tanker das Erdöl aus Kasachstan über das Meer in den iranischen Hafen Neka bringen. Dort würde es in Raffinerien verarbeitet und im Norden Irans, besonders in der Millionenstadt Teheran, verbraucht. Gleichzeitig holen von Kasachstan bestellte Schiffe eine gleichwertige Menge Öl von iranischen Terminals am Persischen Golf ab und bringen sie zu den Weltmärkten. Dort reißt man sich um das leichte, schwefelarme Wüstenöl aus dem Iran. Von dem Öltausch würden beide Seiten profitieren: Der Norden Irans würde mit Energie versorgt und Kasachstan müsste nicht auf teure Pipelines warten.

Bereits im Mai 1996 flog Nazarbajew nach Teheran und vereinbarte mit dem damaligen iranischen Präsidenten Hojjat-ol-Eslam Rafsandschani eine Serie von Öltauschgeschäften. Ein knappes Jahr später brachten 18 Tanker vom kasachischen Hafen Aktau die erste Ladung, jeweils 5000 Tonnen, nach Neka. Es sollte vorerst die einzige bleiben. Offiziell begründeten beide Regierungen den plötzlichen Stopp der Lieferungen damit, dass die iranischen Raffinerien zunächst technisch nachgerüstet werden müssten, um den hohen Schwefelgehalt im kasachischen Öl verkraften zu können. Allerdings dürften auch politische Gründe eine Rolle gespielt haben: Nachdem der Deal ruchbar geworden war, hatten amerikanische Diplomaten heftig Druck auf die kasachische Regierung gemacht, die Sache abzublasen. Die USA werfen dem Iran vor, Massenvernichtungswaffen zu bauen, den internationalen Terrorismus zu unterstützen und den Friedensprozess im Nahen Osten zu sabotieren. Daher müsse Kasachstan mithelfen, mahnten die US-Diplomaten, dem Mullah-Regime jede Möglichkeit zu beschneiden, diese Aktivitäten zu finanzieren. Sonst würde Kasachstan ernste Schwierigkeiten mit den USA zu erwarten haben.

Doch nicht nur gegen die kasachische Regierung richtete sich die Intervention Washingtons. Zwei Jahre zuvor hatte der amerikanische Kongress Wirtschaftssanktionen gegen den Iran verhängt, die es amerikanischen Firmen verbieten, Geschäfte mit diesem Land zu machen. Die Sanktionen untersagen ausdrücklich Tauschgeschäfte mit Öl. Auch europäischen Unternehmen, die im Iran investieren, droht ein Zusatzgesetz, der so genannte «Damato Act», mit empfindlichen Strafen in den USA. Das Öl, das die Kasachen mit dem Iran tauschen wollten, stammte vom Tengiz-Feld, an dem der Staat zu jener Zeit nur noch ein Viertel aller Anteile hielt. Der Löwenanteil gehörte den amerikanischen Konzernen Chevron und Mobil. Das amerikanische Handelsministerium hatte verschiedene Hinweise, dass Mobil sich illegal über Mittelsmänner und Zwischenfirmen an dem Tauschgeschäft mit dem Iran beteiligte. So ernst nahm Washington die Angelegenheit, dass Sheila Heslin, Mitglied des Nationalen Sicherheitsrats, Mobil-Manager vorlud und ihnen mit strafrechtlichen Konsequenzen drohte. Wenig später platzte der Deal mit dem Iran.[25]

Nun soll es zu einer Neuauflage kommen. Enorme 100 000 Barrel pro Tag werden die Iraner noch in diesem Jahr abnehmen, schon 2005 sollen es 500 000 Barrel sein. Honarvar strahlt über das ganze Gesicht: «Die Kasachen sind sehr empfänglich für unsere Vorschläge. Sie sind von den Amerikanern enttäuscht, die haben sie immer wieder über den Tisch gezogen. Die Kasachen haben doch damals ihre besten Ölfelder aus den Händen gegeben, nur um etwas Cash zu bekommen.» Nachdem die USA sich mit dem Iran eine blutige Nase holten, führt der Perser aus, hätten sie ihre Methoden geändert, andere Länder zu dominieren.

Statt direkter politischer Befehle würden Amerikaner nun Kne-belverträge abschließen. «Das haben die Kasachen inzwischen erkannt, und sie bereuen, dass sie bislang alles auf ein Pferd ge-setzt haben. Jetzt suchen sie neue Freunde, und keiner liegt da näher als der Iran.» Der Lautsprecher in der Wartehalle knackt, und eine weibliche Stimme teilt uns mit, dass der Flug nach Te-heran nun bereit zum Einsteigen sei. Erleichtert nehmen wir un-ser Gepäck und gehen zur Maschine vor dem Terminal. Es gießt in Strömen.

Auch während des Flugs wird Hamid Honarvar nicht müde, von seinem Verhandlungserfolg in Astana zu erzählen. «Wenn wir richtig anfangen, Business mit den Kasachen zu machen, gibt es nichts, was die Amerikaner dagegen tun können.» Aus Ver-zweiflung darüber habe Washington nun zum letzten Mittel ge-griffen und Truppen nach Zentralasien geschickt. Honarvar ist sich nicht zu schade, nun zwanzig Minuten lang abstruse Ver-schwörungstheorien aufzustellen. Alle laufen darauf hinaus, dass die US-Regierung die Terroranschläge vom 11. September 2002 selbst angeordnet habe, um einen Vorwand für den Krieg gegen Afghanistan und die Stationierung von Militär in der Re-gion zu haben.

Wie in der arabischen Welt, grassieren derlei Verdächtigun-gen natürlich auch im Iran. Warum die amerikanische Regierung – angenommen, sie nähme wirklich den Mord an Tausenden ih-rer Bürger und den weltweiten Prestigeverlust beim Einsturz des World Trade Centers in Kauf – absichtlich ihr eigenes Verteidi-gungsministerium angreifen sollte, konnte Honarvar allerdings auch nicht plausibel erklären. Aber er ist überzeugt: «Wir Iraner sind gefährlich für die USA, weil wir als einzige in der Region ihre Herrschaft nicht hinnehmen. Die US-Sanktionen gegen uns tun uns weniger weh als der amerikanischen Wirtschaft selbst.» Kasachstan befreie sich nun von der amerikanischen Koloniali-sierung, Irans nördlicher Nachbar Aserbaidschan freilich sei noch fest in der Hand der USA. Freimütig räumt Teherans Ölagent ein: «Da habe ich bislang nichts ausrichten können. Alle meine Missionen nach Baku, um mit den Aseris über Öltauschgeschäfte zu sprechen, sind fehlgeschlagen.» Aserbaidschan setze voll auf die Pipeline nach Ceyhan. Aber sie werde die größte Ruine der Industriegeschichte werden, kündigt Honarvar an, denn Teheran werde die Pläne zu durchkreuzen wissen. Mehr könne er dazu nicht sagen, fügt der Perser hinzu, das sei nicht seine Aufgabe. Er gibt mir einen Zettel, auf dem ein Name und eine Telefonnummer stehen: «Suchen Sie diesen Mann in Teheran auf und bestellen Sie ihm Grüße von mir. Vielleicht wird er Ihnen mehr verraten.» Der Name auf dem Zettel: Kasaei Zadeh, Planungsdirektor von NIOC.

Als ich am nächsten Morgen aus dem Hotel trete, überfällt mich ein Lärmgewirr aus hupenden Autos, Fahrergeschrei und Lkws, die mal quietschend bremsen und dann schnaufend wieder anfahren. Der Verkehr in Teheran ist legendär. Fast jeder der 14 Millionen Einwohner scheint einen Peyhan-Kleinwagen zu besitzen und damit immerfort die Stadt zu durchqueren. Peyhan ist das persische Wort für «Pfeil» – absurd angesichts des lähmenden Dauerstaus auf Teherans Straßen. Auf der Ferdosi-Avenue, die nachts zuvor das Taxi vom Flughafen noch problemlos runtergebraust war, geht nichts mehr. Fast nichts. Ein Meter Straße wird frei, schon stürzen sich Peyhans von mehreren Seiten in die Lücke, und die Fahrer beschimpfen einander. Dazwischen schießt wie aus dem Nichts ein Motorradfahrer, der in die falsche Richtung fährt. Er trägt einen Mundschutz gegen die Abgase.

Dabei trägt an diesem Morgen ein sanfter Wind den sonst unerträglichen Smog aus der Stadt. Die Sicht ist klar, und im Norden Teherans strahlen die gewaltigen, noch schneebedeckten Alborz-Berge. Es ist einer der ersten Frühlingstage, warm scheint die Sonne auf die Passanten, die an den Geschäften der Ferdosi-Avenue vorbeischlendern. Die Kirschbäume zwischen den Gebäuden treiben erste Blütenknospen.

Am Ende der Avenue, in der Mitte eines Kreisels, steht das Denkmal des Volksdichters Ferdosi, dem Homer der Perser. Als die persische Kultur im 10. Jahrhundert zunehmend arabisiert wurde, wählte Ferdosi die Farsi-Sprache für seine Gedichte und gilt deshalb heute als ihr Retter. Dreißig Jahre schrieb der Poet an seinem berühmten Werk *Schahnameh*, dem «Buch der Könige», das am Ende mit 50 000 Versen den achtfachen Umfang der homerischen *Ilias* besaß. Es handelt von den Taten arisch-persischer Helden vor dem Siegeszug des Islam. Als die Mullahs nach der Revolution von 1979 die Macht im Iran übernahmen, war das Ferdosi-Denkmal eines der wenigen, das sie nicht zu stürzen wagten. Obwohl ihnen die heidnischen Heldensagen im Werk des Dichters zu Recht als unislamisch galten, mussten sie seine Bedeutung als nationaler Sinnstifter anerkennen.

Zwanzig Jahre später ist der Schwung der islamischen Revolution längst erlahmt, und niemand würde das Denkmal heute noch anrühren. Längst gehört das *Schahnameh* wieder zur Pflichtlektüre iranischer Schüler. Mehr denn je repräsentiert Ferdosi das, was der Nationalist Charles de Gaulle, der auch von der Sowjetunion immer nur als Russland sprach, das «ewige Persien» genannt hätte.

Natürlich hat die islamische Revolution das Volk mit ihren eigenen Helden versorgt: Entlang den Hauptstraßen ist das überlebensgroße Porträt des Imam Khomeini auf fast jede freie Hauswand gemalt. Würdevoll und streng wie eine alttestamentarische Figur blickt der Ayatollah auf sein Volk herunter. Wie blass und uninspirierend wirkt daneben das bebrillte Antlitz des Ayatollah Ali Khamenei, der Khomeini nach dessen Tod im Juni 1989 als oberster geistlicher Führer nachfolgte. Neben den beiden Porträts sind an einigen Wänden Märtyrer und blutige Szenen aus dem Krieg gegen den Irak abgebildet, bei dem von 1980 bis 1988 eine Million Soldaten fielen. Mit großen, fast anklagenden Augen blicken die Schuhada, die toten Helden, auf Passanten herab, als wollten sie an ihr Schicksal erinnern.

«TOD DEN USA!»

Am Eingangstor zur Universität von Teheran sind die Flaggen der USA und Israels auf den Asphalt gemalt, damit Studenten sie jeden Tag mit Füßen treten können. Die meisten der Jungen und Mädchen, die an diesem Morgen durch das Tor gehen, machen allerdings, ob bewusst oder nicht, einen Bogen um die verblichenen Nationalfarben. Auch ein Banner, das am Gitter hängt und die Aufschrift «Tod den USA!» trägt, wird kaum beachtet. Auf dem Campus, der mit Bäumen und Springbrunnen wie ein großzügiger Park angelegt ist, sitzen Studenten in Gruppen auf Bänken oder auf dem Rasen. Einige unterhalten sich angeregt, andere büffeln in Lehrbüchern für das kommende Examen. Unter ihnen sind auffällig viele Mädchen, die die Mehrzahl der hier eingeschriebenen Studenten stellen. In einigen Fakultäten, wie etwa die der Naturwissenschaften und Mathematik, sind mitunter bis zu 70 Prozent der Studenten weiblich. Allerdings werden die Geschlechter in streng getrennten Hörsälen unterrichtet.

Alle jungen Frauen auf dem Campus sind in den Tschador gehüllt, das schwarze Gewand, das den gesamten Körper bis zu den Füßen bedeckt. Darunter allerdings tragen viele von ihnen modische Turnschuhe und Blue Jeans. Teure und trendige Sonnenbrillen gehören ebenso zu den notwendigen Accessoires wie Mobiltelefone. Das Kopftuch, mit dem Frauen im Iran ihr Haar bedecken müssen, haben viele Studentinnen weit aus der Stirn geschoben, was den Blick auf viel schönes, langes Haar freigibt. Undenkbar noch vor wenigen Jahren, als die Religionspolizei jede sichtbare Locke mit Peitschenhieben bestrafte, testen die Frauen in den Straßen Teherans immer weiter aus, wie tief das Kopftuch in den Nacken rutschen darf. Andere wiederum hüllen ihr Haupt in dünne Seidentücher, durch die die dunkle Pracht umso verführerischer schimmert. Dazu schminken viele Mädchen ihre Gesichter und tragen großzügig Lidschatten auf. Auch heute ist dieses Verhalten nicht ohne Risiko: Noch immer werden Frauen, die nach Ansicht der Ordnungshüter zu weit gehen, verhaftet und zu Geldstrafen verurteilt. Im Juli 1999 stürmten Polizisten das Wohnheim der Universität und prügelten wahllos auf Studenten ein, wobei ein junger Mann starb. Um solche Vorfälle fortan zu vermeiden, beschloss die Majlis, das iranische Parlament, ein Jahr später, dass Polizisten vor Betreten des Universitätsgeländes den Rektor um Erlaubnis bitten müssen.

Trotz vieler Rückschläge sind die aufblühenden Gesichter iranischer Frauen das unübersehbare Zeichen für den Wandel, der derzeit das Land erfasst. Er begann im Jahre 1997, als der gemäßigte Mullah Mohammed Khatami mit 69 Prozent der Stimmen überraschend zum Präsidenten gewählt wurde. Seine Wähler waren vor allem junge Menschen, die unzufrieden sind über die wirtschaftliche und kulturelle Verknöcherung des Landes unter dem Mullah-Regime. Die Hälfte der Bevölkerung des Irans ist nach der Revolution geboren, also heute nicht älter als 23 Jahre. Ein Viertel von ihnen ist arbeitslos. Diese unzähligen jungen Menschen, die auch das Straßenbild Teherans bestimmen, kennen nichts anderes als das gegenwärtige System. Sie messen die Politik ihrer Führer nicht mehr an der Gewaltherrschaft des Schah-Regimes, die sie nie erlebt haben. Seit ihrer Wahl hat sich die Regierung Khatamis, des sanft wirkenden Mannes mit dem unnachahmlichen Lächeln, bemüht, durch liberale Reformen die schlimmsten Exzesse der islamischen Revolution einzudämmen. Religiöse Gesetze wurden gelockert und mehr demokratische Freiheitsrechte für die Bürger eingeführt. Im Jahre 2001 wurde Khatami mit großer Mehrheit wiedergewählt.

Allerdings hat der Präsident einen mächtigen Gegenspieler: den obersten geistlichen Führer Khamenei. Hinter ihm steht der islamische Wächterrat aus erzkonservativen Mullahs, die jede kulturelle Liberalisierung als westliche Dekadenz verurteilen. Der Wächterrat, der die Sicherheitskräfte des Landes kontrolliert, hat bislang alle Gesetze und jede Entscheidung der Regierung, die ihm zu fortschrittlich erschien, gestoppt. Auch in der weitgehend verstaatlichen Wirtschaft des Landes sind alle Machtpositionen von Mullahs besetzt. Dutzende reformorientierter Zeitungen wurden eingestellt, ihre Redakteure verhaftet. Mehrere Intellektuelle, die mit Khatami sympathisierten, sind seit 1998 ermordet aufgefunden worden. Der Iran ist wohl das einzige Land der Welt, in dem die Opposition vom Staatspräsidenten angeführt wird. Der erbitterte Machtkampf zwischen den beiden Parallelregierungen hat sich mittlerweile festgefahren und lähmt zunehmend das politische und gesellschaftliche System des Irans. Das Kopftuch lässt sich eben nur bis zu einem bestimmten Grad nach hinten schieben. Entweder bleibt es dort – oder es fällt. Noch jedoch würde keine Frau im Iran in der Öffentlichkeit wagen, es ganz abzulegen.

Auch für Amir Loghmany ist das Kopftuch ein Gradmesser für die Stimmung im Lande. Der langjährige Politikchef von *Hamshari*, der größten Tageszeitung im Iran, erinnert sich: «Früher, unterm Schah, haben sich viele junge Frauen absichtlich mit Kopftüchern verhüllt, um ihre Unterstützung für die Revolution auszudrücken. Heute wollen sie sie wieder loswerden.» Dabei sieht der schmächtige, elegant gekleidete Mann, der als einer der angesehensten Politikkenner im Iran gilt, zu vier Mädchen herüber, die vor uns stehen und sich kichernd gegenseitig die Lippen rot anmalen. «Das Land ist lebendig, und die Gedanken drehen sich. Dafür ist der Kopf ja auch rund und nicht viereckig.»

Wir sind in Darband, einem beliebten Ausflugsort im Norden Teherans. Hier oben, am Fuße der ersten Alborz-Ausläufer, ist die Luft frisch und frei von den Abgasen der Stadt. Es ist Freitag, der heilige Tag, und Tausende junger Menschen schieben sich auf engen Wanderwegen entlang einem Gebirgsbach eine Schlucht hinauf. Viele von ihnen sind mit teuren Geländewagen gekommen; sie sind die Sprösse der wohlhabenden, alteingesessenen Familien aus den feinen nördlichen Stadtteilen. «Sie kommen hierher in die Berge, um Spaß zu haben», erzählt Loghmany, der mit seinem spitzbübischen Gesicht und grauem, länglichem Haar an Bani-

Sadr, den ersten Präsidenten des Irans nach der Revolution, erinnert. «Je höher sie hier klettern, desto mehr Dinge können sie tun, die unten in der Stadt streng verboten sind. Hier oben wagt sich kein Mullah mehr hin.» Auf einer Holzbrücke über dem reißenden Bach steht ein junges Paar, das sehr verliebt aussieht und Händchen hält. Das Kopftuch des Mädchens hängt ihm lose um den Hals, sein volles, schwarzes Haar ist zu einem Zopf geflochten. Loghmany lächelt: «Noch zweihundert Meter weiter oben, und sie können sich küssen. Und wenn sie ein geschütztes Plätzchen hinter einem Felsen finden, wer weiß ...?»

Hinter dem Pärchen marschiert eine Gruppe junger Männer vorbei, die Jeans und Lederjacken tragen. Einer hat einen Ghettoblaster geschultert, aus dem laute Rockmusik plärrt. Was sie von rebellischen Jugendlichen im Westen in den sechziger Jahren allerdings auffallend unterscheidet, sind die Gesichter. Alle sind sorgfältig rasiert, Bärte tragen im Iran schließlich die Machthaber. Mehr als 75 Prozent aller Jugendlichen im Iran beten nicht mehr, fand jüngst eine Umfragestudie heraus, die die geschockte Regierung selbst in Auftrag gegeben hatte. Moscheen gibt es in Teheran viel weniger als etwa in Kairo oder Amman, nur ganz selten ist hier der Ruf des Muezzins zu hören. «Die jungen Leute lassen sich nicht mehr alles gefallen, und sie wenden sich vom Islam ab. Im Grunde ist der Iran eine säkuläre Gesellschaft, nicht einmal die Mullahs glauben noch an alles, was sie predigen», meint Loghmany und rückt seine dünnrandige Brille zurecht. Hinter ihr blitzen hellwache und zugleich warme, kluge Augen. «Indem man den Islam zur politischen Staatsideologie erhob, hat man ihn als authentische Religion im Iran praktisch zerstört.»

Der 55-Jährige spricht fehlerfreies Deutsch. Fünfzehn Jahre lang, von 1963 bis 1978, hat der Sohn eines wohlhabenden Arztes und Diplomaten in Würzburg, Frankfurt und Basel studiert und gearbeitet. In Frankfurt begeisterte sich der Politikstudent für die Frankfurter Schule, besuchte Vorlesungen von Theodor

Adorno und Max Horkheimer. «Wir waren ja damals alle Idea-listen, in den Sechzigern, aber das hat dann ja alles gar nicht ge-stimmt», resümiert Loghmany heute seine Vergangenheit als 68er nüchtern. Von den Partys und aufgeschlossenen Mädchen in Studentenwohnheimen in Frankfurt allerdings hat er bis heu-te nicht eine vergessen. «Es war eine wilde Zeit.» Wie Ölmann Hamid Honarvar in Texas schloss sich der junge Amir früh der Exilopposition gegen Reza Pahlevi an, sehr zum Ärger seines monarchistischen Vaters. Als der Schah im Jahre 1967 auf Staatsbesuch in Deutschland war, demonstrierte er mit Tausen-den in Berlin. Nur wenige Meter von ihm entfernt wurde an je-nem Tag Benno Ohnesorg von Polizisten erschossen.

Mehrmals besuchte Loghmany, inzwischen promovierter Po-litologe, den Ayatollah Khomeini in seinem Pariser Exil. «Er war sehr unnahbar und hatte immer eine rätselhafte Aura um sich.»

Ende 1978 kehrte Loghmany in den Iran zurück, um den Volksaufstand gegen den Schah zu unterstützen. «Unsere Revo-lution war eine soziale, keine religiöse. Wir wollten ja das Para-dies auf Erden erschaffen. Aber dann ging alles viel zu schnell, und eine völlig unnötige Massenhysterie brach aus. Da haben wir den Mullahs das Ruder übergeben, und sie haben es bis heu-te nicht wieder losgelassen.» Dennoch blieb Loghmany im Land und begann als Journalist zu arbeiten. Im Krieg gegen den Irak in den achtziger Jahren berichtete er mehrmals von der Front, nur knapp entging er bei einem irakischen Gasangriff auf eine von Kurden bewohnte Stadt dem Tode. «Nie wieder habe ich Schlimmeres gesehen, als den Anblick der Frauen und Kinder, die vor ihren Häusern erstickt sind.»

Danach stieg Loghmany wieder in die Politik ein und arbeite-te als Berater für Präsident Rafsandschani und Führer Khamenei in den Zentren der konservativen Macht. Erst Mitte der Neunzi-ger begann er, in der liberalen *Hamshari*-Zeitung die Kandidatur Khatamis, damals politisch kaltgestellter Chef der Nationalbi-bliotek, zu unterstützen. Heute kennen die beiden einander persönlich. «Der liberale Wandel im Iran ist nicht mehr rückgängig zu machen», glaubt Loghmany. «Es ist, als ob wir aus dem Kino kommen. Die Filmvorstellung der Mullahs ist zu Ende. Das Tageslicht draußen blendet uns noch, aber wir wollen auf keinen Fall in die Dunkelheit zurück.» Für Hoffnungen auf eine bevorstehende Gegenrevolution bestehe allerdings kein Anlass. Die Jugend sei nicht bereit, das Risiko eines gewaltsamen Umsturzes einzugehen, der Wandel müsse langsam und friedlich vor sich gehen. Alle Vergleiche mit dem Sturz der kommunistischen Regime Osteuropas im Jahre 1989 liegen nach Loghmanys Ansicht daneben: «Die Mullahs bleiben gefährlich. Im Unterschied zu den Kommunisten-Führern von 1989 haben sie den Glauben an die eigene moralische Legitimität noch keineswegs verloren.» Das haben Journalisten wie Loghmany am eigenen Leib erfahren müssen. Wer allzu offen Partei gegen die Konservativen ergriff, wurde kurzerhand verhaftet und zu langjährigen Gefängnisstrafen verurteilt. Auch Khatami sah tatenlos zu, wie die nach seinem Wahlsieg aufkeimende Pressefreiheit schnell wieder verkümmerte. «Für eine kurze Zeit dachten wir, wir könnten jetzt alles schreiben», kommentiert Loghmany. «Das war ein Irrtum.»

Wie der innenpolitische Machtkampf im Iran ausgehen wird, ist auch für das neue «Great Game» um das Kaspische Meer von entscheidender Bedeutung. Sollten die Reformer um Präsident Khatami die Oberhand gewinnen, könnte sich das Land aus seiner internationalen Isolation befreien und sich mehr als bisher dem Westen öffnen. Besonders die traditionellen Verbindungen zu Europa würden aufgefrischt. Ob sich dabei allerdings auch die Rivalität mit den USA in der Region verringern würde, ist zweifelhaft. Zu gegensätzlich sind derzeit die strategischen und wirtschaftlichen Interessen beider Länder.

«Es liegt nur an der Regierung in Washington, das schlechte Verhältnis zu uns zu verbessern», sagt Politikkenner Loghmany, während wir die prächtige platanenbestandene Valiasr-Avenue runterspazieren, vorbei am ehemaligen Sommerpalast des

Schahs. «Aber sie steht unter dem Einfluss der mächtigen jüdischen Lobby in Amerika. Die Juden brauchen das Feindbild Iran, um ihr brutales Vorgehen gegen die Palästinenser zu rechtfertigen.» Niemand im Iran sei wirklich antiamerikanisch. Sprüche wie «Tod den USA!» kämen doch nur noch von einer kleinen militanten Minderheit, das Volk durchschaue deren Show längst. Washington könne mit Teheran über alles reden, glaubt der Perser, aber nur in gegenseitigem Respekt. «Wir wollen gleichberechtigt behandelt werden, wir Perser, ein stolzes, hochmütiges Volk mit jahrtausendealter Kultur.» Unweigerlich kommt unser Gespräch auf US-Präsident Bushs Wort von der «Achse des Bösen», zu der neben Irak und Nordkorea auch der Iran gehöre. Loghmany bemüht sich, gelassen zu reagieren: «Darüber können wir nur lachen, das kann man ja gar nicht ernst nehmen, was dieser ungebildete Cowboy aus Texas sagt.» Der Iraner greift sein Lodenjackett beim Revers und rückt es mehrfach zurecht. Er zündet sich hastig eine Zigarette an. Seine feinen, gepflegten Hände fangen leicht an zu zittern. «Welch eine Beleidigung, uns mit einem totalitären Land wie Nordkorea zu vergleichen!», platzt es aus ihm heraus. «Und was für eine Doppelmoral: Wir Iraner haben eine lebendigere Demokratie als jedes arabische Scheichtum, mit dem die Amerikaner verbündet sind!»

Für viele Iraner war die harsche Rede Bushs wie ein Schlag ins Gesicht. Schließlich hatte Teheran jahrelang den Kampf der afghanischen Opposition gegen das Taliban-Regime und die Terrorzellen der Al Qaida unterstützt. Damit übten sie Rache für den Mord an iranischen Diplomaten in Afghanistan durch die sunnitischen Taliban, die afghanische Schiiten brutal unterdrückten. Zugleich versuchte Teheran, den Einfluss der pakistanischen und saudischen Hintermänner der Taliban in der Region zurückzudrängen. Waffen und Geld lieferten die Iraner, und Tausende Kämpfer der Nordallianz wurden in Trainingslagern im Ostiran ausgebildet. Außerdem nahm das Land seit der sowjetischen Invasion etwa zwei Millionen afghanische Flüchtlinge auf. Am

Abend des 11. September 2001 zündeten viele Menschen in Teheran und anderen Städten aus Betroffenheit und Solidarität mit den amerikanischen Terroropfern Kerzen an. Stillschweigend unterstützte der Iran den Anti-Terror-Feldzug der US-Streitkräfte in Afghanistan. Als die U.S. Air Force Taliban-Stellungen zu bombardieren begann, versprach Teheran, abgeschossene oder notgelandete US-Piloten retten zu helfen. Nun wirft die US-Regierung dem Iran vor, sich in die inneren Angelegenheiten Afghanistans einzumischen. Washingtons Drohungen spielen den konservativen Mullahs im Machtkampf mit den liberalen Reformern in die Hände. «Das amerikanische Feindbild ist doch das Einzige, was das alte Regime noch an der Macht hält», sagt Loghmany. «Damit bremsen die Mullahs immer wieder die Forderungen nach mehr Freiheit aus.»

Tatsächlich wächst die Sorge vieler Perser, dass die eigentliche Absicht der Amerikaner in Afghanistan ist, den Iran zu umzingeln und später anzugreifen. Auch die Pläne Washingtons, das irakische Regime von Erzfeind Saddam Hussein militärisch zu beseitigen, erfüllt niemanden in Teheran mit Genugtuung. Ziel der neuen aggressiven Politik der USA ist, so glauben viele, den Iran als Rivalen in der Region auszuschalten. In Washington sieht man mit Argwohn, wie der «Mullah-Staat» seit dem Ende des Kalten Kriegs seine politische Macht in das ehemals sowjetische Zentralasien ausdehnt. Teheran bemüht sich, aus seinen jahrtausendealten Bindungen der persischen Kultur und Sprache, die bis nach Indien reichen, auch wirtschaftlich Kapital zu schlagen. Dabei ist das erklärte außenpolitische Ziel, die islamische Revolution zu exportieren, längst in den Hintergrund geraten. Aus dem neuen «Great Game» jedenfalls ist der Iran als mächtiger Spieler nicht mehr wegzudenken, glaubt Loghmany. «Egal, was die Amerikaner tun, sie werden uns nicht aus der Region raushalten können. Ohne uns ist in Zentralasien keine Rechnung zu machen.»

Die Stadt Meschhed, in die ich kurze Zeit später für einige Tage reise, liegt im strategisch wichtigen Nordosten des Irans. Nur zwei Autostunden sind es von hier jeweils bis zu den Grenzen Turkmenistans und Afghanistans, seit Jahrhunderten passieren Waren und Waffen diesen Knotenpunkt in alle Himmelsrichtungen. Die Landstraßen sind hervorragend ausgebaut, zudem wurde eine neue Eisenbahnstrecke in das nur 300 Kilometer nordwestlich gelegene Aschkhabad, Hauptstadt von Turkmenistan, eröffnet. Nicht weit von Meschhed lagen jahrelang Ausbildungslager der afghanischen Mudschaheddin, die erst gegen die Sowjets und später gegen die Taliban kämpften. Meschhed ist damit im Zentrum einer der strategisch wichtigsten Drehscheiben im «New Great Game».

Im Gegensatz zum zunehmend säkulären und liberalen Teheran ist Meschhed noch fest in der Hand der Mullahs. Im Straßenbild fallen die Kleriker in den schwarzen Turbanen sofort auf, und kein Haar ist unter dem Tschador der Frauen zu sehen. Vor drei Jahren kam die Stadt international in die Schlagzeilen, als eine Reihe von Prostituierten hier grausam ermordet aufgefunden wurde. Meschhed ist die heiligste Stadt des Irans. Das Grab des achten Imam Reza, des einzigen im Iran beerdigten Nachfolger des Propheten Mohammed, ist die wichtigste Pilgerstätte der Schia im Lande. Mehr als zwölf Millionen Wallfahrer der «Partei Alis» kommen jedes Jahr zum Schrein von Reza, der im 9. Jahrhundert auf Geheiß des letzten Abbassiden-Kalifen Ma'mun von Sunniten vergiftet wurde. Die Spaltung der beiden muslimischen Glaubensrichtungen geht auf die Frage zurück, wer Mohammed nach dessen Tod nachfolgen sollte. Die Schiiten erkoren Ali, den Schwiegersohn, zum ersten Imam, dem noch elf weitere folgen sollten. Die Sunniten lehnten geistliche Führer ab und wählten den Schwiegervater Mohammeds zum ersten von vier weltlichen Kalifen.

Die große goldene und die zwei smaragdfarbenen Kuppeln der gewaltigen Pilgerstätte sind weithin sichtbar. Auf einem

Dach weht eine schwarze Fahne, um alle Wallfahrer an den islamischen Trauermonat Muharram zu erinnern. Alle Hauptstraßen der Stadt von zwei Millionen Einwohnern führen zum Heiligtum. An den Eingängen, die für Männer und Frauen getrennt sind, werden Kleidung und Taschen kontrolliert. Die Vorsicht ist berechtigt: Bei einem Bombenanschlag im Jahre 1994 kamen auf dem Gelände Dutzende Menschen ums Leben. Hinter der Schranke tut sich ein unübersichtlicher, aber harmonischer Komplex aus Moscheen, Medressen und anderen Gebäuden auf, die sich um das Heiligtum gruppieren. Im Vorhof zum Schrein sind Hunderte Menschen, und es herrscht ausgelassene Stimmung. Auf Teppichen, die den kalten Marmorboden bedecken, sitzen Gruppen von Männern und Frauen. Sie beten oder singen, andere lesen still im Koran. Wieder andere haben Lebensmittel für ein Picknick mitgebracht, fröhlich schwatzend essen sie Fladenbrot und trinken grünen Tee. Drei kleine Jungs jagen einander mit Plastikrevolvern über den Platz. Beinahe rennt einer der Knaben in eine Gruppe von Männern, die gerade im Eiltempo einen Sarg aus dem Schrein heraustragen. So schnell schreiten die Männer, dass die oben offene Holzkiste, die jeder nur mit einer Hand hochhält, schwankt und wackelt wie ein Kutter auf hoher See. Mehrfach droht der Leichnam, der in ein weißes Tuch gehüllt ist, in der Kiste bedenklich zu verrutschen. In einer Stelle des Hofes hält die Prozession an, die Männer lassen den Sarg auf den Fußboden gleiten und gruppieren sich um ihn. Ein Dutzend Frauen, alle schwarz verhüllt, steht dahinter. Einige werden von Weinkrämpfen geschüttelt. Der Leichnam ist mit einem dunklen Band umwickelt, die Tote war also eine Frau. Ein Imam kommt angeschritten und spricht laut das Totengebet, die Männer fallen ein. Kaum hat der Imam geendet, gibt ihm einer der Angehörigen einige Geldscheine, und die Träger hasten mit dem Sarg zum Ausgang. Von dort kommt ihnen bereits die nächste Trauergemeinde entgegen, die mit ihrem Sarg schnurstracks auf den Schrein zuhält.

Völlig unbeeindruckt von dem Tohuwabohu um sie herum sind die Pilger, die sich an einem großen Brunnen in der Mitte des Platzes waschen. Es ist das letzte in einer Reihe von Reinigungsritualen, die Muslime vor Besuch des Schreins vollziehen. Barfuß gehen sie dann zum Grab des Imam Reza. Der Weg führt durch verschachtelte Gänge und Gewölbe, in denen langbärtige Kleriker zu knienden Pilgern predigen. Alle Decken sind mit Millionen gleißender Spiegelstücke verziert, die jeden Lichtstrahl reflektieren. Die massiven Holztüren zwischen den Räumen sind mit Gold beschlagen, das die Gläubigen mit der Hand berühren und küssen, bevor sie weiter ins Innere gehen. Das Allerheiligste muss jetzt ganz nah sein, die Massen schieben sich auf einen bestimmten Raum zu. Da taucht, hinter einer weiteren Tür, der Sarkophag auf, leicht erhöht und von einem gewaltigen Käfig aus Silber umgeben. In Wellen kämpfen sich die Menschen nach vorne, um das Gitter des Käfigs zu berühren. Völlig entrückte Männer klettern an den Stäben hoch und strecken die Arme zum Sarkophag hin. Dabei rufen sie laut Gebete und Preisungen. Auf der anderen Seite des Grabs, von einer Balustrade getrennt, wogt eine Masse wehklagender Frauen, alle in Schwarz. Die Pilger werfen Opfergaben auf das Grab, meistens Geldscheine, aber auch wertvollen Schmuck.

Eingesammelt werden die Spenden später von den Führern der Astan Quds Razavi-Stiftung, die den Schrein verwaltet. Wie viele andere religiöse Organisationen im Iran, ist die Stiftung in den vergangenen zwanzig Jahren zu Macht und sagenhaftem Reichtum gekommen. Zu dem halbstaatlichen Wirtschaftsimperium gehören Bergwerke, Konservenfabriken, Textilwebereien, Molkereien und die berühmten Teppichmanufakturen Meschheds. Der Vorsitzende der Stiftung, ein Ayatollah und guter Freund von Führer Khamenei, ist einer der mächtigsten Mullahs im Iran. Auf sein Geheiß wird der Schreinkomplex derzeit so stark ausgeweitet, das er in wenigen Jahren ein Zehntel der gesamten Stadtfläche einnehmen wird. Immer neue Sakralbauten und Minarette entstehen auf Baustellen, an denen zuvor Wohnsiedlungen abgerissen wurden. Zugleich wurde die Stadtautobahn in einem Tunnel direkt unter das Heiligtum verlegt, wo eine unterirdische Stadt mit einem Einkaufszentrum entstehen soll. In Meschhed wird die sehr weltliche Macht der persischen Theokraten greifbar.

«Korrupt sind die Mullahs, die Stiftungen dienen nur noch zu ihrer eigenen Bereicherung», flüstert mir ein Mann zu, den ich nach dem Abendgebet vor einer Moschee kennen lerne. Wie die meisten Iraner nimmt Achmed, ein pensionierter Englischlehrer, in seiner Kritik der Kleriker kein Blatt vor den Mund: «Wer weiß denn, wie viel Geld aus den Spenden am Grab die Chefs der Stiftung nicht in ihre eigenen Taschen stecken?» Achmed ist ein tiefgläubiger Schiit, der morgens und abends zum Gebet in die Moschee geht. Bis vor wenigen Jahren hat er die islamische Revolution unterstützt, aber inzwischen habe sie Diebe und Machtbesessene an die Spitze des Staats gespült. «Zum Glück gebietet der schiitische Glaube den Menschen, sich gegen ungerechte Regierungen aufzulehnen», sagt Achmed.

Tatsächlich gelten Schiiten als die weitaus rebellischeren Muslime, die auch eher als Sunniten zu politischen Aufständen neigen. Außer in der Frage der Prophetennachfolge unterscheiden sich die beiden muslimischen Fraktionen nämlich in einem entscheidenden Glaubenssatz: Während Sunniten selbstverständlich von einem gerechten Gott ausgehen, der folglich auch jede weltliche Machtordnung rechtfertigt, postulieren die Schiiten ausdrücklich, dass Allah gerecht sein muss. Daraus ergibt sich für Schiiten die Pflicht zum Widerstand gegen ungerechte weltliche Herrscher und falsche Prediger. So könnte derselbe schiitische Hang zur Rebellion, der die Mullahs 1979 an die Macht gebracht hat, ihnen schon bald auch wieder zum Verhängnis werden.

DER KASPISCHE ÖLTAUSCH

Zurück in Teheran, suche ich den Zettel hervor, auf den Ölagent Hamid Honarvar die Telefonnummer von Kasaei Zadeh geschrieben hat, dem Planungsdirektor der National Iranian Oil Company. Darunter steht eine Mobilfunknummer. Ich beschließe, den Mann anzurufen. «Ah! Ich weiß Bescheid», sagt eine wohlklingende Stimme am anderen Ende. «Kommen Sie heute Nachmittag um punkt fünf Uhr zu folgender Adresse.» Herr Zadeh nennt mir eine Hausnummer an einer Straße im Zentrum und legt auf. Da mir noch etwas Zeit bleibt, mache ich einen Erkundungsgang durch den Stadtteil. In der Nähe des Treffpunkts liegt die ehemalige US-Botschaft, in der radikale Studenten, darunter Honarvar, nach der Revolution ihre amerikanischen Geiseln festhielten. Die prachtvollen Gebäude liegen in einem riesigen kiefernbestandenen Park, am Eingang prangt noch das zerhackte amerikanische Staatswappen. Daneben hängt ein Plakat mit der unvermeidlichen Aufschrift: «Tod den USA!» Zwei Soldaten stehen auf einem Wachturm über dem Tor. Heute ist das iranische Militär in die ehemalige Botschaft gezogen. Die Mauern, die das Gelände vor neugierigen Blicken schützen, zieren politische Malereien und Sprüche: «An dem Tag, an dem uns Amerika lobt, sollten wir trauern», ist da zu lesen. Daneben ist das Passagierflugzeug der Iran Air abgebildet, das ein Schiff der U.S. Navy im Jahre 1987 ohne Grund über dem Persischen Golf abschoss. Mehr als 250 Menschen kamen dabei ums Leben. «Wir werden Amerika eine schlimme Niederlage beibringen», steht hundert Meter weiter als Prophezeiung des Imam Khomeini geschrieben, aus einem Bild der Freiheitsstatue grinst ein Totenkopf.

Das Gebäude, in das Kasaei Zadeh mich bestellt hat, ist ein Hochhaus des staatlichen Ölmonopolisten NIOC. «Achtes Stockwerk, Chefetage», brummelt der Sicherheitsmann am Eingang, den ich nach Zadeh frage. Er meldet mich an, und mit einem Lift fahre ich nach oben. Als sich die Tür öffnet, steht ein kleiner, sehr vornehm aussehender Mann mittleren Alters vor mir. Er hat nur noch wenige und graue Haare, dafür ein bronzefarbenes Gesicht mit einem schönen, sorgfältig gestutzten weißen Bart. Ein dunkler Einreiher und feine schwarze Lederschuhe runden die elegante Erscheinung ab. Kasaei Zadeh lächelt. «Ich habe von Ihnen gehört. Bitte kommen Sie rein!»

Das großzügige Büro lässt den Besucher in keinem Zweifel über die mächtige Stellung des Planungsdirektors von NIOC, der zugleich im Vorstand sitzt. Der Boden ist mit Parkett ausgelegt, um einen Konferenztisch stehen Topfpflanzen. Über Zadehs Schreibtisch hängen die Porträts des Imam Khomeini und seines Nachfolgers Khamenei. Ein Bild von Präsident Khatami fehlt. Der Blick von hier oben reicht über die gesamte Stadt bis zu den Viertausendern des Alborz-Gebirges. Um die amerikanische Botschaft zu sehen, muss Zadeh ganz dicht ans Fenster treten, so tief liegt das ehemalige Hoheitsgebiet der USA unter dem NIOC-Gebäude. «Heute nennen wir die Botschaft nur noch die amerikanische Spionagehöhle», sagt der Perser und kichert. Anders als Honarvar war Zadeh nie Revolutionär, sondern hat schon in der Verwaltung des *ancien régime* einen hohen Posten bekleidet.

Nach dem Sturz des Schahs machte der Ölingenieur schnell Karriere und übernahm die Leitung der Raffinerie von Abadan, im Süden Irans. Die Briten hatten die Anlage, bis vor zwanzig Jahren eine der größten der Welt, direkt am Grenzfluss zum Irak hochgezogen. So wurde sie, als Saddam Hussein den Iran 1980 überfiel, das erste Ziel irakischer Raketen. «Als wir die ersten Gerüchte eines Angriffs hörten, ließ ich den Betrieb sofort einstellen», erinnert sich Zadeh. «Aber natürlich lagerte noch sehr viel Öl auf dem Gelände. Als die irakischen Flugzeuge die Speicher beschossen, lief alles in den Fluss und explodierte. Es war buchstäblich die Hölle.» Viele seiner Arbeiter starben, Zadeh selbst kam knapp mit dem Leben davon. Bald darauf übernahm er die Leitung aller neun Raffinerien des Landes.

Zadeh weiß, dass die iranische Ölindustrie nicht in bester Verfassung ist. Wie in der übrigen Wirtschaft sind viele der verstaatlichten Betriebe und Anlagen veraltet. Für Investitionen in moderne Fördertechniken, wie etwa die Gas-Reinjektion, fehlt es der NIOC an harter Währung. Zwar verfügt der Iran mit nachgewiesenen 93 Milliarden Barrel Rohöl noch immer über etwa zehn Prozent der Weltvorräte, doch die Produktion sinkt. Von 1978, dem letzten Jahr des Schah-Regimes, ging die Fördermenge von 4,3 Millionen Barrel auf 3,7 Millionen im Jahr 1997 zurück. Im selben Zeitraum verringerte sich der Anteil des Erdöls, der exportiert wurde, von 88 auf 67 Prozent.[26]

An diesem Montag ist Zadeh allerdings sehr vergnügt: An Honarvars erfolgreichen Verhandlungen mit der kasachischen Regierung in Almaty war auch er beteiligt. «Wir haben einen sehr guten Deal vereinbart. Jetzt bereiten wir alles für den Öltausch vor.» Im kaspischen Hafen Neka wurde ein neuer Terminal errichtet, von einer neuen 32-Zoll-Pipeline nach Teheran sind 42 Kilometer bereits gelegt. Zusätzlich hat die NIOC zwei neue Raffinerien im Norden der Hauptstadt gebaut, in denen pro Tag bis zu 500 000 Barrel kasachisches Öl verarbeitet werden sollen. Ich bin erstaunt: Bereits seit Jahren müssen diese «Vorbereitungen» laufen, die Kasachen und Iraner haben den Öltausch also von langer Hand geplant. Den USA ist es nicht gelungen, ihn zu verhindern. So harmlos und beiläufig wie möglich frage ich Zadeh, ob das kasachische Öl auch aus Tenghis kommen werde? Der Iraner lehnt sich in seinem Ledersessel zurück und lächelt glatt: «Woher das Öl stammen wird, ist noch nicht sicher.» Ich hake, noch beiläufiger, nach: Ob vielleicht auch amerikanische Ölkonzerne, etwa ChevronTexaco oder Exxon-Mobil, an dem Geschäft beteiligt sind? Das wäre nach US-Recht illegal. Zadeh faltet die Hände. An seiner linken Hand glänzt ein wunderschöner, wertvoller Aghigh-Ring. Der bernsteinfarbene Stein, in Silber gefasst, stammt vermutlich aus dem Jemen. «Nein, wir haben keinerlei Kontakt zu irgendwelchen Privatfirmen, wir verhandeln nur mit dem kasachischen Staat», kommt die Antwort. Dazu lächelt Zadeh sein glattestes persisches Lächeln. Ich könnte schwören, dass er lügt. Wären tatsächlich wieder, wie offenbar schon beim ersten Öltausch 1997, Mittelsmänner für Ölkonzerne im Spiel, der Perser würde es mir auf seinem Totenbett nicht verraten. Zu groß wäre das Risiko, dass die US-Regierung wieder intervenieren und den Deal vermasseln würde.

«Das Öl kommt ja nicht nur aus Kasachstan, auch aus Turkmenistan», sagt Zadeh da und zeigt auf einen Fernseher in einer Ecke des Büros. Darauf klebt eine Plakette mit der Aufschrift: «Zur Erinnerung an das Öltausch-Abkommen zwischen der Islamischen Republik Iran und Turkmenistan im Februar 2000». Schon vor Jahren haben die Turkmenen, trotz Protesten aus Washington, eine kleine Pipeline in den Nordiran gebaut. Hinter der Plakette in Glas eingeschlossen, sind ein paar hellbraune Milliliter der ersten Lieferung zu erkennen, bombastisch betitelt als «der erste Tropfen Erdöl des dritten Jahrtausends».

Wir kommen auf die kaspische Pipelinefrage zu sprechen, und erstmals zeigt der Ölmanager so etwas wie Begeisterung. «Neben dem Öltauschen werden wir eine Konkurrenz-Pipeline zu anderen Plänen anbieten, unser Netz ist ja schon voll ausgebaut.» Dabei zeigt er auf eine große Wandkarte des Irans, auf der bestehende Leitungen durch viele kleine Gummischläuche gekennzeichnet sind. Die geplante Route führt von Kasachstan aus an der kaspischen Ostküste entlang durch Turkmenistan bis an die iranische Grenze. Von dort würde die Pipeline quer durch den Ostteil des Landes bis in die Hafenstadt Bandar-é Abbas verlaufen. «Wir können das kaspische Öl weitaus billiger an den Markt bringen als die Baku-Ceyhan-Röhre», sagt Zadeh selbstbewusst. Auch an diesem Projekt zeige die Regierung Kasachstans ja bekanntlich reges Interesse. «Und Amerika kann nichts tun.» Wieder fällt Zadehs Blick auf das, was tief unter seinem Büro noch von der ehemaligen US-Botschaft übrig ist.

Noch halten die US-Sanktionen gegen den Iran Ölkonzerne davon ab, eine Pipeline vom Kaspischen Meer zum Persischen Golf zu bauen. Die Iranroute wäre, wie selbst amerikanische Ölchefs hinter vorgehaltener Hand einräumen, kürzer, billiger und sicherer als alle anderen geplanten Leitungen, die durch Russland, den Südkaukasus oder Afghanistan führen würden. Auch europäischen Unternehmen, die im Iran aktiv sind, droht das US-Embargo mit empfindlichen Strafen in den USA. Dennoch fühlen sich die wenigsten unter ihnen an die US-Sanktionen gebunden. Zum offenen Konflikt kam es im September 1997, als der französische Konzern Total und der russische Gasgigant Gasprom mit dem Iran vereinbarten, für zwei Milliarden Dollar das riesige Gasfeld «Süd-Pars» im Persischen Golf zu entwickeln. Washington protestierte und drohte heftig, doch Total-Vorsitzender Thierry Desmarest blieb unbeeindruckt: «Niemand erkennt den extraterritorialen Charakter dieser Sanktionen an, die gegen das Souveränitätsprinzip in den Beziehungen zwischen Nationen verstoßen. Wir gehen davon aus, in unserem Handeln frei zu sein.» Schützenhilfe bekam der Industrielle vom damaligen französischen Premierminister Lionel Jospin: «Niemand akzeptiert, dass die USA neuerdings ihre Gesetze auf den Rest der Welt ausweiten können.»[27] Die US-Regierung lenkte ein und sicherte Total zu, es werde in diesem Fall keine juristischen Konsequenzen geben.

Seither nutzen europäische Konzerne die Abwesenheit amerikanischer Konkurrenz auf dem iranischen Ölmarkt. TotalFinaElf erarbeitet derzeit eine Machbarkeitsstudie für die Iran-Pipeline. «Wir unterstützen die Firma darin», sagt ein französischer Diplomat in Teheran. «Die Sanktionen der USA akzeptieren wir weiterhin nicht. Überhaupt lehnen wir die amerikanische Logik ab, dass der Iran isoliert werden muss.» Vielmehr versuche Frankreich, wie auch andere europäische Länder, Teheran wirtschaftlich einzubinden und so die liberalen Reformer um den seit fünf Jahren regierenden Präsidenten Mohammed Khatami in ihrem erbitterten Machtkampf mit den konservativen Mullahs zu unterstützen.

Zwar weigern sich die Theokraten weiter beharrlich, das Land für ausländische Direktinvestitionen zu öffnen. Aber zumindest ist der Handel zwischen Frankreich und dem Iran im vergangenen Jahr um die Hälfte gewachsen.

Washington sieht es mit Sorge. Die Sanktionen würden auch für europäische Firmen gelten, sagt ein hochrangiger US-Diplomat in Zentralasien. Fast drohend fügt er hinzu: «Sie werden Strafen von US-Gerichten hinnehmen müssen, und europäische Managern kann die Einreise in die Staaten verboten werden.» Daran werde sich nichts ändern, solange der Iran den internationalen Terrorismus unterstütze. Als Beispiel nennt der Diplomat eine angebliche Waffenlieferung Teherans an Palästinenser, die kurz zuvor auf einem Schiff im Mittelmeer entdeckt wurde. Dass die Vereinigten Staaten jedes Jahr Waffen im Wert von mehreren hundert Millionen Dollar an Israel liefern, übergeht er dabei souverän. Die Absicht der kasachischen Regierung, auf das Pipelineangebot der Iraner einzugehen, beunruhigt den Amerikaner sichtlich: «Die Kasachen denken sehr schematisch: sie nehmen ein Lineal und zeichnen die kürzeste Verbindung zum Persischen Golf. Wir versuchen ihnen deutlich zu machen, dass diese Idee vom Standpunkt der Sicherheit her nicht ideal ist.» Aus rein wirtschaftlicher Sicht, so muss selbst der Diplomat einräumen, wäre eine Pipeline durch den Iran die attraktivste aller kaspischen Optionen. «Rein kommerziell gesehen ist die Iranroute großartig, aber nicht strategisch.» Washington mache natürlich Druck auf die kasachische Regierung, ihre Iranpläne fallen zu lassen – bislang jedoch ohne Erfolg. Dabei deutet der Diplomat an, dass man allerdings noch nicht alle Mittel ausgeschöpft habe. «Wir hoffen, dass unsere langjährige Kooperation mit den Kasachen nicht umsonst gewesen sein wird.»

Wenn es darum geht, den langen Arm der Vereinigten Staaten aus der kaspischen Region herauszuhalten, hat der Iran unverhofft einen Verbündeten gefunden: Russland. Das amerikanische Treiben in der Region lässt beide Länder ihre jahrhundertelange Feindschaft vergessen. Seit sie nach dem Ende der Sowjetunion keine gemeinsame Grenze mehr haben, sind die Beziehungen nahezu freundschaftlich geworden. Ungeachtet scharfer Proteste aus Washington liefert Moskau im großen Stil Waffen an den Iran und hilft beim Bau seines ersten Atomkraftwerks. Als russische Streitkräfte in das islamische Tschetschenien einfielen, enthielt sich Teheran eines Protests.

Einer der Architekten der neuen Achse ist Alexander Maryasow, der langjährige russische Botschafter in Teheran. Wir haben uns zum Tee in der Gesandtschaft verabredet. Das Gebäude im Süden der Stadt liegt auf einem so großen Anwesen, dass Maryasow mich mit einem Wagen am Eingangstor abholen lässt. Im würdevollen Schritttempo lenkt der Chauffeur die Limousine durch einen Park aus Palmen und Kiefern. Durch das offene Fenster zieht ein warmer Frühlingswind, Vögel zwitschern. Hinter einem kleinen künstlichen See taucht die palastartige Botschaft auf, gebaut im Bombaststil der dreißiger Jahre. Ein Legationsrat namens Boris empfängt mich höflich, und wir gehen über eine lange Treppe in das Gebäude. Die Räume, durch die mich der Diplomat führt, sind so einschüchternd groß, dass sie mich an Nicolae Ceaușescus megalomanischen Palast des Volkes in Bukarest erinnern. Zwischen dem Parkettboden und den Stuckdecken liegen gut sechs oder sieben Meter, die den Eintretenden augenblicklich zum Zwerg degradieren. Die Botschaft scheint wie ausgestorben, nicht ein Mensch begegnet uns.

Durch eine Flügeltür bringt Boris mich in einen letzten Raum. Auch er ist etwa so groß und gemütlich wie eine Turnhalle. Die Wände sind mit Gemälden von Schlachten überzogen, auf dem Parkett liegen persische Teppiche. Sitzgruppen, bestehend aus absolut stilsicheren, niedrigen Muff-Sesseln der siebziger Jahre, sind über drei verschiedene Orte verteilt. Auf einem Tisch steht eine Schale mit Erdnüssen. Hier bittet Boris mich, Platz zu nehmen und zu warten.

Botschafter Maryasow, der wenig später hereinschreitet, ist ein großer, hagerer Mann mit streng gescheiteltem schwarzem Haar. Längliche, schmale Züge und hohe Wangen geben seinem Gesicht eine strenge, aristokratische Vornehmheit. Eine Hornbrille, deren oberer Rand noch weit über den buschigen Augenbrauen liegt, rundet die ganz und gar unmoderne Erscheinung ab. Vor mir steht ein Diplomat der alten Schule, die weit vor die sowjetische Periode Russlands zurückreicht.

«Wissen Sie eigentlich, welches historische Ereignis sich in diesen Hallen abgespielt hat?», fragt Maryasow zur Begrüßung. «Hier trafen sich Stalin, Roosevelt und Churchill im Dezember 1943 zur Teheraner Konferenz.» Die Zusammenkunft war die erste der vier großen Kriegskonferenzen der Alliierten, die gegen Nazideutschland kämpften. Damals begann sich das Blatt gegen Hitler zu wenden, und die Alliierten-Führer kamen zusammen, um ihre Strategien zu beraten. Ursprünglich sollte das Treffen an einem Ort im Westen stattfinden, aber Stalin lehnte es ab, sowjetischen Herrschaftsbereich zu verlassen. Persien, das zu jener Zeit von russischen und britischen Truppen besetzt war, bot sich als Kompromiss an. Es war das erste Mal, dass Stalin die beiden westlichen Staatsmänner, die lange und riskante Reisen auf sich nahmen, persönlich traf. Er drängte sie, endlich im Westen eine zweite Front zu eröffnen, um seiner verzweifelt kämpfenden Roten Armee zu helfen. «Hier haben sie zusammen gesessen und getagt», sagt Maryasow und zeigt auf einen polierten Mahagonitisch im Nebenraum. «Stalin saß dort, und Roosevelt und Churchill da und hier.» Der 54-Jährige klingt, als ob er selbst dabei gewesen wäre. «Dann gab es Warnungen, dass deutsche Agenten, von denen es in Teheran damals nur so wimmelte, ein Attentat auf Roosevelt planten. Also fuhr der amerikanische Präsident nicht in seine Botschaft, sondern verbrachte die Nächte bei uns.» Der Diplomat öffnet die Tür zu dem kleinen Raum, in dem Roosevelt damals geschlafen hat. Das Bett ist längst verschwunden. Im Kopfkissen lagen vermutlich mehr Abhörwanzen als Federn.

Kaum ein Russe kennt den Iran so gut wie Maryasow. Im Jahre 1969 wurde er das erste Mal als Konsul in das Land entsandt. Der Moskauer spricht, außer Französisch und Englisch, fließend Farsi. Auch während der Revolution 1979 war der Diplomat in Teheran akkreditiert. «Khomeini sah uns Sowjets, wie die Amerikaner, als böse Satane. Er hatte Angst vor dem Kommunismus.» Nach der Geiselnahme der US-Diplomaten habe der neue iranische Außenminister vorgeschlagen, auch die Botschaft der UdSSR zu besetzen, erinnert sich Maryasow. Es wäre nicht das erste Mal gewesen: Im Jahre 1829 stürmte ein wütender Mob die russische Gesandtschaft in Teheran und metzelte Botschafter Alexander Gribojedow und alle seine Mitarbeiter nieder. Nach einem erfolgreichen Krieg gegen die Perser hatte der Literat und enge Freund Alexander Puschkins zuvor dem Schah harsche Kapitulationsbedingungen diktiert. Der Mord, hinter dem St. Petersburg die mit Persien verbündeten Briten vermutete, machte Gribojedow zu einem der prominentesten Opfer des «Great Game». 150 Jahre später war der Ayatollah Khomeini allerdings klug genug, sich nicht mit beiden Supermächten gleichzeitig anzulegen. So verfolgten die russischen Diplomaten 444 Tage lang das Schicksal der gefangenen amerikanischen Kollegen und Gegenspieler im Kalten Krieg. «Uns gefiel natürlich der antiimperialistische Gehalt der Revolution. Das war ein Schlag für die USA, das fanden wir sehr gut», sagt Maryasow, wobei seine Augen geradezu boshaft aufblitzen. Mir fällt auf, dass die Armbanduhr des Diplomaten 15 Minuten nachgeht.

Nach der sowjetischen Invasion in Afghanistan im Dezember 1979 verschlechterten sich die Beziehungen zwischen Moskau und Teheran erheblich. Während der achtziger Jahre unterstützte der Iran mit Geld und Waffen den Kampf der Mudschaheddin gegen die Rotarmisten, die 1989 geschlagen und erniedrigt vom Hindukusch abzogen.

«Seit wir mit dem Ende der Sowjetunion keine gemeinsame Grenze mit dem Iran mehr besitzen, haben wir viele gleiche Ansichten zu politischen Fragen», beschreibt Maryasow das gegenwärtige Verhältnis. «Gerade in Zentralasien, wo der Iran Flexibilität und gesunden Menschenverstand beweist, haben wir viele Ziele gemeinsam.» Besonders hilfreich findet Maryasow, dass Teheran nicht versuche, die islamische Revolution in die ehemaligen sowjetischen Republiken zu exportieren. Im weiter schwelenden Bürgerkrieg der Tadschiken, die Persern ethnisch eng verwandt sind, habe der Iran sogar pragmatisch und mäßigend vermittelt.

Die Grundlage der neuen transkaspischen Allianz liegt aber anderswo: «Wir sind uns mit Teheran einig, dass keine andere große ausländische Macht am Kaspischen Meer Einfluss gewinnen darf.» Direkt zu sagen, welche Macht er damit meint, verbietet Maryasow zunächst seine diplomatische Erfahrung. Doch schon im nächsten Atemzug kritisiert er die amerikanische Unterstützung für die Baku-Ceyhan-Pipeline durch den ehemals russischen Südkaukasus. «Wir sind gegen dieses Projekt, weil es von politischen und strategischen Beweggründen getragen wird.» Der gemeinsame Widerstand gegen die Mittelmeer-Pipeline schweißt den Iran und Russland, ungleiche Partner und Konkurrenten auf dem Ölmarkt, enger zusammen. Dabei geht Moskau sogar so weit, Sympathie für Teherans eigene Ölpläne zu zeigen.

«Eine Pipelineroute durch den Iran würde Russland unterstützen», sagt Maryasow. Allerdings fügt er gleich hinzu: «Natürlich erst, wenn alle russischen Pipelines voll ausgelastet sind.» Gleichzeitig ist Moskau besorgt, dass Teheran sein Säbelrasseln gegenüber dem ungeliebten Nachbarn Aserbaidschan übertreiben könnte. «Das könnte leicht als Vorwand für eine ausländische Macht dienen, in die Region einzudringen», sagt Maryasow. Dann wird er deutlich: «Aserbaidschan könnte die USA bitten, zu intervenieren und Truppen in den Kaukasus zu schicken.»

Amerikanische Vorwürfe, Russland versorge den Iran mit Massenvernichtungswaffen und der Technologie zum Bau von Atombomben, weist Maryasow scharf zurück. «Wir verkaufen konventionelle Waffen an den Iran, wie die USA an andere Länder auch. Für den Handel von Atomsprengköpfen aber gibt es absolut keine Beweise!» Die Hilfe, die russische Ingenieure beim Bau des ersten iranischen Kernkraftwerks leisten, unterliege der strikten Kontrolle durch die internationale Atombehörde. «Es ist alles offen und transparent, da werden nicht heimlich Bomben gebaut.» Wie die meisten westlichen Diplomaten in Teheran hat der russische Botschafter nichts als Kopfschütteln übrig für George Bushs Vorwurf, der Iran gehöre zu einer «Achse des Bösen». «Diese Doppelmoral! Dahinter steckt die israelische Lobby in Washington. Die Amerikaner haben in ihren Beziehungen zum Iran bis heute nichts dazugelernt. Sie sind engstirnig, sie schauen nicht genau hin, sie hören nicht zu.»

Nun lässt Maryasow seine diplomatische Zurückhaltung vollends fahren und macht aus seinem alten und neuen Feindbild keinen Hehl: «Jetzt haben die Amerikaner ja schon Truppen in Zentralasien. Die glauben doch, sie seien mächtig genug, unilateral alles zu tun und zu lassen, was ihnen gefällt.» Die offenen Worte des Botschafters machen deutlich, auf wieviel Widerstand innerhalb der russischen Machtapparate die pragmatisch-kooperative Haltung Präsident Putins gegenüber den USA noch stoßen könnte.

Für die Strecke von Teheran nach Baku, immerhin etwa 1000 Kilometer, nimmt jeder Reisende, der einigermaßen bei Verstand und Kasse ist, das Flugzeug. Ich entscheide mich dennoch für die Straße, denn ich möchte mir die Fahrt entlang der iranischen Nordküste nicht entgehen lassen. Idyllisch zwischen Wasser und schroffen Alborz-Steilhängen eingezwängt, zählt sie zu den schönsten Uferabschnitten am gesamten Kaspischen Meer. Auch ein stilvolles Gefährt habe ich für die lange Reise gewählt: einen Chevrolet Nova, Baujahr 1977. Noch immer gleiten einige Exemplare dieser langen amerikanischen Straßenkreuzer, Relikte aus der prowestlichen Schah-Ära, über die Straßen von Teheran.

Auch extravagante Cadillacs aus den sechziger Jahren, die selbst in den USA fast nur noch in Filmen zu sehen sind, sind bei Iranern noch immer sehr beliebt. Der Klassiker aber ist der Chevi Nova. «Lieber repariere ich ihn zum hundertsten Mal, als ihn zu verschrotten», sagt Homayoun, der Chauffeur, als wir in aller Frühe die Vororte Teherans verlassen. Seit mehr als fünfzehn Jahren fährt der schmächtige, sehr zuvorkommende Perser den Wagen bereits, schon zwei Male, vielleicht auch drei, sei der Kilometerzähler von 999 999 wieder auf Null zurückgesprungen. Wir biegen rechts von der Hauptstraße ab und surren ins Alborz-Gebirge hoch. «Sie werden sehen, die Steigungen nimmt er mit links.» Eine Stunde später schlittern wir auf knapp 4000 Metern Höhe durch einen beängstigenden Schneesturm. Keine zehn Meter weit reicht die Sicht, so dicht fallen die Flocken. Schon liegt der Schnee fünf Zoll hoch auf der Straße. Dabei ist es in Teheran noch frühlingshaft warm gewesen.

Nach vier Stunden Kampf und Rutschpartie an Schwindel erregenden Abgründen entlang haben wir die Berge überquert, und Homayoun lässt den Wagen zur Küste runterrollen. Hier scheint wieder die Sonne, und die Vegetation ist üppig und grün. Sogar Fichten wachsen an den feuchten Nordhängen. In Chalus stoßen wir auf die Uferstraße, die über Hunderte Kilometer direkt am Wasser entlangläuft. Der Strand ist enttäuschend: Tang, Müll und tote Seevögel faulen auf dem Sand vor sich hin. Heftige Wellen, die tückische Strömungen verraten, überschlagen sich kurz vor dem Ufer. Der gesamte Küstenstreifen ist dicht bebaut, längst sind fast alle ehemaligen Dörfer in hässlichen modernen Siedlungen aufgegangen. Nur hin und wieder stehen einzelne Villen am Strand, die zum Teil arg heruntergekommen aussehen. Andere waren zu dicht am Wasser gebaut und sind dem steigenden Meeresspiegel zum Opfer gefallen.

Plötzlich beginnt Homayoun in fließendem Englisch zu erzählen: «Früher, da war hier was los. Da haben wir hier rauschende Partys gefeiert. Die ersten Diskotheken machten hier auf, und die schönsten Mädchen aus Teheran lagen hier am Strand.» Heute müssen Männer und Frauen strikt getrennt baden gehen, auch am Strand darf der Tschador nie lange abgelegt werden. Homayoun zeigt auf einen Kiefernwald am Strand, in dem eine große weiße Villa zu sehen ist. «Die gehörte mal uns, da habe ich als Kind meine Sommerferien verbracht.» Schon sind wir vorbeigefahren. Neugierig geworden, frage ich den unscheinbaren Mann am Steuer nach seiner Vergangenheit. Er sei als Sohn eines Vier-Sterne-Generals im Norden Teherans aufgewachsen, antwortet er schlicht. «Wir waren sehr wohlhabend. Meine Geschwister und ich hatten Kindermädchen und Diener.» Weil der Vater im Generalstab des Schahs war, brachten jeden Morgen zwei Gardesoldaten die Kinder zur Schule. «Sicher lebten nicht alle Menschen so gut wie wir damals, aber der Schah war ein guter Mann. Niemals war ihm das Volk so egal wie heute den Mullahs.»

Wir erreichen Ramsar, einst der exklusivste Ferienort an der Küste. Hier traf sich der Jetset des Nahen Ostens. König Hussein von Jordanien verbrachte in Ramsar seinen Badeurlaub. Auf einem Hügel über dem Ort steht das prachtvolle Hotel der Stadt, in dem der Schah häufig abstieg. «Da wollte ich immer arbeiten, als Hoteldirektor», erzählt Homayoun. Nach der Schule schickte ihn der Vater deshalb nach London, wo er Hotelmanagement studierte. Auf einem Empfang des Schahs, zu dem ihn der Vater mitnahm, fragte der Herrscher den jungen Homayoun, warum er nicht auch Armeeoffizier werden wolle. «Ich habe ihm geantwortet, dass ich lieber ins Hotelbusiness gehen möchte. Da hat er gelacht und versprochen, mir nach meinem Studium ein Hotel zu schenken.» Noch heute erzählt der 48-Jährige, der so bescheiden wirkt, die Anekdote scheinbar ohne jede Distanz. Eine feine *jeunesse dorée* muss Homayoun erlebt haben. Auf einmal lacht er und sagt: «Nur, als ich dann aus London in den Iran heimkam, war kein Schah mehr da.» Den Vater, der damals achtzig Jahre alt war, warfen die neuen Herrscher für ein Jahr ins Gefängnis. Er starb kurz nach der Entlassung. Für die Villen und Angestellte reichte den Hinterbliebenen das Geld nicht mehr. Einen Job im Hotelmanagement fand Homayoun nie, zu bekannt und geächtet war sein Familienname. «Wir waren mal eine der großen Familien, heute sind wir nichts.» Und wieder lacht er, und nicht einmal eine Spur von Bitterkeit ist in seiner Stimme.

Es dämmert, als wir in Astara den Grenzübergang zu Aserbaidschan erreichen. Auf der gesamten zehnstündigen Fahrt durch den angeblichen Polizeistaat Iran hat uns nicht ein einziges Mal eine Streife angehalten, nicht einen lausigen Checkpoint mussten wir passieren. Der Abschied von Homayoun ist voller guter Wünsche. In dem kleinen Grenzwärterhäuschen hängt ein letztes Bild von Imam Khomeini. Hart lässt der Beamte den Ausreisestempel auf meinen Pass niedersausen. Noch vor Morgengrauen werde ich Baku erreichen.

DRITTER TEIL

SCHACH IM SCHWARZEN LOCH

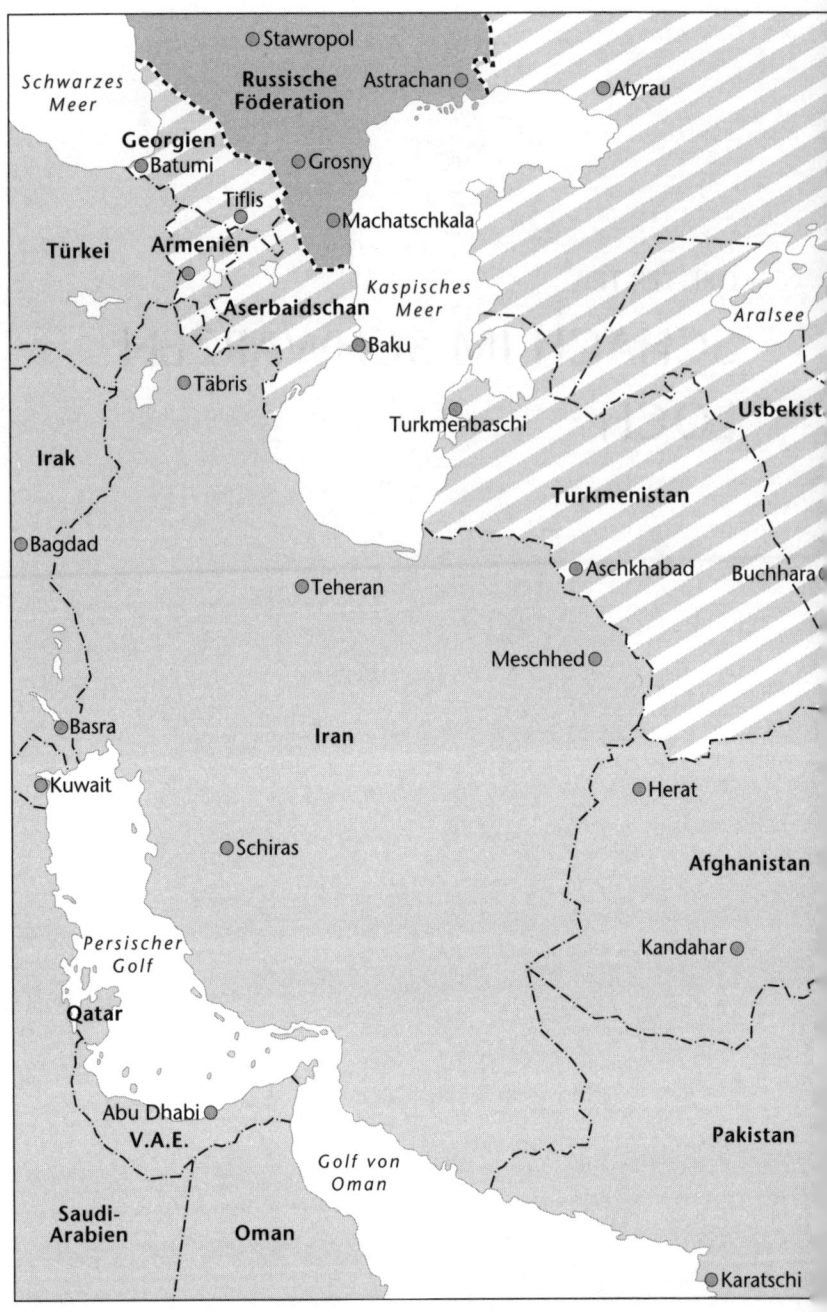

Nowosibirsk

Russische Föderation

Astana

Karaganda

Kasachstan

Balchasch-
see

Taschkent   Bischkek   Almaty   Kuldscha

arkand   Urumtschi

Kirgisien

Tadschikistan!
Duschanbe

rmez

Kaschgar

Jarkand   Xinjiang (Sinkiang)

China

Kabul   Dschammu

Peshawar   Islamabad   Kaschmir

Lahore

Tibet

Indien

Delhi   Nepal

GAS UND WASSERSPIELE: TURKMENISTAN

Pechschwarzer Qualm quillt aus den zwei Schornsteinen der «Professor Gül», als der Kapitän die Maschinen des Schiffs hochfahren lässt. «Leinen los!», ruft der Maat auf Aserisch, und Augenblicke später legen wir ab – mit fast einer Woche Verspätung! Baku hatte der persischen Bedeutung seines Namens – windige Stadt – alle Ehre gemacht, drei Tage lang war ein Sturm über die Bucht gejagt. Erst war der Wind frühlingswarm aus dem persischen Süden gekommen, dann hatte er bitterkalt auf Nordost gedreht, mit Grüßen aus Sibirien. Seit einigen Stunden herrschte eine Flaute, und der Kapitän entschied, die Überfahrt nach Turkmenistan zu wagen.

Das Schiff, benannt nach einem aserischen Wissenschaftler, ist ein ziemlich rostiger Pott, gut 150 Meter lang. Eigentlich fungiert die «Professor Gül» als Frachtfähre, die nur Lkw und Bahnwaggons in ihrem Bauch aufnimmt, aber mit knapp 50 Dollar ist man als ausländischer Passagier dabei. Dafür gibt es erst mal nur einen zerschlissenen Pullmansitz, doch gegen eine nette, raschelnde Geste weist mir die dicke Babuschka auf dem Oberdeck eine Kabine zu. Auf engstem Raum sind hier ein Kastenbett, zwei Stühle, ein Kühlschrank und sogar ein Badezimmer mit Dusche und WC untergebracht. Das Bullauge ist mit einem massiven Schloss versehen. Die Babuschka verschwindet mit meinem Pass, und auf dem langen Gang wird es still, sehr still.

Mit leichtem Unbehagen stelle ich fest, dass ich offenbar der einzige Passagier auf dem Schiff bin. Ratlos gehe ich auf dem verwinkelten Geisterschiff umher. Am Heck stoße ich auf den zweiten Bootsmaat, einen jungen Mann namens Avaz. Er trägt einen Jogginganzug und Plastiksandalen. Fast überrascht begrüßt er mich und sagt: «Noch vor einem Jahr hatten wir auf jeder Fahrt etwa 500 Passagiere, die meisten waren Händler aus Aserbaidschan. Aber dann hat die turkmenische Regierung den Preis für ein Visum auf 90 Dollar erhöht. Das kann sich keiner leisten.»

An diesem Abend macht sich Avaz allerdings eher Sorgen um den Wind. Das Schiff wurde in den achtziger Jahren in einer jugoslawischen Werft gebaut und ist über das Schwarze Meer, viele russische Kanäle und die Wolga schließlich ins Kaspische Meer gelangt. Der Schiffskörper sei viel zu hochwandig konstruiert, sagt der junge Offizier. «Das mag auf dem ruhigen Mittelmeer gut gehen. Aber hier sind die Stürme stark, und bei jeder Böe kippt der Pott stark zur Seite, und wir müssen mit voller Geschwindigkeit gegen den Wind fahren – das ist gefährlich.» Als ich am Kai ankam, fällt mir da ein, schob eine Lok etwa 20 Eisenbahnwaggons auf Gleisen in das Innere der Fähre. Damit sie auf See nicht ins Rollen kommen, legten die Matrosen lediglich einige Stahlblöcke vor die Räder.

Langsam verschwindet Baku im Dunst, die roten Hügel hinter der Stadt werden kleiner. Nur mit zusammengekniffenen Augen ist die ehemalige Villa der Brüder Nobel noch zu erkennen. Im Zentrum ragen zuletzt bloß die Silhouetten des monströsen stalinistischen Regierungspalasts und des Fernsehturms empor, dann versinken auch sie in der grauen Suppe aus Meer und Wolken. Backbord tauchen vorne die verrottenden Bohrtürme der Sandinsel auf, wo mich Generaldirektor Vagif Guseinow Wochen zuvor zum Mittagessen mit Wodka abfüllte. Vom vorbeigleitenden Schiff sehen die Holzpfähle unter den kilometerlangen Straßen und Pipelines, die die Bohrinseln verbinden, noch mickriger und wackeliger aus als damals.

Kaum ist die «Professor Gül» auf hoher See, werden Wind und Wellen wieder mächtiger, einmal rutscht der Aschenbecher von dem kleinen Tisch in meiner Kabine. Auf der Suche nach einem Abendessen finde ich das ehemalige Bordrestaurant verrammelt vor. In der Kombüse auf dem Unterdeck bietet eine ziemlich verwahrloste Frau an, mir ein Hähnchen zu braten. Beim Essen fällt mein Blick auf eine Schlachtstelle aus Holz in der Ecke, auf der ein blutbeschmiertes Beil liegt. Ich gehe zurück an Deck, um eine Zigarette zu rauchen.

Steuerbord, irgendwo da draußen, wo jetzt die Wellen in die schwarze sternlose Nacht übergehen, muss der Ort sein, wo am 23. Juli 2001 Aserbaidschan und der Iran an den Rand eines bewaffneten Konflikts über Öl gerieten. Ein aserisches Forschungsschiff von BPAmoco war von Baku aus in den südlichen Teil des Kaspischen Meers aufgebrochen, um Probebohrungen an einem vermuteten Ölfeld zu unternehmen. An Bord waren Wissenschaftler, vor allem Geologen, und Ingenieure. Um die Mittagszeit des 23. Juli donnerten plötzlich über ihnen zwei Kampfjets der iranischen Luftwaffe hinweg und kreisten danach zwei Stunden am Himmel über dem Schiff. Dann tauchte ein iranisches Kanonenboot auf. Über Funk forderte ein Marineoffizier den Kapitän des BP-Schiffs auf, augenblicklich alle Bohrungen einzustellen und iranische Hoheitsgewässer zu verlassen. Als das aserische Schiff seinen Kurs zunächst nicht änderte, wiederholte der Iraner seine Aufforderung und fügte hinzu, dass es keine weitere Warnung geben werde. Das BP-Schiff drehte bei. «Unsere Leute waren weit mehr als hundert Seemeilen von der iranischen Küste entfernt», sagte der sichtlich erregte BP-Sprecher Steve Lawrence später. «Aber die Iraner waren bewaffnet, da war nichts zu machen.» Zudem musste der Konzern vorsichtig sein, um sich nicht zukünftige Chancen für gute Geschäfte mit dem Iran zu vermasseln. In einer Erklärung warnte das iranische Außenministerium: «Falls eine Firma innerhalb [iranischen Territoriums] aktiv wird, wird die Islamische Republik dies unterbinden und in Zukunft keine Geschäfte oder Verträge mit der Firma machen.»[28]

Die aserische Regierung und amerikanische Diplomaten protestierten heftig. Schon lange waren die Beziehungen zwischen Baku und Teheran wegen der aserischen Minderheit im Norden Irans – immerhin 14 Millionen Menschen – angespannt. Das iranische Außenministerium rechtfertigte das Eingreifen damit, dass sich das BP-Schiff in Gewässern befunden habe, die nach Teherans Auffassung dem Iran gehören. «Wir mussten zu militärischen Mitteln greifen, alle unseren diplomatischen Noten zuvor haben die Aseris doch einfach ignoriert», sagte ein iranischer Regierungsbeamter. «Jetzt haben sie begriffen, dass es uns ernst ist.»

Die Route der «Professor Gül» von Baku bis zur turkmenischen Hafenstadt Turkmenbashi führt dicht an Bohrinseln und Forschungsschiffen internationaler Petroleumkonzerne vorbei, die entlang einer Kette von großen kaspischen Öl- und Gasfeldern liegen. Noch immer herrscht Streit darüber, wessen Eigentum sie sind. Bis heute haben sich die fünf kaspischen Anrainerstaaten – Russland, Kasachstan, Turkmenistan, Iran und Aserbaidschan – nicht auf eine territoriale Aufteilung des Gewässers einigen können. Die eigentlich simple Streitfrage: Ist das Kaspische Meer ein Meer oder ein See? Ein eher akademisches Problem – ginge es hierbei nicht um Milliarden Tonnen Öl. Wie sie aufgeteilt werden, das hängt von der Definition des mit 386 400 Quadratkilometern Fläche größten Binnengewässers der Welt ab. Betrachtet man das Kaspische Meer als See, dann würden die Anrainer lediglich einige Seemeilen vor ihrer Küste kontrollieren. Die große Mitte des Sees hingegen wäre internationales Gewässer, dessen Schifffahrtswege, Fischschwärme und Bodenschätze von allen Beteiligten gemeinsam genutzt werden müssten. Sie müssten sich darauf einigen, wie die Ölquellen ausgebeutet und die Profite geteilt werden.

Wird das Kaspische Meer tatsächlich als ein Meer definiert,

so wird der gesamte Grund unter den Anrainern aufgeteilt, wie ein Kuchen. Die meisten Rechtsexperten legen die internationale Konvention des Seerechts so aus, dass das Kaspische Meer das ist, was es genannt wird: ein Meer. Allerdings haben die Sowjetunion und der Iran die Praxis über Jahrzehnte anders gehandhabt. In zwei Verträgen von 1921 und 1940 einigten sie sich, dass Schiffe beider Länder auf dem gesamten Gewässer frei navigieren können und seine Ressourcen untereinander aufgeteilt werden. Nur betraf dies damals in erster Linie Fische, von Bodenschätzen ist in keinem Vertragswerk die Rede.

Seit dem Kollaps der Sowjetunion fühlen sich die drei neuen Nachbarn am Kaspischen Meer, vor deren Küsten zugleich die größten Ressourcen liegen, an die alten Verträge nicht mehr gebunden. Unterstützt von den USA, wollen sie den Grund des Meeres und die dort liegenden Bodenschätze in fünf ungleiche Sektoren unterteilen, die dem Küstenanteil jedes Landes entsprechen. Russland hat eine solche Lösung lange abgelehnt. Erst seit die Russen in ihrem Sektor eigene Vorkommen entdeckten, haben sie ihre Meinung geändert. Allerdings besteht Moskau darauf, dass nur der Meeresboden aufgeteilt wird, nicht aber die Oberfläche. So würden Schiffe, auch der Marine, weiter frei navigieren, ohne auf waffenstarrende Grenzschutzboote zu stoßen. Zugute käme dies vor allem der russischen Marine, die so ihre große kaspische Flotte jederzeit bis vor die Küsten der ehemaligen russischen Territorien bewegen könnte.

Der Iran lehnt diese Vorstellungen strikt ab. Bei allen Verhandlungen beruft sich Teheran auf die alten Verträge mit der Sowjetunion und besteht darauf, dass das Kaspische Meer ein See ist, dessen Bodenschätze gemeinsam genutzt werden müssen. Alternativ fordern die Iraner einen Anteil von 20 Prozent des Gewässers, allerdings vom Grund bis zur Oberfläche. An der so entstehenden neuen Grenze auf dem Wasser patrouillieren iranische Marineboote schon heute. Dahinter steht der Verdacht der Mullah-Regierung, dass die Vereinigten Staaten die Arbeit amerikanischer Ölfirmen zum Vorwand für eine militärische Präsenz nehmen könnten. Damit lägen Schiffe der US-Marine nicht mehr nur im Persischen Golf vor iranischen Küsten.

Die Forderung Teherans übersieht, dass der iranische Küstenabschnitt relativ kurz ist und dem Land daher nach internationalem Recht nur eine Fläche von etwa 14 Prozent zustünde. Erst ein Sektor von 20 Prozent würde allerdings viele der Ölfelder umfassen, die seit Jahrzehnten von Aserbaidschan aus entwickelt und ausgebeutet werden.

Dabei fällt mir der Abend im Socar-Hauptquartier bei Khoshbakht Jusifzadeh ein, dem jovialen Ölboss aus Baku. Als sowjetischer Chefgeologe für das Kaspische Meer entdeckte er in den Siebzigern viele der Ölfelder, um die sich die Anrainerstaaten heute rangeln. Dass der Iran die Früchte seiner Arbeit ernten möchte, ärgerte den Aseri bei unserem Gespräch sehr und riss ihn zu einem eher undiplomatischen Kommentar hin: «Gäbe es die mächtige Sowjetunion noch, würden die Iraner nicht wagen, unsere Ölfelder im Süden zu beanspruchen. Damals hat es sie ja gar nicht gestört, wenn ich dort gebohrt habe.»

Die konsequente Kanonenbootdiplomatie des Irans gegenüber Aserbaidschan verschärft den erbitterten Grenzstreit, der leicht, wie an dem Tag im Sommer 2001, zu einem Krieg eskalieren könnte. Eine vertrackte Situation, die den normalerweise eher nüchternen *Economist* an ein «Szenario für einen Dritten Weltkrieg» erinnerte.[29] Als wäre dies nicht Konfliktstoff genug, sind sich auch Aserbaidschan und Turkmenistan über die Zuteilung der Ölvorkommen uneins. Die Aseris wollen, dass die Grenze parallel zur Auswölbung der Apscheron-Halbinsel im weiten Bogen nach Osten verläuft. Ginge es nach den Turkmenen, würde eine strikt vertikale Grenze von Norden nach Süden durch das 1200 Kilometer lange Meer gezogen, und mindestens die Hälfte aller jetzt von Aserbaidschan beanspruchten Bodenschätze gehörte dem Nachbarstaat in Zentralasien.

Darunter wäre auch das riesige Feld Chirag, das jetzt, gegen

Mitternacht, backbord der sich mühsam vorwärts kämpfenden «Professor Gül» liegt. Die Ölblase, mit geschätzten fünf bis sieben Milliarden Barrel Inhalt, riss sich BPAmoco Mitte der 1990er unter den Nagel. Bereits seit zwei Stunden ist eine gewaltige Flamme, gespeist aus abgefackeltem Gas, zu sehen, aus mehr als 30 Seemeilen Entfernung. Das Feuer zaubert rote Wolken an den Himmel und schillernde Kämme auf die Wellen bis vor den Schiffsbug – so muss in der Antike der Leuchtturm von Pharos gewirkt haben. Doch es ist beileibe nicht der einzige helle Schein auf dem Meer. Westlich von Chirag zittern in der Ferne die Lichter von Neft Dashlari, «Ölige Felsen», der größten Offshore-Bohrinsel der Welt. Anders als die kleinere Sandinsel ist es eine richtige Stadt auf Stelzen, die sowjetische Ingenieure da 1949 über dem Wasser errichteten. Mehr als 100 Kilometer Straßen verbinden die etwa 600 Bohrtürme, für Tausende Arbeiter gibt es Wohnblocks, ein Kino und Bars. Als ein Wunderwerk sozialistischer Ingenieurskunst galt Neft Dashlari damals weltweit, der Stolz eines Landes, das wenige Jahre zuvor den Marsch der Armeen Adolf Hitlers auf die kaspischen Ölquellen gestoppt hatte. Heute, fünfzig Jahre später, verfallen die hoffnungslos veralteten Anlagen wie die der Sandinsel. Die Bohrtürme versinken im Meer, immer wieder kommen Arbeiter bei Unfällen ums Leben.

Am nächsten Morgen, kurz nach Sonnenaufgang, kommt die turkmenische Küste in Sicht. Der Sturm hat sich gelegt, das Wasser ist ruhig und viel klarer und blauer als vor der aserischen Küste. Ich habe meine Reisetasche schon für den Landgang gepackt, da ist ein lautes Kettenrasseln zu hören – die «Professor Gül» wirft Anker. Die Mannschaft versammelt sich auf dem Oberdeck und beginnt, Volleyball zu spielen. Damit der Ball nicht über Bord geht, befestigt ein Matrose ihn klugerweise mit einer langen Angelschnur am Netz. «Wir werden hier gewiss noch bis morgen früh liegen müssen», sagt der zweite Bootsmaat Avaz gelassen. «Die Turkmenen lassen uns nicht in den Hafen.»

Warum denn nicht? «So sind sie. Ihr Präsident ist sauer auf unseren Präsidenten, weil Aserbaidschan alle guten Ölfelder abgegriffen hat.»

Fast 24 Stunden später, um drei Uhr morgens, legen wir endlich im Hafen von Turkmenbashi an. Um das Schiff zu verlassen, muss ich im Dunkeln in den Frachtraum runterklettern. Knirschend öffnet sich die Ladeklappe, und auf dem Kai dahinter tauchen mehrere uniformierte Männer auf. Gegen das grelle Licht von Scheinwerfern in ihrem Rücken sind sie nur als gesichtslose Silhouetten erkennbar, die offenbar Pistolen am Gürtel tragen – turkmenische Grenzpolizisten. Bootsmaat Avaz, der neben mir steht, zischt mir zu: «Mit den Jungs ist nicht zu spaßen. Sei bloß unterwürfig, sonst wird es eine lange Nacht!» Höflich halte ich dem ersten Beamten, der das Schiff betritt, meinen Pass hin.

Mehr als vier Wochen hatte es gedauert, ein Visum für Turkmenistan zu ergattern. Von der Botschaft in Berlin wurde ich an ein obskures Reisebüro in Mannheim verwiesen, das als einziges in ganz Deutschland ein Visum besorgen kann. Dafür war es notwendig, eine Pauschalreise zu buchen, die ich dann im letzten Moment wieder absagte. Die Kosten für das so ergaunerte Visum betrugen weltweit einmalige 150 Dollar, für vier Wochen Aufenthalt. Die Turkmenen, die noch vor achtzig Jahren als Nomadenstämme durch die zentralasiatische Steppe ritten, haben sich offenbar ein gründliches Misstrauen gegenüber Fremden bewahrt.

Der Beamte ignoriert meinen Pass und schiebt mich beiseite. Erst nachdem er und seine Kollegen jeden einzelnen Eisenbahnwaggon auf dem Schiff samt Papieren inspiziert und dabei jeder ungefähr 14 Zigaretten geraucht haben, was anderthalb Stunden dauert, darf der einzige Passagier auf der «Professor Gül» aus Baku seinen Pass erneut vorzeigen und von Bord gehen.

DER VERGOLDETE DIKTATOR

Turkmenistan ist wahrscheinlich das einzige Land der Welt, wo ein Taxi zum Flughafen teurer ist als der anschließende Flug. «Nein, mein Herr, das ist ganz sicher kein Irrtum, das Ticket kostet 35 Manat», sagt die Dame von Turkmenistan Airways am kleinen Flughafen in Turkmenbashi. 35 Manat, das sind umgerechnet etwas mehr als zwei Euro! Für einen Flug in die Hauptstadt Aschkhabat, immerhin 800 Kilometer entfernt. Ich zucke mit den Achseln und kaufe das Ticket. Unter den Passagieren der Morgenmaschine, einer brandneuen Boeing 757, sind viele bunt bekleidete Marktfrauen, die Obst und Fische vom Kaspischen Meer auf dem Basar in Aschkhabad verkaufen. Am Abend werden sie mit dem letzten Flieger wieder heimkehren. Mit einem feinen Nettogewinn in der Tasche, nach Abzug der Transportkosten.

Wo Derartiges möglich ist, sind meist sagenhafte Bodenschätze nicht weit. Tatsächlich wird Turkmenistan oft das neue Kuwait am Kaspischen Meer genannt: Die seit zehn Jahren unabhängige exsowjetische Wüstenrepublik – etwa von der Fläche Deutschlands – sitzt auf immensen Reichtümern. Allein die Gasvorkommen, geschätzte zwei Billionen Kubikmeter, sind die viertgrößten der Welt. Dazu kommen noch weitgehend unerschlossene Ölfelder vor der turkmenischen Küste, von denen bis heute niemand weiß, wie groß sie sind. Die Bodenschätze machen das Land zu einem der wertvollsten Beutestücke im Kampf der Großmächte und Konzerne am Kaspischen Meer.

Deren Problem ist, dass Turkmenistan von einem, vornehm ausgedrückt, leicht realitätsfremden Mann beherrscht wird: Staatspräsident Saparmurat Nyazow. Besser bekannt als Türkmenbaschi, der «Führer aller Turkmenen», wie sich Nyazow seit Jahren nur noch nennt. Der ehemalige Chef der Kommunistischen Partei in Turkmenistan hat das Land seit dem Zusammenbruch der Sowjetunion in sein ganz persönliches Khanat verwandelt. In keiner anderen exsowjetischen Republik hat das stalinistische System so unverfälscht überlebt wie in Turkmenistan. Den meisten der fünf Millionen Turkmenen sind Auslandsreisen nahezu unmöglich, und der umbenannte KGB behält noch immer die Kontrolle. Nyazow selbst, per Parlamentsbeschluss zum Diktator auf Lebenszeit ernannt, pflegt einen Personenkult, der auf der Welt einmalig ist. Von seiner eigenen Göttlichkeit überzeugt, hat Türkmenbaschi sein Land in einen gigantischen Themenpark verwandelt, mit einem einzigen Thema: dem Präsidenten. Buchstäblich an jeder Straßenecke der Hauptstadt hängen Porträts des 60-Jährigen, eines untersetzten Mannes mit einem weichlichen, leicht einfältigen Gesicht. Mal sieht er darauf aus wie Burt Reynolds, dann wie eine Kreuzung aus Leonid Breschnew und Franz Josef Strauß. Alle öffentlichen Gebäude schmückt der Staatsslogan «Halk, Watan, Türkmenbaschi» – was soviel bedeutet wie «Ein Volk, ein Vaterland, ein Führer». «Es erinnert alles ein wenig an Kim Il-Sung in Nordkorea, aber es ist noch viel seltsamer», sagt eine westliche Diplomatin, nennen wir sie Elisabeth, die mich auf einem Spaziergang durch Aschkhabad begleitet. Ein Sightseeing der Absurdität hat Elisabeth mir versprochen, die selbst seit sechs Jahren in Türkmenbaschis Reich akkreditiert ist.

Die Tour beginnt im Kern der Stadt, mit einem Höhepunkt: einem Triumphbogen, der in eine Siegessäule übergeht. Auf deren Spitze, in etwa 70 Metern Höhe, steht eine riesige Statue des Diktators höchstselbst – aus purem Gold! Mit wehendem Mantel und weit ausgestreckten Armen blickt Türkmenbaschi auf seine Untergebenen herunter. Dabei rotiert er langsam einmal um die eigene Achse in 24 Stunden. «Damit sein güldenes Antlitz stets der Sonne zugewandt bleibt, oder umgekehrt», kommentiert Elisabeth trocken. Es ist nicht das einzige Denkmal dieser Art. Nicht weniger als dreizehn weitere Statuen Türkmenbaschis, alle aus Gold, zähle ich während der folgenden Tage. Der Triumphbogen, der mit seinen drei Stelzen wie eine Mondrakete aussieht, ist der Neutralität von Turkmenistan gewidmet. Sie ist des Herrschers Herzenssache, die sogar die UNO-Vollversammlung in einer von den turkmenischen Delegierten beantragten Abstimmung im Dezember 1995 offiziell anerkennen musste. So blieb Turkmenistan auch im Krieg der Vereinigten Staaten gegen das afghanische Taliban-Regime strikt unparteiisch. Als einzige der exsowjetischen Republiken Zentralasiens lehnte Aschkhabad alle Forderungen der USA nach Hilfe ab und bot der amerikanischen Luftwaffe keine Stützpunkte an. Zugleich erhielt das Land – im Gegensatz zum östlichen Nachbarn Usbekistan – viel Lob dafür, dass es viele humanitäre Hilfslieferungen über seine Grenze mit Nordafghanistan ermöglichte.

Neben dem Triumphbogen ließ der Diktator ein Denkmal für das furchtbare Erdbeben errichten, das am 6. Oktober 1948, frühmorgens die Stadt heimsuchte und binnen einer Minute vollkommen zerstörte. Mehr als 110 000 Menschen, zwei Drittel der Bevölkerung, starben. Unter den Toten waren auch die Mutter und der Bruder des 1941 geborenen Nyazow. Sein Vater war bereits im Weltkrieg gefallen. Da niemand unter den Verwandten den Waisen bei sich aufnehmen wollte, wuchs er in einem Heim auf. «Dass er es trotzdem in seinem Leben zu etwas brachte, überzeugte ihn offenbar davon, auserwählt zu sein», glaubt Elisabeth. Das Denkmal, fast so groß wie ein Haus, lässt daran keinen Zweifel: Das Erdbeben wird von einem wilden Stier versinnbildlicht, der den Erdball auf die Hörner nimmt. In einer Erdspalte versinkt sterbend die Mutter, die aber mit letzter Kraft ihren kleinen – und natürlich vergoldeten – Jungen emporhält. Die Naturkatastrophe als Ankunft des Heilands.

Auch seiner verstorbenen Familie hat Türkmenbaschi Denkmäler errichten lassen. Der Mutter ist dabei die besondere Ehre zuteil geworden, vor dem neuen Justizpalast anstelle von Justitia die Waage der Gerechtigkeit zu halten. Vor dem protzigen Marmorgebäude stehen Polizisten, wie im übrigen an jeder Straßenecke der Stadt. Doch der Polizeistaat hat eine unerwartet humane Prägung. Als einziges Land in der Region hat Turkmenistan die Todesstrafe abgeschafft. Eine Opposition wird nur im Exil geduldet, aber Verfolgungen sind selten. «Politische Gefangene gibt es unter Nyazow unseres Wissens nur einen einzigen, und der hatte die falschen Freunde», berichtet die Diplomatin Elisabeth. «Türkmenbaschi ist kein Tyrann. Er ist nur wie ein Kind, und dazu noch ein ziemlich verrücktes.»

Wir nähern uns dem Präsidentenpalast, dessen gewaltige Kuppel aus Gold weithin in der Sonne glänzt. Der Bau wurde auf einer leichten Anhöhe errichtet, und über den Abhang rauschen Unmengen Wasser in Kaskaden in einen Burggraben. Fast sieht es so aus, als schwebte der Palast wie ein Luftkissenboot. Das neongrüne Licht, in das der Amtssitz in der Nacht getaucht wird, verstärkt diesen Effekt noch. «Früher stand hier ein Wohngebiet, das Nyazow dann kurzerhand abreißen ließ», erzählt Elisabeth. «Den Bewohnern wurde gesagt, sie sollten zu Verwandten ziehen und stolz auf ihr Opfer für das Vaterland sein.» Wie an allen öffentlichen Gebäuden sind auch die Mauern des Palasts aus weißem Marmor, der eigens aus Italien importiert wird. Die Fassaden alter Betonsünden aus der Sowjetzeit, wie etwa die zentrale Post, wurden ebenso mit Marmorplatten aufgewertet.

Wie jedes Mitglied des diplomatischen Korps kennt Elisabeth unzählige obskure Anekdoten über Türkmenbaschi. «Neulich fragte er sich wohl in seinem Palast, ob das Volk ihn auch wirklich so liebe, wie seine Minister ihm versichern. Da hat er sich einen falschen schwarzen Bart angeklebt und ist ganz allein in die Außenbezirke gefahren, um einfache Menschen auf der Straße nach ihrer Meinung zu fragen.» Natürlich würde sich in Turkmenistan niemand trauen, seine wahren Ansichten zu politischen Themen öffentlich kundzutun. «Schon gar nicht, wenn der Befrager in der gepanzerten, schwarzen Mercedes-Limousine des Präsidenten angefahren kommt – und ihm obendrein der Bart schief vom Kinn hängt.»

Es war nicht das erste Mal, dass der exzentrische Diktator

seinen schwarzen Mercedes, ein Geschenk des Konzerns, höchst-selbst steuerte. Wie wohl kein anderer Staatsmann der Erde ver-zichtet er grundsätzlich auf Chauffeure. «Neulich wurde ein Ge-bäude offiziell eingeweiht», erzählt Elisabeth und kann ihr Lachen kaum unterdrücken. «Wir vom diplomatischen Korps waren alle versammelt, nur der Präsident fehlte noch. Da kam er angebraust, parkte seinen Mercedes, stieg aus, schloss ab, steck-te die Schlüssel in die Tasche, schlenderte zu uns rüber und sagte gut gelaunt: ‹Alles klar, kann losgehen!›»

Wir nehmen ein Taxi und fahren an den Stadtrand. Unter-wegs passieren wir das neue Fußballstadion, das – wie Tausende anderer Gebäude, Straßen und sogar eine ganze Stadt – nach dem Präsidenten benannt wurde. Rechts der Hauptstraße hat ein türkischer Konzern Hochhäuser mit Luxusapartments errichtet, die allerdings leer stehen. «Da zieht keiner ein», sagt Elisabeth. «Turkmenen verdienen im Schnitt keine 50 Dollar im Monat, da kann sich niemand solche Wohnungen leisten. Außerdem sind die Häuser nicht erdbebensicher.»

Das gilt auch für das Dutzend Luxushotels, das Nyazow in Erwartung zahlreicher internationaler Petrol-Geschäftsleute an einer Straße bauen ließ. Eine bizarre Stilmischung: eines sieht aus wie ein Raumschiff, ein anderes wie ein Doughnut. Gespart wur-de auch hier nicht. Allerdings stehen die meisten heute leer.

Wir erreichen das jüngste Großprojekt, in dem der moderne Khan seinen Hang zu bombastischem Disney-Kitsch voll aus-lebt: den Springbrunnenpark. Wasserspiele sind die größte Ob-session von Nyazow, dessen Land eine einzige Wüste ist. Der Anblick ist biblisch: Auf bislang brachliegenden Feldern von mehreren Quadratkilometern Fläche bauen Arbeiterbrigaden unzählige phantasievolle Springbrunnen aller Größen. In keinem fehlen Tiergestalten – Flamingos, Tiger und Fische –, die Wasser speien. Dazwischen schlängeln sich Kieselsteinwege, die von Pal-men und exotischen Koniferen gesäumt werden. Die importier-ten Palmen sind noch in Decken gehüllt, denn natürlich sind die turkmenischen Winter, in denen die Temperaturen auf minus 25 Grad sinken können, etwas kühl für die zarten Gewächse. Neu angelegte Rasenflächen werden mit Sprengern bewässert. Die Männer und Frauen, die zu Hunderten an dem Luxuspark arbeiten, wirken wenig motiviert. Sie tragen Lumpen. Elisabeth erläutert: «Fast alle erwachsenen Menschen in Turkmenistan arbeiten wie zu Sowjetzeiten für den Staat. Die meisten werden eingesetzt, um die Großprojekte des Chefs zu verwirklichen.» Etliche Soldaten bewegen sich in den Arbeitskolonnen. Sie könnten im übrigen auch von Privatleuten für Arbeiten in Haus und Garten ausgeliehen werden, erzählt Elisabeth. «Wir haben neulich für einen Umzug bei der Armee drei Rekruten beantragt und erhalten.»

Die Baustelle hat geradezu pharaonische Ausmaße. In ihrer Mitte ragt der angeblich größte Springbrunnen der Welt empor: eine Pyramide aus dunklem Marmor, die denen von Gizeh kaum nachsteht. Kaskadisch fällt das Wasser über die Stufen. Je mehr wir uns dem grandiosen Klotz nähern, desto ohrenbetäubender wird das Rauschen der Wassermassen. «Nur das beste Quellwasser darf für diese Spielereien verwendet werden», sagt Elisabeth kopfschüttelnd. Dabei steigt die Temperatur in der Wüstenstadt Aschkhabad im Sommer auf über 40 Grad. «Natürlich verdunstet dann alles Wasser, und zum Trinken bleibt nichts mehr.»

Um das Los seiner hart arbeitenden Untertanen zu erleichtern, hat der Diktator allerlei obskure Feiertage eingeführt. «Der beste ist der Tag der Melone im Herbst», erzählt Elisabeth. «Dann wird in der Stadt ein riesiger Berg aus Zehntausenden von Melonen aufgeschüttet, und alle Menschen dürfen bis in die Nacht so viele Melonen essen, wie sie vertragen können.»

Außerdem gibt der Führer aller Turkmenen seinem Volk spirituelle Führung. Weder der Koran noch die Bibel enthalten, so befand er jüngst, hinreichende moralische Lehren. Also schrieb er kurzerhand ein eigenes Gottesbuch und nannte es *Ruhnama*, die «Antwort auf alle deine Fragen». Die Sammlung aus Fabeln und Bauernweisheiten ist inzwischen Pflichtlektüre in allen Schulen und Universitäten, das Fernsehen bringt stundenlange Vorlesungen. Sie sind wie Märchen aus *Tausendundeiner Nacht*: Auf der Leinwand hinter der Sprecherin, die in turkmenischer Volkstracht gekleidet ist, scheint ein Halbmond, und Sternschnuppen sausen über den dunklen Himmel. Als Logo der drei staatlichen TV-Kanäle, das wie bei deutschen Sendern rechts oben im Bild eingeblendet ist, glänzt die goldene Büste des Präsidenten.

Auch Kabinettssitzungen werden ohne Ausnahme live im Fernsehen übertragen. Dabei geht es zu wie in der Grundschule: Bevor seine Minister Nyazows Fragen beantworten, müssen sie aufstehen. Um demokratische Transparenz gehe es dabei allerdings nicht, sagt Elisabeth. «Der Chef will dem Volk zeigen, was für Idioten alle anderen Politiker im Lande sind.»

Noch am selben Abend bekommen Elisabeth und ich eine dramatische Kostprobe dieser Herrschaftsmethode. Wir sind auf dem Weg zu einem Restaurant in der Innenstadt, zu Fuß. Es ist schon dunkel, und die Straßen sind noch unbelebter als tagsüber. Plötzlich höre ich eine dunkle, klare Stimme. Sie scheint ganz nah hinter mir zu sein, dann wieder kommt sie von der Seite. «Das ist Türkmenbaschi», sagt Elisabeth nur. Plötzlich ist Stille. Wir biegen in eine Seitenstraße ein, und erneut vernehme ich deutliche Worte, dieses Mal von oben und links gleichzeitig. «Erschrick nicht, das sind alles Lautsprecher, die über die Stadt verteilt sind», lacht Elisabeth. Sie tritt auf einen Baum zu, und nach kurzem Suchen zeigt sie tatsächlich auf ein kleines Gerät von Sony, das in die Zweige gehängt wurde. Dünne Kabel verlaufen am Stamm und verschwinden im Erdboden. Ein Soundsystem für die gesamte Innenstadt! «Damit der Präsident auch allzeit Gehör findet.» Wir überqueren den großen Paradeplatz vor dem Präsidentenpalast. Und da sehen wir ihn! Von einer riesigen Videoleinwand am Rande des Platzes hält Türkmenbaschi eine Rede an sein Volk. Außer zwei Gardesoldaten und uns haben sich allerdings keine Untertanen vor der Leinwand versammelt. Der Herrscher, in einem dunklen Anzug, sieht missvergnügt aus. Schleppend nur kommen ihm die Worte, nach Jahrzehnten Parteikarriere in Moskau beherrscht er seine Muttersprache noch immer nicht fließend. Elisabeth, die Turkmenisch versteht, blickt gebannt auf die Leinwand. «Hier geschieht etwas Sonderbares», sagt sie. Aus dem Publikum, zu dem Nyazow spricht, zitiert er auf einmal einen Mann zu sich nach vorne. Er ist groß gewachsen und blickt finster drein. «Das ist Muhammed Nazarow, der Chef vom KGB, der meistgehasste Mann im Land», erklärt die Diplomatin, nun noch aufgeregter. Der Geheimdienstler muss sich von Nyazow offenbar die Leviten lesen lassen, dann spricht er selbst, mit hängendem Kopf und zitternder Stimme. «Eine Selbstkritik-Sitzung! Wie unter Stalin», flüstert Elisabeth mir zu. «Der Chef hat Nazarow aufgefordert, vor allen öffentlich Selbstkritik zu üben. Das ist sein Ende.»

Wie gebannt verfolgen wir das Spektakel, das mich an Aufnahmen der Schauprozesse in den dreißiger Jahren oder während der Kulturrevolution Maos erinnert. Wieder spricht der Führer aller Turkmenen, und sein Gesichtsausdruck verheißt nichts Gutes. Wortlos und gebeugt geht der KGB-Chef an seinen Platz zurück. Schweigend und feindselig sehen die übrigen Herren in seiner Sitzreihe zu ihm rüber, keiner regt sich. Auch Elisabeth ist zunächst sprachlos. «Er hat ihn gefeuert, live im Fernsehen! Hat ihm vorgeworfen, dass der Geheimdienst sich zu sehr in das Leben der Menschen eingemischt habe. Das ist gut, ja. Das wird Nyazow im Volk beliebter machen.» Die Diplomatin ruft einen Kollegen an der Botschaft an, um die überraschende Nachricht zu diskutieren.

Gasprom

DER LANGE ARM MOSKAUS

So unterhaltsam die Launen des turkmenischen Herrschers sein mögen, so schwierig ist es für westliche Regierungen und Unternehmen, in dem rohstoffreichen Land politisch und wirtschaftlich Einfluss zu gewinnen. Anders als in den übrigen Schlüsselstaaten am Kaspischen Meer, wie Kasachstan und Aserbaidschan, werden ausländische Investitionen in Turkmenistan, besonders im Öl- und Gassektor, nach wie vor eher behindert. Die absolute Willkür des Präsidenten macht klare rechtliche Vorgaben ebenso wie einen effektiven Schutz vor Korruption unmöglich. «So müssen sich die ersten Händler gefühlt haben, die im 19. Jahrhundert an den Hof des Emirs von Bukhara gereist sind», erzählt mir ein britischer Geschäftsmann in einer Bar. Auch er will nicht namentlich genannt werden, aus Angst vor negativen Folgen. «Die Turkmenen könnten etwa unsere bestehenden Verträge einfach zerreißen und mich ausweisen.»

Von den Schwierigkeiten seiner westlichen Gegenspieler im neuen «Great Game» profitiert allein Turkmenistans kolonialer Exhegemon: Russland. Zwar besiegten russische Zarentruppen die letzten nomadischen Banditen Turkestans erst vor gut einhundert Jahren, in der Schlacht von Geok-Tepe im Januar 1881, aber aus der Abhängigkeit von Russland weiß sich das kleine Land auch nach dem Ende der Sowjetunion nicht richtig zu befreien. Seinen wichtigsten Geldbringer, das Erdgas, muss Turkmenistan bis heute durch die alten Pipelines nach Russland exportieren. Andere bestehen nicht, außer einer kleinen neuen Röhre in den Iran, die aber die Abhängigkeit von Moskau kaum mindert. Schon mehrfach hat Gasprom, der russische Gasgigant, den Turkmenen willkürlich den Hahn abgedreht und die Pipelines gesperrt. Daher hatte die turkmenische Regierung Mitte der neunziger Jahre den kühnen Plan, eine Pipeline unter dem Kaspischen Meer hindurch nach Aserbaidschan zu legen, wo sie an eine Leitung in die Türkei angeschlossen würde. Das Projekt wurde enthusiastisch von der amerikanischen Regierung unterstützt, die Turkmenistan wie alle 1992 unabhängig gewordenen, rohstoffreichen Länder aus der Faust Moskaus zu befreien sucht. Wie im Falle von Aserbaidschan sieht Washington in einer Ost-West-Pipeline, die Russland umgeht, dafür das beste Mittel.

Der Shell-Konzern stieg in das Projekt ein und fertigte Machbarkeitsstudien an. Ich verabrede mich mit Pius Cagienard, dem Generaldirektor von Shell in Turkmenistan. Sein Büro ist, zusammen mit den britischen, deutschen und französischen Botschaften, in einem Luxushotel untergebracht, das wie eine kleine internationale Festung wirkt. «Die Studien kamen zu dem Schluss, dass die Pipeline technisch und kommerziell absolut sinnvoll wäre», sagt der schmächtige Mann. An der Wand hinter ihm hängen viele Fotos von dem Tag im Jahre 1999, an dem Shell-Manager und Präsident Nyazow Vorverträge unterschrieben. Der Schweizer betrachtet sie heute mit Bitterkeit, denn aus der transkaspischen Pipeline wurde nichts. «Das Projekt geriet in ein geopolitisches Ringen zwischen den USA und Russland, und Moskau hatte leider den längeren Arm», erzählt Cagienard und sieht dabei sehr wie ein Verlierer aus. Trotz der staatlichen Unabhängigkeit stehe Turkmenistan noch immer unter der Kontrolle Moskaus. «Die Russen haben so viel politischen Druck gemacht, dass sich Präsident Nyazow nicht mehr getraut hat, sie vor den Kopf zu schlagen und mit uns einen endgültigen Vertrag zu unterschreiben.» Damit ging die Chance auf eine zweite Exportroute bis auf weiteres verloren, denn die Türkei hat inzwischen Lieferverträge für Gas mit dem Iran und mit Russland abgeschlossen. Die russische Pipeline, «Blue Stream» genannt, wird ironischerweise unter dem Schwarzen Meer in die Türkei führen.

Von Shells Versagen profitierte der russische Rohstoffkonzern Itera, enger Partner des Gasgiganten Gasprom. Iteras Boss Igor Makarow, einer der Moskauer Oligarchen, wuchs in Aschkhabad auf. Bei seinen Geschäften konnte sich Makarow auf eine langjährige Freundschaft mit Präsident Nyazow stützen.

Anfang des Jahres 2002 vereinbarten die beiden Männer, dass Turkmenistan im kommenden Jahr 40 Milliarden Kubikmeter Gas nach Norden an Itera liefert. Damit ist Makarow vorläufiger Gewinner im Kampf um das turkmenische Gas.

Sein Aufstieg ist eine dieser wundersamen Karrieren des postsowjetischen Übergangschaos. Als die UdSSR sich 1991 auflöste, begann Makarow einen florierenden Handel mit Lebensmitteln nach Turkmenistan zu betreiben. Schon bald wuchs die Nachfrage nach Fleisch und Butter derart, dass der Russe für den Wareneinkauf einen Kredit brauchte. Er wandte sich an zwei flüchtige Bekannte aus Florida, die sofort als Investoren in das Geschäft einstiegen. So wurde Itera 1992 gegründet und obskurerweise in Jacksonville, Florida, registriert. Zwei Jahre später teilte die turkmenische Regierung Makarow mit, sie wolle für eine Lieferung von Lebensmitteln statt mit Dollars lieber mit vier Milliarden Kubikmetern Erdgas bezahlen – eine gewaltige Menge, die aber nur ihren Wert hatte, wenn Makarow sie weiterverkaufen konnte. Also ging er mit dem Schreiben der Turkmenen zum Monopolisten Gasprom, der schon damals wie heute alle Gaspipelines in Russland kontrollierte. Er bat darum, sein Gas durch die große Druschba-Röhre nach Europa exportieren zu dürfen. Die Gasprom-Chefs lehnten ab. Die Pipeline, «Freundschaft» genannt, hatten die Sowjets nach dem Krieg in das besetzte Osteuropa gelegt. Schon in den achtziger Jahren wurden auch westeuropäische Märkte an die Druschba angeschlossen, die für Gasprom zur wichtigsten Quelle von harten Devisen wurde.

Die Konzernherren machten Makarow einen Vorschlag: Sie würden ihm seine Ware statt nach Westeuropa in die Ukraine pumpen. Viele Dollars solle er von den verarmten Ukrainern allerdings nicht erwarten. Der Itera-Chef ließ sich auf den Deal ein, denn er hatte eine Idee: Statt nur mit Geld zu bezahlen, könnte die ukrainische Landwirtschaft direkt Lebensmittel an Turkmenistan liefern. So begann Makarow mit turkmenischem Erdgas zu handeln. Acht Jahre später ist die Itera-Gruppe zu einem der größten Rohstoffimperien Russlands expandiert und verzeichnete im Jahre 2000 einen Umsatz von drei Milliarden Dollar. Nur hat die sagenhafte Erfolgsgeschichte inzwischen dunkle Flecken: Es gibt Hinweise auf massiven Betrug. Offenbar verstand es Makarow, seinen ersten Kontakt mit der Führungsriege von Gasprom zu einer sehr profitablen Beziehung auszubauen. Unter dem Banner der Privatisierung vergab der Gasgigant in den Neunzigern an Itera Produktionsstätten im Werte von Hunderten Millionen Dollar. Darunter war das sibirische Gasfeld Achimowsk, in dem man 350 Milliarden Kubikmeter Erdgas vermutet. Statt des Marktwerts von mindestens 500 Millionen Dollar zahlte Makarow für seine Anteile von 49 Prozent an Achimowsk lächerliche 265 270 Dollar. Schon lange wird daher vermutet, dass Gasprom-Chefs heimlich Anteile an Itera besitzen und sich mit den Billigverkäufen selbst bereichert haben. Sollten sich die Vorwürfe gegen Itera erhärten, könnte auch das Milliardengeschäft mit den Turkmenen platzen.

Vor der Reise nach Turkmenistan suchte ich Itera-Vorstandsmitglied Wladimir Martynenko in der Konzernzentrale in Moskau auf. Der dynamisch wirkende, dunkelhaarige Mann gilt in der Branche als die rechte Hand Makarows. Gleich zu Beginn unseres Gesprächs in seinem Büro im 15. Stock machte er klar, dass er sich nicht zu den Korruptionsvorwürfen gegen Itera äußern werde. Dabei blickte er aus dem Fenster in den verhangenen Regenhimmel über Moskau. Erst in der Nacht zuvor war der 49-Jährige von einer Ölkonferenz im sonnigen Houston, Texas, nach Russland zurückgekehrt. «Alles, was im Business Rang und Namen hat, war da», erzählte der Itera-Manager, und seine Laune stieg. «Es wurden gute Deals gemacht.»

Statt aber Details über anstehende Konzernfusionen preiszugeben, sprang Martynenko aus seinem Sessel und schritt zu einem Kleiderständer in der Ecke seines Büros. Er holte einen langen schwarzen Koffer mit Metallbeschlägen hervor und öffnete ihn. Zum Vorschein kam eine rote E-Gitarre, Marke Rickenbacker. Zärtlich nahm Martynenko sie heraus. «Auf der hat John Lennon mal gespielt», schwärmte er mit glänzenden Augen. «Ich habe sie auf einer Auktion in Houston ersteigert. Für sehr wenig Geld.» Seit den Sechzigern, als er noch Sowjetdiplomat in China und Indien war, sei er bekennender Rockfan und Gitarrist. Als Martynenko die Skepsis in meinem Gesicht erblickte, legte er kurzerhand sein Jackett ab, schloss das kostbare Instrument an einen Verstärker und spielte durchaus passable Rhythmen von Bob Marley und Jimi Hendrix. Eine geschlagene Viertelstunde rockte der Gasmanager kreuz und quer durch den Raum, so wild, dass seine Sekretärin zwischendurch besorgt zur Tür hereinsah und ein Glas Wasser brachte. Nur sehr widerwillig ließ sich Martynenko wieder aufs Business zurückbringen.

Über den Gas-Deal mit den Turkmenen sagte er: «Wir sind sehr zufrieden, dass wir uns geeinigt haben. Wir haben noch große Investitionen in Turkmenistan vor.» Die Zufriedenheit ist begründet: Mit 43 Dollar pro 1000 Kubikmeter zahlt Itera – im Vergleich zu den in Europa üblichen 100 Dollar – einen Spottpreis, der zudem zur Hälfte in Naturalien zu entrichten ist. Sicher sei es für Itera hilfreich gewesen, fragte ich, dass die Turkmenen keine Alternativen zu den russischen Pipelines haben? Martynenko antwortete knapp: «Nein. Das ist ein fairer Preis, alle sind zufrieden. Wir nutzen die Pipelinesituation nicht aus.» Dass die transkaspische Pipeline als Alternativroute gescheitert ist, habe nicht an politischen Hindernissen gelegen. «Die Russen haben gar keinen Druck gemacht, Schuld am Aus des Projekts hatten nur die Aseris.» Die Regierung in Baku habe die Pipeline boykottiert, wollte nicht ausreichend Gas durch das Land lassen, um sie rentabel zu machen. Massiven politischen Einfluss habe einzig Washington auszuüben versucht. «Aber es hat nicht gereicht, um die Aseris zum Einlenken zu bringen. Also ist das Projekt gestorben.» Nichts in seinen Worten ließ darauf schließen, dass Martynenko dies bedauerte. Als er mich zur Tür geleitete, wies er mich beiläufig darauf hin, dass Itera die russische Karate-Nationalmannschaft sponsert. «Drei unserer Türsteher unten sind Karate-Weltmeister – seien Sie vorsichtig auf Weg nach draußen.» Ob der Russe nur scherzte?

Beflügelt vom Erfolg des Itera-Konzerns, hat der russische Präsident Putin vorgeschlagen, dass Turkmenistan und andere exsowjetische Staaten mit Russland eine «eurasische Allianz von Gasproduzenten» gründen. Das Gaskartell würde wie die OPEC Fördermengen und Preise festlegen. Der Vorstoß ist ein Versuch Moskaus, mögliche Konkurrenten aus dem nahen Ausland zu kontrollieren. Zugleich braucht Russland, der größte Gasproduzent der Welt, die zentralasiatischen Staaten als Zulieferer, denn es kann seinen Gaslieferverpflichtungen an Europa nicht mehr nachkommen.

Noch reagieren die Zentralasiaten vorsichtig auf die Kartellidee. Auch nach dem Scheitern des transkaspischen Pipelineprojekts machen sich die Turkmenen nämlich Hoffnung auf eine zweite große Exportroute für ihr Gas: durch Afghanistan. Die Idee, die weit reichende geopolitische Implikationen für Zentralasien hat, ist nicht neu. Bereits Mitte der 1990er plante der amerikanische Ölkonzern Unocal, zwei Pipelines von turkmenischen Öl- und Gasfeldern durch Afghanistan nach Pakistan zu bauen. Jährlich wollte die US-Firma damit allein 20 Milliarden Kubikmeter Erdgas und eine Million Barrel Rohöl in das Land liefern, das dringend Energieressourcen brauchte. Mehrfach reiste die pakistanische Ministerpräsidentin Benazhir Bhutto nach Aschkhabad, um für das Projekt zu werben. Präsident Nyazow war begeistert, und so unterzeichnete er am 21. Oktober 1995 in New York ein entsprechendes Abkommen mit Unocal-Managern. Die Afghanen waren in New York nicht vertreten. Stattdessen war der ehemalige US-Außenminister Henry Kissinger zugegen, der seinerzeit als Berater von Unocal fungierte.

Der amerikanischen Regierung waren die Pläne des Konzerns bekannt, und sie unterstützte sie. In Afghanistan ging der Bürgerkrieg damals in sein sechzehntes Jahr, aber die Taliban-Truppen waren auf dem Vormarsch und schienen das Land endlich befrieden zu können. Das zumindest glaubte die US-Regierung, deren Verbündete Pakistan und Saudi-Arabien die Taliban maßgeblich unterstützten. Als die Radikalislamisten im September 1996 Kabul einnahmen, frohlockte die Regierung Bill Clintons, dies bedeute Stabilität am Hindukusch. Die Chancen für den Bau der Pipelines quer durch einen von Taliban kontrollierten Korridor von Herat nach Kandahar stiegen. Wie der pakistanische Journalist Ahmed Raschid recherchiert hat, bildete Unocal in einer Schule in Kandahar Hunderte Afghanen für den Bau und den Betrieb der Pipeline aus. Im Februar und November 1997 reisten zwei Taliban-Delegationen auf Einladung des Ölkonzerns Unocal nach Washington und Houston. Sie führten Gespräche mit US-Regierungsvertretern und Unocal-Chefs. Auf Konzernkosten wurden die Mullahs in einem Houstoner Fünf-Sterne-Hotel untergebracht und besuchten Supermärkte, den Zoo und die NASA-Zentrale.[30] Gleichzeitig reisten hochrangige Unocal-Manager mehrfach mit turkmenischen Regierungsbeamten in das umkämpfte Afghanistan, um sich mit den Taliban und ihren Feinden der Nordallianz zu treffen und sie für das Projekt zu begeistern.

«Wir sagten beiden Seiten, dass wir ihnen Gas in die Transitstädte bringen, ihren Leuten Jobs geben und Schulen bauen werden – die Afghanen waren sehr angetan», erinnert sich Gozchmurad Nazdianow. Der Ölminister Turkmenistans von 1994 bis 1998 war von Beginn an federführend an dem Pipelineprojekt mit Unocal beteiligt und hatte den Vertrag ausgehandelt. Er nahm an jeder der brisanten Missionen nach Afghanistan teil. Nach langem Zögern erklärte er sich bereit, sich mit mir in Aschkhabad zu treffen und darüber zu sprechen. «Die Afghanistan-Pipeline war eine großartige Idee! Alle Machbarkeitsstudien, die Unocal anfertigte, zeigten das», sagt der mittelgroße, schlanke Mann mit einem sonnengegerbten Gesicht. Noch immer ist dem Exminister die Begeisterung für das Unocal-Projekt anzumerken, seine kleinen, schlauen Augen funkeln. «Die Leitung war billig und kurz. Sie wäre längst gebaut, wenn dieser verrückte Bürgerkrieg nicht gewesen wäre.» Solange die Kämpfe weitergingen, das wussten die Unocal-Chefs, würde keine Bank der Welt ihnen einen Kredit für das Projekt gewähren.

Also entschloss man sich, die Dinge selbst in die Hand zu nehmen. Viermal flogen Nazdianow und die Ölmanager, darunter sogar Unocal-Vizepräsident Marty Miller, an den Hindukusch. Das Flugzeug stellte die UN, sämtliche Kosten und Spesen übernahm Unocal. «Eigentlich waren das ja keine Geschäftsreisen damals, sondern eher Friedensmissionen», berichtet der Turkmene. «Wir machten beiden Kriegsparteien klar, dass sie Frieden schließen müssen, wenn die Pipeline gebaut werden soll.» Solange die Taliban im Westen nicht als legitime Regierung anerkannt waren, konnte Unocal keine Kredite bei internationalen Geldinstitutionen beantragen.

Sowohl die herrschenden Taliban als auch die Nordallianz waren sehr interessiert an dem Projekt, und die Unocal-Manager wurden auf beiden Seiten von hohen Ministern empfangen. Die radikalislamischen Taliban behandelten die Amerikaner, die sie offiziell als Gottlose verurteilten, sehr zuvorkommend. Nazdianow erinnert sich: «Wir haben nicht über Religion debattiert. Wenn das große Geld ins Spiel kommt, vergessen auch Koranschüler schnell ihren Glauben.» Die Taliban hätten einen ausgeprägten Sinn fürs Geschäft bewiesen und von Beginn an über Transitgebühren verhandelt. Per Satellitentelefon standen sie dabei im Kontakt mit dem Taliban-Führer Mullah Omar. «Die waren sich schnell im Klaren darüber, welche Profite sie aus der Pipeline schlagen konnten. Wir boten ihnen 250 Millionen Dollar Transitgebühren pro Jahr.» Direkte Geldgeschenke hätten die Unocal-Manager den Warlords seines Wissens allerdings nicht gemacht, berichtet der Exminister.

Auch auf der anderen Seite der Front, bei der Nordallianz, wurde das Vorhaben unterstützt. Die Taliban-Feinde um den Tadschiken-Führer General Massud, die sich weiter als legitime Regierung des Landes betrachteten, hatten eigens einen Minister für Energiefragen erkoren: den berüchtigten Usbeken-General Rashid Dostum. Nazdianow kannte ihn seit den achtziger Jahren, als Dostum nach der sowjetischen Invasion Afghanistans zunächst als kommunistischer Offizier aufseiten der Sowjets gekämpft hatte. Erst später hatte er sie verraten und war zu den Mudschaheddin übergelaufen. Von seiner nördlichen Hochburg Mazar-e-Scharif aus war er im Bürgerkrieg zu einem der mächtigsten und gefürchtetsten Warlords im Lande aufgestiegen.

«Auch die Nordallianz wusste genau, worum es in dem Geschäft ging», erzählt der ehemalige Ölminister. «Nur einen Unterschied gab es bei den Verhandlungen mit General Dostum: wir haben nächtelang Wodka mit ihm getrunken.» Im Übrigen habe der Usbeke fließend Turkmenisch gesprochen. Nur die Unocal-Manager waren von der Kameraderie mit Dostum weniger angetan. «Dostum ist ein riesiger und starker Mann, und alle seine Leute waren schwer bewaffnet. Das hat den Amerikanern Angst gemacht», erinnert sich der Turkmene und schüttelt sich nun fast vor Lachen. «Nicht ein Glas Wodka haben die Unocal-Leute angerührt, sondern völlig verschüchtert in der Ecke gesessen. Die dachten, sie hätten es mit Banditen zu tun.»

Am Ende halfen alle Anstrengungen der Unocal-Delegation nichts, keine der Bürgerkriegsparteien war zu einem Friedensschluss bereit, und die Kämpfe gingen weiter. Besonders die Nordallianz wollte keinen Waffenstillstand. Ob dabei eine Rolle spielte, dass ihre Hauptunterstützer Russland und Iran kein Interesse an dieser Pipeline haben konnten, wollte Nazdianow nicht kommentieren. Bei ihrem letzten Besuch in Afghanistan gerieten der Turkmene und die Ölmanager auf dem Kabuler Flughafen selbst unter Beschuss. Gleichzeitig bröckelte die politische Unterstützung an der Heimatfront: Nach heftigen Protesten amerikanischer Feministinnen gegen die Unterdrückung von Frauen in Afghanistan rückte die US-Regierung vom Taliban-Regime und den Pipelineplänen Unocals ab. Das vorläufige Ende des Ölprojekts kam im August 1998, als die USA mit Cruise Missiles Osama Bin Ladens afghanische Ausbildungslager angriffen, als Vergeltung für vermutlich von Al Qaida verübte Bombenattentate auf die US-Botschaften in Kenia und Tansania. Kurze Zeit später stieg Unocal aus dem Unternehmen aus. Noch heute ist Nazdinaow seine Enttäuschung anzumerken: «Wir waren niedergeschlagen. Wir versuchten, Shell und Elf Aquitaine zu überzeugen, die Führung in einem neuen Konsortium zu übernehmen. Sie waren interessiert, aber ohne amerikanische Unterstützung und Frieden in Afghanistan ging es nicht.» Nazdianow war gescheitert, noch im selben Jahr entließ ihn Türkmenbaschi als Ölminister. Heute arbeitet der Turkmene als Professor für russische Sprache an der Universität von Aschkhabad.

In der Hoffnung, die Pipeline ließe sich eines Tages doch noch bauen, hielt Turkmenistan als einziges Land im exsowjetischen Zentralasien gute Kontakte zu beiden afghanischen Kriegsparteien. Der amerikanische Sieg über das Taliban-Regime und das Terrornetz Al Qaida nach dem 11. September 2001 muss Türkmenbaschi allerdings wie ein Gottesgeschenk erschienen sein. Unter der Kontrolle der von Amerika geführten Anti-Terror-Koalition und der UN hat sich der afghanische Pipelinekorridor wieder geöffnet. Politisch kommt bereits wieder Schwung in die Sache. Auf einem Staatsbesuch Anfang März 2002 in Turkmenistan besprach der afghanische Interimspräsident Hamid Karzai mit Nyazow, wie die Pipelinepläne wiederzubeleben seien. Ex-minister Nazdianow, der bei den Gesprächen anwesend war, schöpft neue Hoffnung für sein langjähriges Lieblingsprojekt: «Alle waren sich einig, dass das Pipelineprojekt nun problemlos machbar ist.» Noch wisse er allerdings von keinem neuen Investor, der sich in der Sache an die turkmenische Regierung gewandt habe. «Aber sobald die US-Truppen die Lage in Afghanistan unter Kontrolle haben und sicherer Frieden herrscht, werden die Ölkonzerne nicht lange auf sich warten lassen.»

DIE YANKEES KOMMEN: USBEKISTAN UND KIRGISIEN

Im Morgengrauen des 6. Oktober 2001, wenige Stunden bevor die ersten amerikanischen Bomben auf Afghanistan fallen, beobachten Zeugen etwa 150 Kilometer nördlich der afghanischen Grenze ein sehr großes, schwarzes Flugzeug am Himmel. Es landet auf der Chanabad Airbase, einem heruntergekommenen Luftstützpunkt in der öden Steppe Usbekistans. Was sie da mit ohrenbetäubendem Lärm aus dem Schlaf rüttelt, das ahnen die Bewohner der nahe gelegenen Kleinstadt Karschi sofort, ist keine der alten sowjetischen Antonows, die üblicherweise über ihre Häuser fliegen. Sondern eine C131-Transportmaschine der U.S. Air Force, die erste von Hunderten, die in den folgenden Tagen und Wochen einfliegen sollen. Die Gerüchte der vorausgegangenen Tage sollten sich bewahrheiten: Die Yankees kommen.

An Bord der Maschinen, wie das Pentagon nach langer Geheimnistuerei bekannt gibt, sind 2000 Eliteinfanteristen der 10th Mountain Division, New York State, sowie Spezialeinheiten aus Fort Knox, Kentucky. Ihr offizieller Auftrag lautet, humanitäre Einsätze über Afghanistan zu fliegen und überdies abgeschossene US-Piloten zu retten. Dafür hat die usbekische Regierung ihnen Chanabad, einst einer der größten Stützpunkte der sowjetischen Luftwaffe im Krieg gegen Afghanistan, zur Verfügung gestellt. Es sind die ersten amerikanischen Truppen mit Kampfauftrag, die auf dem Territorium der ehemaligen Sowjetunion ihr Lager aufschlagen, zehn Jahre nach Ende des Kalten Kriegs.

Als ich kurz darauf in einem Taxi von Karschi nach Chanabad zu gelangen versuche, verstellen mir usbekische Soldaten den Weg. In drei Ringen haben sie eine 10-Kilometer-Sperrzone um die Airbase gebildet und bewachen sie streng. Schwer bewaffnete Spezialeinheiten des Innenministeriums blockieren alle Zufahrten nach Chanabad, das zudem nicht einsichtbar in einer Senke der Steppe liegt. Ratlos stehen Journalisten vor dem äußersten Checkpoint, wo die Usbeken mit leeren Öltonnen und Schranken unüberwindbare Sperren errichtet haben. Drei Reporter, die tags zuvor der Base zu nahe kamen, wurden kurzerhand verhaftet und abgeführt. Besonders die Kollegen des amerikanischen Nachrichtensenders CNN sind enttäuscht. Sie hatten fest damit gerechnet, für eine klassische «Our boys»-Reportage vom US-Militär Zugang zum Stützpunkt zu erhalten. Sogar eine teure Satellitenschüssel für Liveübertragungen hatten sie mitgebracht.

Meine unschuldige Frage, ob denn wirklich kein Durchkommen möglich sei, beantworten die finster dreinblickenden Wächter entschieden humorlos: «Dreht um und haut ab. Hier sind keine Amerikaner.» Just in dem Moment steigt aus der Senke hinter dem Wachposten mit Riesengedröhn wieder eine Hercules-Transportmaschine der U.S. Air Force auf, aber der usbekische Offizier verzieht keine Miene.

Auch Einheimische in Karschi rätseln darüber, was auf der Base vor sich geht. Die einzigen Hinweise liegen buchstäblich in der Luft. Tags zuvor seien zum ersten Mal Helikopter, möglicherweise Chinooks oder Blackhawks, über Chanabad aufgestiegen, berichten zwei Männer in einem Teehaus. «Die Piloten machen Testflüge», vermuten sie. Wie es auf der geheimnisumwobenen Base aussieht, wissen sie nicht. «Schon seit Jahren darf niemand mehr von hier dorthin», erzählt einer der Männer. Das Verbot gelte, seit Brandstifter Anfang der Neunziger die halbe Base niedergefackelt hätten. «Nun gibt es dort keine Jobs mehr, nicht mal in der Küche oder zum Putzen. Machen die Militärs alles selber.» So streng sind die Sicherheitsmaßnahmen, dass die wenigen usbekischen Zivilisten, die bei den Amerikanern als Dolmetscher anheuern, die Base nicht mehr verlassen dürfen. Nur ein junger Übersetzer aus Taschkent, den ich später ausfindig mache, kündigt nach zwei Wochen, weil seine Frau ein Baby erwartet. Man lässt ihn erst gehen, nachdem er versichert, nicht über militärische Vorgänge zu plaudern. Daran hält er sich – fast. «Alles, was ich sagen kann, ist dies: Die Amerikaner richten sich so ein, als ob sie sehr lange bleiben wollten.»

Die Stationierung von Truppen der Vereinigten Staaten und ihrer Verbündeten im ehemals sowjetischen Zentralasien hat eine dramatische Runde im neuen «Great Game» um die Region eingeläutet. Zugleich kennzeichnet der Handstreich der Amerikaner wohl das verblüffendste *renversement d'alliance* seit Ende des Kalten Kriegs. Zehn Jahre nach dem Zusammenbruch der Sowjetunion unternehmen Usbekistan, Kirgisien und zu einem gewissen Grad auch Kasachstan und Tadschikistan einen ernsthaften Versuch, sich dem militärischen Einfluss des russischen Hegemons zu entziehen und den Schutz der Vereinigten Staaten zu erlangen. Washingtons Suche nach Verbündeten nach dem 11. September 2001 bietet dafür die ideale Gelegenheit: In dichter Folge fliegen hochrangige amerikanische Diplomaten, Militärs und schließlich Verteidigungsminister Donald Rumsfeld Ende September zu diskreten Regierungstreffen in die usbekische Hauptstadt Taschkent. Über den Inhalt der Gespräche schweigen sich beide Seiten zunächst beharrlich aus. Sie wissen, dass noch immer ein unsichtbarer Dritter am Verhandlungstisch sitzt, der ein Wort mitzureden haben wird: der russische Präsident Wladimir Putin. Was alle Diplomaten in der Region beschäftigt: Wird Russland eine militärische Kooperation zwischen den USA und den exsowjetischen Republiken hinnehmen? Die ersten Si-

gnale aus Moskau sind negativ. Für einen Feldzug in Afghanistan sei es nicht notwendig, amerikanische Truppen nach Zentralasien zu schicken, erklärt ein offensichtlich beunruhigter Verteidigungsminister Sergej Iwanow. Ähnlich äußern sich andere
einflussreiche Politiker des Landes, Putin schickt einen Sondergesandten zu dringenden Konsultationen in die Hauptstädte der
Region. Doch die Russen wissen, dass sie nicht zu dominant auftreten dürfen, damit die Zentralasiaten nicht erst recht ins andere Lager wechseln. Schließlich wird die brisante Frage auf höchs-
ter Ebene erörtert, in einem direkten Telefonat zwischen Putin
und US-Präsident Bush. Nur wenige Details aus dem Gespräch
werden publik, aber Insider beschreiben die Stimmung als sehr
produktiv. Bush hat nicht vergessen, dass Putin am 11. September 2001 als erster ausländischer Staatsmann kondolierte. Der
Russe weiß, dass Moskau nun in Zentralasien nicht als unko-
operativ gesehen werden darf. Zugleich ist sich Putin bewusst,
dass Russland von einem gemeinsamen Krieg gegen Terroristen
nur profitieren kann. Schon lange ist das wirtschaftlich ange-
schlagene Land überfordert, an seinem südlichen Unterbauch die
Gefahr radikalislamischer Gruppen auf eigene Faust einzudämmen. Dass nun die einzige Supermacht der Welt diese Arbeit
übernehmen will, muss Putin gelegen kommen. Zugleich rechnet
er damit, dass der Westen fortan auch tschetschenische Rebellen
als Terroristen betrachten und die Augen vor dem brutalen Vorgehen der russischen Streitkräfte verschließen wird. Wenige Tage
nach dem Telefonat zwischen Bush und Putin lässt die usbekische Regierung verlautbaren, sie werde der U.S. Air Force den
Luftraum über dem Land freigeben und Stützpunkte bereitstel-
len. Alle Nachbarländer machen in den folgenden Tagen und
Wochen ähnliche Angebote, ohne dass Moskau je offiziell Ein-
spruch erhebt.

Schon vor dem 11. September 2001 kam man in Washington
auf die Idee, dass die exsowjetischen Republiken Zentralasiens
im Kampf gegen Terroristen in Afghanistan und den Nachbar-

ländern ideale Verbündete wären. Bereits im September 1997 und im September 2000 nahmen amerikanische und andere NATO-Truppen an gemeinsamen Manövern in Kasachstan teil. Sie waren Teil des Programms «Partnerschaft für den Frieden». Da auch ein kleines russisches Kontingent zugelassen wurde, blieben Proteste aus Moskau aus. Zu den Übungen flogen einige US-Kampfbomber direkt aus den Vereinigten Staaten ein. Da sie in der Luft aufgetankt wurden, war keine Zwischenlandung nötig. Damit demonstrierten die USA den zentralasiatischen Ländern, dass sie ihre Interessen und die ihrer Verbündeten in der Region jederzeit militärisch durchsetzen können. Im Februar 2001 kamen US-Militärs ein weiteres Mal, zu einem speziellen Anti-Terror-Manöver in Kirgisien.

Als das Pentagon wenige Monate später, nach den Attacken von New York und Washington, seine Kriegsmaschine mobilisiert, bleibt ihm fast keine andere Wahl für ihre Angriffsbasis als die exsowjetischen Republiken. Die traditionellen Partner der USA in der Region sträuben sich dagegen, einen amerikanischen Feldzug gegen ein muslimisches Land zu unterstützen. Besonders die Herrscher Saudi-Arabiens und Ägyptens, die innenpolitische Unruhen fürchten, geben Washington zu verstehen, dass von ihrem Territorium keine US-Kampfflugzeuge für Missionen in Afghanistan starten dürfen. Auch das benachbarte Pakistan, dessen Geheimdienst die Taliban geschaffen und unterstützt hat, scheint als Basis für US-Truppen zunächst denkbar ungeeignet. Fast jeden Tag brechen in mehreren pakistanischen Städten gewaltsame antiamerikanische Proteste radikalislamischer Gruppen aus. Zwar gibt die Regierung von General Pervez Muscharraf quasi über Nacht offiziell ihre Unterstützung der Taliban auf und schlägt sich auf die Seite der Amerikaner, doch der Druck der Straße auf das Regime wächst. Washington muss sich sorgen, dass seine Truppen direkt in Feindesland kommen würden.

In Usbekistan hingegen ist derlei nicht zu befürchten. Das

Land ist fest in der Hand von Diktator Islam Karimow. Wie fast alle Präsidenten in der Region war Karimow bis 1991 Chef der Kommunistischen Partei der Republik. Als das Sowjetreich zusammenbrach, verwandelte sich der Usbeke über Nacht in einen Patrioten, um seine Macht zu erhalten. Bislang hat die Strategie vorzüglich funktioniert: Jegliche Opposition ist im Gefängnis oder in den Untergrund gedrängt, das Parlament ist gleichgeschaltet, und alle Medien werden strikt kontrolliert. Jüngst ließ Karimow Präsidentschaftswahlen verschieben, mit dem Argument, Usbeken hätten derzeit wichtigere Sorgen als Politik. Auch in der maroden Wirtschaft wurde bislang wenig Privatisierung zugelassen. Was Menschenrechtsverletzungen betrifft, steht Usbekistan auf der Weltrangliste ganz oben. Da ist es kaum ein Wunder, dass Karimow als neue Leitfigur für seinen Polizeistaat einen der schlimmsten Massenmörder der Weltgeschichte gewählt hat: Timur Lenk, auch Tamerlan genannt. Pompöse Reiter-Denkmäler des mittelalterlichen Emirs haben in allen Städten des Landes die alten Büsten von Marx und Lenin ersetzt. Der für einen Herrscher eher ungewöhnliche Name, «Timur der Lahme», geht auf eine Beinverletzung zurück, die sich Tamerlan in seinen frühen Jahren als Viehdieb zugezogen haben soll.

Trotz des körperlichen Handikaps eroberte der letzte große Nomadenfürst der zentralasiatischen Steppe von 1370 bis 1405 auf 35 Feldzügen ein Weltreich, das sich vom heutigen Ägypten bis zur Chinesischen Mauer erstreckte. Seine berittenen Pfeilschützen verbreiteten Angst und Schrecken, denn Tamerlan war außerordentlich grausam. Wie sein Vorgänger Dschingis Khan knapp 200 Jahre zuvor, ließ er zahllose Städte niederbrennen und mehr als eine Million Menschen massakrieren. Weit mehr wurden verstümmelt, vergewaltigt und versklavt. Als gruselige Beigabe befahl Tamerlan gewöhnlich, die Schädel der Opfer zu gewaltigen Pyramiden aufzuhäufen. Bei allem Blutvergießen galt Tamerlan als frommer Muslim und Förderer der Kunst, der in seiner Hauptstadt Samarkand, im heutigen Usbekistan, mit dem

Registan-Ensemble eines der grandiosesten Bauwerke der islamischen Welt errichten ließ.

Tamerlan ist nicht nur ein fragwürdiges Vorbild – er war noch nicht einmal Usbeke, sondern ein Nachfahre von Mongolen und Tadschiken, der sich im Übrigen oft über das usbekische Volk lustig machte. Hinweise darauf in Tamerlans wenigen verbliebenen Schriften ließ Karimow jüngst vernichten, wie mir eine am Staatsarchiv angestellte Historikerin verriet.

All dies war den Strategen in Washington, die im Herbst 2001 ihre Truppen nahe der afghanischen Grenzen positionieren mussten, vermutlich recht gleichgültig. Was zählte, waren die guten Gründe, die für eine Allianz mit Usbekistan sprachen. Schon Mitte der Neunziger begannen die USA, mit Taschkent eine besondere Beziehung aufzubauen. Der Handel zwischen den Ländern verachtfachte sich von 1995 bis 1997. Gerade zwischen den Streitkräften herrschen gute Kontakte. Inzwischen hat das Pentagon bestätigt, dass sich bereits seit Sommer 1999 US-Spezialeinheiten der berüchtigten Green Berets in Usbekistan aufhalten und usbekische Offiziere und Sondertruppen ausbilden. Mit etwa 80 000 Soldaten sind die Streitkräfte Karimows die größten der Region.

Ihre Stärke spiegelt den Führungsanspruch wider, den Usbekistan in Zentralasien erhebt. Mit 25 Millionen Einwohnern ist es weitaus bevölkerungsreicher als Kasachstan, wo nur 15 Millionen Menschen leben. Die Rivalität der beiden Länder um die Vormachtstellung in der Region lässt sie nach starken Partnern suchen. Schon seit Jahren setzt Karimow dabei nicht mehr auf Russland. Dessen Beziehungen mit Usbekistan haben sich so sehr verschlechtert wie mit keinem anderen zentralasiatischen Staat. Als einziges Land neben Turkmenistan trat Usbekistan dem GUS-Sicherheitspakt mit Russland nicht bei. Auch in Usbekistan selbst ist die Abkehr vom einstigen Bruderland deutlich zu spüren: Die kyrillische Schrift ließ Karimow – wie im übrigen auch die Regierung Aserbaidschans – offiziell durch die lateinische ersetzen. Waren unter den zwei Millionen Einwohnern der usbekischen Hauptstadt Taschkent noch vor zehn Jahren ebenso viele Russen wie Usbeken, werden Slawen inzwischen zu einer kleinen Minderheit im Lande. Da die clanorientierten Usbeken Einfluss und Arbeitsplätze zunehmend untereinander verteilen, wandern viele Russen ab. Die einzigen großen Menschenansammlungen, die es je in Usbekistan zu beobachten gibt, sind ethnische Russen, die vor der russischen Botschaft in Taschkent auf ein Visum zum Auswandern warten. Usbekistan ist darin allerdings keine Ausnahme: Alle kaukasischen und zentralasiatischen Länder erleben derzeit gewaltige Migrationen, fast einen Massenexodus, der ehemaligen Kolonisatoren. Obgleich dabei kein Blut vergossen wird, erinnert ihr Schicksal an das der «Pieds Noirs», der französischen Bewohner Algeriens in den frühen Sechzigern. «Was wir erleiden, ist ein schmerzloser Genozid», wie mir eine Russin in Taschkent erzählt.

Neben der Abkehr von Moskau wird Washingtons Entscheidung für einen usbekischen Stützpunkt dadurch erleichtert, dass es unter Karimows Herrschaft noch nie eine politische Demonstration gegeben hat. Das Regime würde eventuellen Protest gegen amerikanische Truppen im Keim ersticken. Sehr wahrscheinlich sind antiamerikanische Reaktionen ohnehin nicht, denn im Gegensatz zu den Millionen Pakistani vom Volksstamm der Paschtunen sieht fast kein Usbeke die überwiegend paschtunischen Taliban als etwas anderes als gefährliche, gottlose Verbrecher. Dies gilt besonders, da ethnische Usbeken im Norden Afghanistans zu den erbittertsten Widersachern der südafghanischen Taliban gehören. Der berüchtigte Usbeken-General Dostum, dessen Machtbasis lange in der nordafghanischen Stadt Mazar-e-Scharif lag, konnte jahrelang auf finanzielle und militärische Hilfe aus Taschkent zählen.

Auch religiös motivierte Solidarität mit den afghanischen Muslimen ist Usbeken wenig anzumerken. Zwar schießen seit dem Ende der Sowjetunion im ganzen Land Moscheen aus dem

Boden, aber siebzig Jahre atheistischer Politik haben in Usbekistan tiefe Spuren hinterlassen: Das Nationalgetränk ist nach wie vor ein Wodka, der keine Gefangenen macht. Viele Frauen in Taschkent tragen keine Schleier, sondern Make-up und Miniröcke. «Die Taliban müssten hart arbeiten, um uns unsere schlechten Angewohnheiten auszutreiben», sagt mir ein Taxifahrer in der Hauptstadt.

Die einzig ernste Gefahr für die US-Truppen ist die Islamische Bewegung Usbekistans (IMU). Die gefürchtetste der zentralasiatischen Terrorgruppen, der enge Kontakte zu den Terrorzellen der Al Qaida nachgesagt werden, operiert von versteckten Lagern in den Bergen Tadschikistans aus. Die Nachbarrepublik wurde im vergangenen Jahrzehnt von einem furchtbaren Bürgerkrieg zwischen säkularen und islamischen Kräften heimgesucht. Bei dessen Ausbruch im Jahre 1992 wurden in wenigen Tagen etwa 50 000 Menschen auf grauenvolle Weise getötet. Erst die Entsendung von mehr als 20 000 russischen Soldaten, die zugleich die Grenze mit Afghanistan sichern, konnte die Lage vorläufig beruhigen. Mit dem Hinweis auf das Chaos in Tadschikistan rechtfertigen seitdem die zentralasiatischen Diktatoren, allen voran Karimow, ihren harten Führungsstil. So bildet Stabilität auch in diesem Teil der Welt den Gegenpol zu Demokratie.

Die IMU unter der Führung des berüchtigten Warlords Jama Namangani soll hinter einer Serie von Bombenanschlägen stecken, die Taschkent im Jahre 1999 erschütterten. Etliche Menschen kamen dabei ums Leben, Karimow selbst entging nur knapp einem Attentat.

Nach den Anschlägen hat das Karimow-Regime hart zurückgeschlagen: Tausende Bürger wurden willkürlich verhaftet und zu langjährigen Gefängnisstrafen oder zum Tode verurteilt. Menschenrechtsorganisationen berichten von grauenvollen Zuständen in usbekischen Gefängnissen. Wiederholt seien Häftlinge systematisch zu Tode gefoltert worden. Dabei blieb es nicht:

Da die postsowjetische Renaissance des Islam das weltliche Establishment zu bedrohen scheint, haben die Behörden die Freiheit des Glaubens stark eingeschränkt. Heute bedürfen Imams einer Arbeitserlaubnis von der Regierung. Fromme Muslime, die außerhalb der staatlich zugelassenen Moscheen beten und lange Bärte, traditionelle Turbane oder den Tschador tragen, riskieren, von der Polizei verhaftet und misshandelt zu werden.

In der Vergangenheit hatten die Vereinigten Staaten Karimows totalitäre Methoden oft kritisiert. Usbekistans Wunsch nach mehr wirtschaftlicher Hilfe wies Washington unter Hinweis auf die Menschenrechtslage ab. Mit dem Bündnisabkommen soll sich die amerikanische Haltung allerdings radikal ändern: Stillschweigend entfernt das US-Außenministerium Usbekistan von der jährlich veröffentlichten Liste der Länder, in denen die Religionsfreiheit bedroht sei. Zugleich verspricht Washington, die Wirtschaftshilfe für das Land im Jahr 2002 auf etwa 150 Millionen Dollar zu verdoppeln. Dazu kommen noch etwa 100 Millionen Dollar Pacht für die Chanabad Airbase.

«WIR LERNEN EINEN LIEBENDEN ISLAM!»

Am Abend des 6. Oktober 2001 beginnen die amerikanischen Luftschläge gegen Stellungen der Taliban und Al Qaida. Der Nachrichtensender CNN zeigt nichts sagende, grünstichige Nachtsichtbilder, die schon den Angriff der USA auf Bagdad im Januar 1991 dokumentieren sollten. In einer Rede an die Nation kündigt US-Präsident Bush einen langen Krieg gegen den Terror an.

Ich fahre in die südliche Kleinstadt Termez, direkt an der usbekischen Grenze zu Afghanistan. Auf der Straße dorthin hat die Armee etliche Checkpoints errichtet. Die schwer bewaffneten Blockposten, gekleidet in zerschlissenen Wüsten-Camouflagen, kontrollieren Autofahrer und durchsuchen Kofferräume. An einem Posten hängt ein Fahndungsposter mit den finsteren, zumeist dunkelbärtigen Gesichtern etwa 50 mutmaßlicher IMU-Terroristen. Einen Steinwurf weiter hängt eines der unzähligen Propagandaplakate im Land, auf dem mit den Worten Präsident Karimows die Stabilität und der Frieden im unabhängigen Usbekistan gepriesen wird.

Wir erreichen den Fluss Amu-Darya, der heute die Grenze zu Afghanistan bildet. Der Oxus des Altertums, hier fast einen Kilometer breit, fließt träge dahin. Als der spätere Lord Curzon im Herbst 1888, damals noch als 29-jähriger Tory-Abgeordneter, auf einer Abenteuerreise mitten in das Kernland des «Great Game» an den viel besungenen Fluss stieß, schrieb er begeistert: «Dort im Mondschein glänzte vor uns der weite Busen des mächtigen Flusses, der von den Gletschern des Pamirs 1500 Meilen bis zum Aral-See strömt.»[31] Entlang des Flussbetts, das nach jahrelanger Dürre in der Region ausgetrocknet ist, pflücken Frauen mit bunten Kopftüchern Baumwolle, Usbekistans wichtigstes Exportgut. Von hohen Wachtürmen starren Soldaten angestrengt zum anderen Ufer. Im Dunst sind die Umrisse einer alten Fabrikanlage zu erkennen. Die Lage ist ruhig, aber gespannt. Als Reaktion auf die Ankunft der amerikanischen Truppen in Usbekistan haben die Taliban wenige Tage zuvor dem nördlichen Nachbarland mit einem Angriff gedroht und angeblich 8000 Soldaten an die Grenze verlegt. Taschkent hat daraufhin seine Armee in Alarmbereitschaft versetzt.

Der einzige Weg über den Amu-Darya führt über die berühmte «Freundschaftsbrücke». Der Name scheint wie Hohn. Seit Tagen versperren Betonblöcke und gepanzerte Fahrzeuge den Zugang. Über dieses kilometerlange, kühne Stahlkonstrukt fielen Weihnachten 1979 die sowjetischen Panzer und Truppen in Afghanistan ein – und zogen zehn Jahre später geschlagen wieder ab. Der Grenzübergang ist seit Jahren geschlossen, um das Chaos des afghanischen Bürgerkriegs draußen zu halten. Für Flüchtlinge ist es fast unmöglich, an dieser Stelle über die Grenze zu schlüpfen. «Wir haben Befehl, niemanden über den Fluss kommen zu lassen», lässt sich ein Grenzsoldat entlocken.

Wir fahren in die Stadt, eine reizlose Siedlung aus niedrigen Plattenbauten. In einem Teehaus, unweit vom klassisch sowjetischen «Roten Platz», sitzen einige alte Männer und diskutieren den Kriegsausbruch. Sie berichten von mehreren Explosionen, die in den vorausgegangenen Nächten von jenseits des Flusses zu hören waren, vermutlich aus der nur 40 Kilometer von Termez entfernten Stadt Mazar-e-Scharif. Gefechtslärm von dort ist nichts Neues für die etwa 20 000 Einwohner von Termez, denn die Taliban und die Nordallianz kämpfen seit Jahren um die strategisch wichtige Region.

«Aber letzte Nacht knallte es lauter als sonst, das müssen Cruise Missiles gewesen sein», sagt einer der Männer. Sein Blick fällt auf die Mauern der Stadtgarnison, vor denen ein Dutzend rostende Panzer und Artilleriegeschütze aus dem ersten Afghanistan-Krieg ausgestellt sind. Ihre Rohre sind direkt auf die Passanten gerichtet, die vorübereilen. «Hoffentlich bleibt der Lärm immer so weit weg.»

In der großen, blaugekachelten Moschee von Termez haben sich etwa hundert Menschen zum Nachmittagsgebet versammelt. Trotz des offiziellen Verbots tragen die Männer Tupeteikakappen und schwere Kaftane, die Schleier der Frauen sind mit Blumenmotiven bestickt. Der Imam, Scheich Abdullah Hafiz, lässt für Frieden bitten. In seinem weißen Turban und Chapangewand, über das ein schneeweißer Bart fällt, ist er eine leuchtende Erscheinung. Nach dem Gebet tritt er auf den Hof vor der Moschee. Zum Zeichen der Verehrung verneigen sich viele Gläubige vor dem Mullah. Unlängst war er in Taschkent auf einem Dringlichkeitstreffen mit anderen muslimischen Führern des Landes. «Wir sind sehr bestürzt über den Krieg», sagt Scheich Abdullah, während zwei Polizeioffiziere rechts und links von ihm aufmerksam zuhören. Vorsichtig drückt der Kleriker die Gefühle seiner Gemeinde über die amerikanischen Angriffe auf das muslimische Bruderland aus: «Terroristen müssen bekämpft werden, aber unschuldige Zivilisten, Frauen und Kinder, zu töten, das ist eine schwere Sünde. Es ist jetzt sehr schwierig, kein Mitleid mit unseren afghanischen Brüdern zu haben.» Die Offiziere runzeln die Stirn, aber sie halten sich zurück. Ihre Macht scheint hier begrenzt. Wie im Fergana-Tal hat der Islam nach dem Ende der Sowjetunion im Süden Usbekistans eine starke Renaissance erlebt. «Zu Sowjetzeiten hatten wir in der Region um Termez zwei Moscheen mit 200 Gläubigen, nun sind wir fast 100 000 und haben 76 Moscheen», sagt Scheich Abdullah mit Stolz in der Stimme.

Wie stehen die strenggläubigen Muslime Usbekistans zum militärischen Aufmarsch der Amerikaner in ihrem Land? Auf der Suche nach einer Antwort fahre ich nach Bukhara, der einst sagenumwobenen Stadt an der Großen Seidenstraße, auf der im Mittelalter Händlerkarawanen zwischen Europa und China zogen. Von hier aus herrschten im 19. Jahrhundert die Emire von Bukhara über ein gewaltiges unabhängiges Khanat, eine *terra incognita*, die zwischen den Armeen Russlands und Großbritanniens lag. Agenten beider Parteien unternahmen die gefährliche Reise in die Stadt, um den Emir Nasrullah mit Geschenken und Versprechungen auf ihre Seite zu ziehen – vergebens. Der grausame Herrscher ließ die britischen Offiziere Colonel Charles Stoddart und Captain Arthur Conolly, erfahrene Veteranen des «Great Game», jahrelang in einem Verlies einsperren. An einem Junimorgen im Jahre 1842 wurden die beiden Engländer auf dem Platz vor dem Ark, der Zitadelle des Emirs, enthauptet. Zuvor hatten sie ihre eigenen Gräber ausheben müssen. Die Hinrichtung, eines der finstersten Kapitel des «Great Game», blieb ungesühnt. Für die Armeen des geschockten britischen Weltreichs blieb Bukhara außer Reichweite, erst 25 Jahre später eroberten russische Truppen die Stadt.

Vom Ark gehe ich durch die restaurierten Gassen der Altstadt, die gespenstisch leer sind. Da Bukhara theoretisch nur drei

Autostunden von Taliban-Stellungen entfernt liegt, haben sich alle Touristen aus dem Staub gemacht. Selbst die Teppichhändler um das prächtige Kalyan-Minarett haben ihre Ware zusammengepackt. Früher nutzten den Turm nicht nur Muezzins, sondern auch die Henker der Emire. Auf seiner Reise durch die Stadt wurde Lord Curzon im Jahr 1888 Zeuge einer originellen Exekution: «Der Stadtschreier verkündet laut die Schuld des Verurteilten und die Strafe des Herrschers. Der Verbrecher wird sodann vom Dach geworfen. Er wirbelt durch die Luft und kracht auf den harten Grund.»[32] Gegenüber vom Minarett ist die mit reichen Majolikamosaiken verzierte Fassade meines Reiseziels zu erkennen: die berühmte Mir-Arab-Medressa, die prestigereichste und älteste Koranschule Zentralasiens. Ihr Direktor hat mir gestattet, einen Tag mit den Schülern zu verbringen.

Als Asadulla seinen Koran zuklappt, sieht er erleichtert aus. Der Unterricht ist zu Ende. Hastig knoten der 19-Jährige und seine Kameraden Schnüre um ihre Bücher und Hefte, deuten zum Abschied kurze Kopfbeugen vor ihrem Lehrer an und drängeln sich durch die niedrige Tür aus dem Klassenzimmer. «Die Worte des Propheten zu lesen ist wichtig», sagt Asadulla, während er auf den grellsonnigen Schulhof tritt, «aber es gibt noch andere Dinge im Leben.» Und so ist auch nicht alles fromm, was Asadulla und seine Freunde sich während der Mittagspause unter den azurblauen Kuppeln aus dem 16. Jahrhundert erzählen, schon gar nicht die Scherze über die füllige weibliche Küchenhilfe, die einzige Frau im Gebäude.

Eine Welt scheint sie zu trennen, die gepflegt aussehenden jungen Männer in ihren weißen Hemden, schwarzen Jacketts und traditionellen Duppi-Kappen, von den gottesfürchtigen Koranschülern im benachbarten Afghanistan, die, so scheint es in Fernsehaufnahmen, mit wilden, stumpfen Augen von früh bis spät auswendig gelernte Suren herleiern. «Nein, nein, wir sind anders. Wir lernen hier einen liebenden Islam», sagt Asadulla und streicht sich über das feste dunkle Haar. «Wir bereiten uns nicht auf den Dschihad vor – nur auf unsere Examen.» Obwohl nur 250 Kilometer südlich von Bukhara Bomben und Raketen auf das Nachbarland fallen, haben die jungen usbekischen Muslime entschieden wenig Sympathie für das belagerte Regime der Taliban, die selbst Absolventen fundamentalistischer Koranschulen in Pakistan sind. «Mit denen haben wir nichts gemein. Die Taliban sind keine wahren Muslime, sondern Terroristen», behauptet Asadulla in der seit dem 11. September gültigen Sprachregelung, aber nicht ohne Überzeugung.

Gegründet im frühen 16. Jahrhundert, war die Mir-Arab die einzige muslimische Bildungsstätte in der gesamten Sowjetunion, die die kommunistischen Herrscher nie dauerhaft dicht machen konnten. Einzig unter Stalin musste sie die Tore schließen, von 1930 bis 1946. Danach ging aus Mir-Arab wieder die muslimische Elite des roten Reichs, fast alle führenden Imams und Mullahs, hervor. Keine der anderen Medressen, immerhin allein 50 in Bukhara, ließen die Kommunisten zu. Als symbolpolitische Zugabe wurde gegenüber von Mir-Arab die grandiose Kalyan-Moschee, in der vor der proletarischen Revolution bis zu 10 000 Menschen gleichzeitig beten konnten, in ein Lagerhaus umgewandelt. Auch unter dem betont säkulären Karimow-Regime wurden nur zehn Medressen staatlich zugelassen, alle unabhängigen Schulen und Moscheen jedoch verboten. Hinter den dicken Mauern Mir-Arabs absolvieren heute etwa 150 junge Männer das elitäre Vier-Jahres-Programm. In den winzigen Klassenräumen im Parterre, ein Stockwerk unter ihren spartanischen Schlafstätten, lernen sie die klassischen Disziplinen Arabisch, Koran, Redekunst und Logik – aber auch weltliche Fächer wie Naturwissenschaften, Geographie und Englisch. Ein modernes Sprachstudio mit Aufnahmegeräten und Kopfhörern hat die Schulleitung dafür eigens eingerichtet.

«Wenn wir ihnen wie früher nur Religion beibrächten, würden die Jungs zu nichts wissenden Robotern werden – wie die Koranschüler in Afghanistan», erläutert Mir-Arabs Direktor,

Mullah Muhiddin Namonow. Zwar beten seine Schützlinge, wie vorgeschrieben, fünf Mal täglich in der Hausmoschee des Kollegs, aber Namonow betont: «Religion muss mit der Zeit gehen, mit dem wissenschaftlichen Fortschritt.» Im schwarzen Anzug und mit glatt rasiertem Gesicht gibt der 35-Jährige selbst eine eher weltliche Figur ab. In Namonows Büro stehen ein voll ausgerüsteter Computer und ein Fernseher mit Satellitenempfänger. Von einem Bild an der Wand schaut Präsident Karimow wohl wollend auf den Schuldirektor herab. «Was wir lehren, unterscheidet sich sehr von dem, was an Medressen in Ländern wie Pakistan oder Iran beigebracht wird», fährt Namonow fort. «Unsere Studenten müssen begreifen, dass die Taliban sich bloß hinter dem Schutzschild des Islam verbergen wollen. Sie sind Sünder, denn sie töten und handeln mit Drogen.» Die Mir-Arab-Medressa, mit ihrer 500-jährigen Erfahrung in der selten unblutigen Geschichte Zentralasiens, ist kein Ort, deren Bewohner sich von aktuellen Ereignissen übermäßig aufregen lassen. Die Gegenwart amerikanischer Truppen auf usbekischem Boden allerdings scheint Medressa-Direktor Namonow nicht recht zu behagen: «Es wäre besser, wenn Muslime selbst einen Dschihad führen würden, um den Islam von den Taliban und anderen Terroristen zu befreien.»

Am nächsten Tag fahre ich ins 300 Kilometer nördlich gelegene Samarkand. In der Stadt, deren Name wie kein anderer die wilde Romantik der Seidenstraße symbolisiert, herrscht eine nervöse Stimmung. Wie die Altstadt von Bukhara liegt der majestätische Registan-Platz wie leergefegt in der warmen Herbstsonne. Nur ein paar Wächter schlendern unter den azurblauen Majolikamosaiken der drei Medressen, Juwelen der Baukunst Zentralasiens, wo im 16. Jahrhundert die angesehensten Gelehrten des Morgenlands unterrichteten.

Unweit vom Registan treffe ich an diesem Nachmittag Ozod Jalulow, einen Veteranen des ersten Afghanistan-Kriegs. Der schmächtige Mann führt mich in seinen kleinen Kunstladen, wo bereits seine Freunde Achmed und Aziz auf uns warten. Alle drei haben in den Achtzigern in derselben Einheit in Afghanistan gekämpft. «Wenn amerikanische Truppen in Afghanistan einmarschieren, gehen sie früher oder später in die Hölle auf Erden», sagt Ozod. Seine Freunde nicken und schweigen ernst. «Für mich war Afghanistan die schlimmste Zeit meines Lebens. In den Bergen versteckten die sich, die Mudschaheddin. Sie kannten jeden verflixten Pfad und jede Höhle. Perfekt für einen Hinterhalt nach dem anderen auf unsere Konvois.» Was es heißt, gegen unsichtbare Partisanen zu kämpfen, hat auch Achmed nicht vergessen: «Die haben uns rund um die Uhr beobachtet.» Der ehemalige Infanterist erinnert sich an einen Angriff, bei dem sein damals bester Freund ums Leben kam. Mühsam nur bewahrt der heute 40-Jährige die Fassung, als er von dem Erlebnis berichtet: «Wir saßen zusammen auf einem Panzer, die Gewehre im Anschlag, und starrten in die Felsen über uns. Plötzlich sagt mein Freund: ‹Ich glaube, ich habe einen gesehen.› Ich drehe mich zu ihm um, da hat er schon ein rotes Loch in der Stirn und kippt vom Panzer.»

Wer Überfälle überlebte, musste ein brutales Klima, Sandstürme und Seuchen wie Typhus durchstehen. Als sie 1989 geschlagen abzog, hatte die größte Armee der Welt ihren Nimbus der Unbesiegbarkeit eingebüßt. Erst in dem Jahr, im Zuge der Glasnostpolitik Michail Gorbatschows, gab die sowjetische Regierung eine offizielle Zahl der Gefallenen bekannt: fast 15 000. Noch fünf Jahre zuvor hatte Moskau lediglich 20 Tote eingeräumt. Allerdings gibt es Schätzungen, nach denen bis zu 50 000 sowjetische Soldaten in versiegelten Zinksärgen in die Heimat geschickt wurden.

«Ich hoffe, die Amerikaner wissen, worauf sie sich einlassen», fährt Ozod fort. «Die Situation ist im Vergleich zu damals eigentlich sehr ähnlich. Uns hat man damals auch gesagt, dass wir Verbrecher jagen und Frieden und Ordnung in das Land bringen würden. Aber die Afghanen wollten gar nicht, dass wir ihnen helfen.» Den Überfall auf den südlichen Nachbarn, der im Westen noch immer als ein brutaler Expansionsversuch des Sowjetimperiums gilt, sehen viele Veteranen noch heute als wohl gemeinte Befreiung. Zwar beneiden Ozod und seine Veteranen-Freunde die US-Soldaten nicht um ihre Aufgabe, aber sie haben auch nicht vergessen, was viele in Zentralasien als bittere Ironie der Geschichte sehen. «Die Terroristen, die die Vereinigten Staaten jetzt niedermachen wollen, wurden in den achtziger Jahren von Amerikanern als Mudschaheddin ausgebildet und bewaffnet – als sie gegen uns gekämpft haben», erinnert sich Ozod. Und mit einem leichten Anflug von Schadenfreude resümiert er: «Amerika erntet jetzt, was es im Kalten Krieg gesät hat.»

Die Sorgen vieler Usbeken, dass der Afghanistan-Krieg über die Grenze schwappen könnte, erweisen sich in den folgenden Wochen als unbegründet. Ende Oktober flüchten die Taliban aus Mazar-e-Scharif, und der Usbeken-General Dostum zieht wieder in die Stadt ein. Die «Freundschaftsbrücke» über den Amu-Darya wird wieder geöffnet, zunächst nur für humanitäre Hilfslieferungen an Not leidende Afghanen. Auch der kleine Luftstützpunkt nördlich von Termez findet einen neuen Pächter: die deutsche Luftwaffe. Sie nutzt die Base als Transit- und Versorgungsstation für das Bundeswehr-Kontingent in der internationalen Friedenstruppe, die in der afghanischen Hauptstadt Kabul stationiert ist. Nach dem Beispiel Rumsfelds reist Verteidigungsminister Scharping nach Taschkent und handelt mit dem Karimow-Regime die Konditionen aus. Die Höhe des Pachtpreises, den die deutsche Regierung dem Diktator neben üppiger Wirtschaftshilfe verspricht, gibt der Minister nicht preis. Als der Afghanistan-Konflikt schon fast vorüber ist, schließen Washington und Taschkent für die Chanabad Airbase in Karschi einen neuen Pachtvertrag ab. Seine Dauer beträgt sieben Jahre.

TRUPPENBESUCH IN DER STEPPE

Etwa zwei Monate nach dem Fall der Taliban, an einem klaren Februarmorgen des Jahres 2002, rollen zwei amerikanische Humvee-Militärfahrzeuge in ein Dorf irgendwo in der kargen Steppe Kirgisiens, dem nördlichen Nachbarn Usbekistans. Links und rechts der von Schneeresten verschlammten Fahrbahn stehen einige ärmliche Holzhäuser, davor Menschen. Viele Alte und Kinder, sie starren reglos auf die Humvees. Das vordere Fahrzeug hält an. Bevor er als Erster aussteigt, schärft Staff Sergeant Chad Bickley seinen Männern noch einmal den Sinn der Patrouille ein: «Denkt dran, Jungs, wir sind hier draußen, um Freunde zu gewinnen. Wir werden Hände schütteln, winken und Candies verteilen, okay?» «Yes, Sir!», erwidern die Soldaten und greifen nach ihren schwarzen M-16-Gewehren.

Es gehört zu den absurden Schauspielen der globalen *Pax Americana*, wie Bickley und sein Trupp in Wüstencamouflage-Kampfmonturen nun die Herzen der Dorfbewohner zu erobern suchen. Bickley geht auf eine Gruppe älterer kirgisischer Männer zu: «Hi, ich heiße Chad, von der U.S. Air Force. Ich wollte mal sehen, wie es euch hier so geht im Dorf.» Ein Dolmetscher übersetzt. Die Angesprochenen schweigen, endlich lässt einer ausrichten: «Gut, danke.» Unterdessen kniet Captain Todd Schrader vor zwei kleinen Jungs nieder, schultert seine M-16 und bietet ihnen einen Schluck aus einer Flasche Koolaid an. Die Kinder sind nicht interessiert. Vielleicht finden sie es etwas unhygienisch, dass Schrader zur Demonstration vorher selbst aus der Flasche getrunken hat. Nun zeigt der Air Force Captain mit Hand, Spucke und Zunge, wie man Brausepulver zu sich nimmt. Er hält ihnen das Päckchen hin. Die Kleinen regen sich nicht. «Sie sind noch etwas schüchtern», erläutert Bickley. «Sie haben ja noch nie amerikanische Soldaten gesehen.»

Nur die vielen Flugzeuge der U.S. Air Force werden sie bemerkt haben, die seit Mitte Dezember Tag und Nacht auf dem fünf Kilometer entfernten Manas-Flughafen der kirgisischen Hauptstadt Bischkek landen und wieder starten. Sie bringen Soldaten des 376th Air Expeditionary Wing und Material für den neuesten Militärstützpunkt, den Washington in Zentralasien errichtet, angeblich als weiteres Bollwerk gegen den Terrorismus. Zunächst für ein Jahr hat die US-Regierung von Kirgisien, der kleinsten der vor zehn Jahren aus dem Trümmerhaufen der Sowjetunion hervorgegangenen zentralasiatischen Republiken, den bislang rein zivilen Flughafen gemietet. Nach der Chanabad Base in Usbekistan und eines kleineren Lagers in Tadschikistan ist Manas der dritte und größte Stützpunkt der US-Streitkräfte im exsowjetischen Zentralasien. Bis zu 3000 Soldaten werden hier stationiert, darunter auch Einheiten der Verbündeten aus Frankreich, Spanien und Dänemark.

Bevor Staff Sergeant Bickley und sein Trupp vom Camp aus in die umliegenden Dörfer aufgebrochen sind, haben sie in einem kleinen Birkenwald den Ernstfall geübt. «Jungs, normalerweise mögen uns die Dorfbewohner, aber wir müssen auf alles gefasst sein», belehrte Bickley seine Männer. Und so spielten sie eine halbe Stunde lang durch, was bei Feindkontakt zu tun sei. Warfen sich auf den gefrorenen Boden, schrien «Bang, bang, bang!» und robbten zum Nachladen hinter ihre Kameraden. Captain Schrader war für gezielte Schüsse zuständig, Airman Michael Alberson, ein Hüne von einem Mann, feuerte derweil sein gesamtes Magazin leer. Bickley warf von hinten imaginäre Rauchbomben, während der Funker die QRF (Schnelle Reaktionstruppe) um Hilfe rief, die einige Kilometer zurückgeblieben war. Nachdem sie sich so warmgekämpft hatten, stiegen die US-Soldaten in ihre Humvees und fuhren los. Auf der Hauptstraße überholte der Konvoi einen voll besetzten Lada, dessen Fahrer vor Schreck beinahe rechts in den Graben abdriftete.

Auf der Patrouille im Dorf selbst ist später alles ruhig. Die einzige ernste Gefahr, der sich Bickley und Co. ausgesetzt sehen, sind Schneebälle, geworfen von zwei kirgisischen Lausbuben.

Das Feuer wird mit Candies erwidert. «Wir bringen den Kindern Süßigkeiten und Spielsachen mit, den Erwachsenen hin und wieder auch Zigaretten», sagt Bickley, während er und seine Soldaten in lockerer Formation durch das Dorf marschieren. Seinen Gewehrlauf hält er dabei auf den Boden, damit es nicht so bedrohlich wirkt. «Wir unterhalten uns mit den Dorfbewohnern, um rauszufinden, was sie von unserer Gegenwart halten.» Feindseligkeit oder Misstrauen seien nicht zu spüren, höchstens Neugier. «Die Menschen hier mögen uns. Durch unsere Patrouillen geben wir ihnen Sicherheit und Schutz vor Dieben.» Wie ernst es Bickley dabei ist, demonstriert er gegenüber einem Hund, der ihn aus einer Hofeinfahrt eher unfreundlich ankläfft: «Hund, wenn ich nur deine Sprache sprechen würde, könnte ich auch dir unsere Mission erklären, und du würdest zu bellen aufhören.»

Doch nicht nur die Hunde bleiben misstrauisch. Ein Dorfbewohner, der in einem unbeobachteten Augenblick mit meiner Dolmetscherin sprechen kann, sagt: «Was müssen die Amerikaner hier mit solch großen Gewehren rumlaufen? Wer weiß, was da passieren kann, wir sorgen uns um unsere Kinder.» Eine Nachbarin des Mannes hat ihren Kindern verboten, Süßigkeiten von den Soldaten anzunehmen. «Was weiß ich denn, ob diese Bonbons nicht ungenießbar sind?», sagt die kirgisische Frau. «Außerdem ist unser Dorf doch kein Zoo, wo man Kinder wie Tiere füttert.»

Nach einer Stunde beenden Bickley und sein Trupp ihre Patrouille im Dorf, das Uchkun heißt, und steigen wieder in ihre Humvee-Fahrzeuge. Als die Männer aus dem Dorf fahren, winken sie den Bewohnern zu. Ein kleiner Junge sitzt auf einem braunen Hengst und starrt reglos auf die Soldaten runter. Niemand winkt zurück. Aber eigentlich ist das Bickley auch egal. Wie das Dorf hieß, in dem wir gerade waren, weiß er nicht. «Kann ich mir nicht merken, ist zu schwierig auszusprechen. Wir nennen es einfach ‹downtown›.»

Den Namen seiner Base wird Bickley hingegen nicht so leicht vergessen. «Peter J. Ganci Base» steht auf dem Schild, das am Haupttor aus einem Haufen skelettierter Ziegenbockschädel ragt. Mit belegter Stimme erläutert Air Force Captain Richard Essary, der mich auf einer Tour über die Base begleiten wird, den Namen: «Ganci war ein Feuerwehrmann, der am 11. September im Südturm des World Trade Center in New York fast hundert Menschenleben gerettet hat, bevor er selbst zu Tode gekommen ist.» Essary macht eine kurze, schwere Pause. Der 29-Jährige, ein korpulenter Mann aus Salt Lake City, bekommt weiche Gesichtszüge. «Als unser Kommandeur die Geschichte dieses Helden hörte, hat er entschieden, die Base nach Ganci zu benennen. Tatsächlich, hat unser Kommandant gesagt, war es Gott, der die Base so benannt hat.» Essary nickt und atmet tief durch. Gleich zu Beginn der Tour wird der Besucher in keinem Zweifel darüber gelassen, worum es bei dieser Mission geht.

Auch das Ausmaß des amerikanischen Engagements beeindruckt sofort: Die riesigen C-17- und Boeing-747-Transportmaschinen der Air Force auf dem Tarmac des Manas Airports lassen die wenigen Tupolew-Passagierflugzeuge der Kyrgyzstan Air mickrig erscheinen. Mit Baggern, Raupen und Kränen errichtet eine Pioniereinheit einen neuen Hangar für die erwarteten F-18-Hornets und Mirage-2000-Kampfjets. Es wird gehämmert und geschraubt, Bauleiter brüllen Anweisungen, ein Betonmischer kippt seine graue Ladung in ein ausgehobenes Fundament. Die Pioniere sind eigens von der Heimatkaserne im deutschen Ramstein eingeflogen, vor einem ihrer Zelte hängt eine Fahne des 1. FC Kaiserslautern.

Hinter dem heruntergekommenen Terminal erstrecken sich auf 37 Hektar die Quartiere der Base: In langen Reihen stehen mehr als 200 «Harvest Falcon»- und «Force Provider»-Zelte, in denen fast 3000 Soldaten wohnen können. Der Anblick erinnert mich an einen Besuch der US-Base «Camp Bondsteel» im Südosten des Kosovo, das nach dem NATO-Krieg gegen Jugoslawien auch als Zeltlager begann und bis heute zu einer regelrechten Kleinstadt ausgebaut worden ist.

Soldatentrupps marschieren kreuz und quer über den Innenhof, ihre hellen Kampfstiefel knirschen dabei im Rollsplit. Unter den Wüsten-Schlapphüten tragen viele der Männer schmale Reflex-Sonnenbrillen, die sie sehr entschlossen aussehen lassen. «Wir tragen schneidige, saubere Uniformen, denn schließlich sind wir Botschafter der Vereinigten Staaten», kommentiert Captain Essary. «Wir wollen sicherstellen, dass wir gute Gäste sind, und uns von unserer besten Seite zeigen.» Der Amerikaner, dessen Heimatkaserne in Montana liegt, hat zwar Politologie und Internationale Beziehungen studiert. Vom kasachischen Almaty, immerhin einer Millionenstadt, die keine 400 Kilometer nördlich von Bischkek liegt, hat er aber in all den Wochen noch nie gehört. «Na ja, über Zentralasien haben wir an der Uni eben nicht so viel gelernt.»

Wir betreten einen der Mannschaftsräume, zusammengesetzt aus schlichten Stahlcontainern. In einem ist ein Kino untergebracht. An diesem Abend wird *American Pie* gezeigt, danach *Runaway Bride* mit Julia Roberts. Für Freitag steht *Ransom* auf dem Programm, mit Richard Gere und Mel Gibson. Im so genannten Game Room sitzen Soldaten an Tischen und spielen Karten, andere schreiben an Computern E-Mails nach Hause. Ein Fernseher zeigt den Armed Forces Radio and Television Service (AFRTS), den Sender für alle US-Streitkräfte auf der gesamten Welt. In dem Moment plärrt eine Fanfarenmusik los, die an deutsche Wochenschauen der frühen Vierziger erinnert. Vor dem Hintergrund einer wehenden Stars-and-Stripes-Fahne prangt der Titel der nächsten Sendung auf dem Bildschirm: *Our Leaders* – Unsere Führer. Es spricht Verteidigungs-Staatssekretär Dov Zakheim, direkt aus dem Pentagon. Den Männern und Frauen, die im Anti-Terror-Krieg kämpfen, sagt er die volle Unterstützung aus der Heimat zu. «Dies ist ein Zwei-Fronten-Krieg, und die zweite Front ist die Heimatfront. Sie ist für unsere Regierung von größter Bedeutung, und wir werden hier alles tun, was notwendig ist.»

Wieder donnert Fanfarenmusik aus dem Fernseher, und ein weiterer Führer wird angekündigt, aber Captain Essary drängt zum Weitermarsch. «Dahinten gibt es etwas sehr Schönes zu sehen.» Er führt mich zu einem Tisch, auf dem sich mehrere Pappkartons voller roter Briefe stapeln. Es sind Grußkarten, Tausende, die amerikanische Schulkinder zum Valentinstag an die Soldaten geschrieben haben. «Operation Valentine's Day» steht auf einem der Kartons. Essary fischt willkürlich einen mit einem großen Herz beklebten Briefbogen heraus und liest vor: «Lieber Soldat, wir hoffen, dass du Bin Laden bald fangen wirst. Ich war in New York, als es passierte, und ich hatte große Angst. Love, Rachel.» In einem anderen Schreiben dankt der kleine Andy aus Virginia den Soldaten dafür, dass sie ihn da draußen in der Welt «gegen das Böse» beschützen. «Das ist doch wunderschön, oder nicht?», sagt Essary.

Als wir den Mannschaftsraum verlassen, fallen mir Zettel auf, die neben die Tür geklebt sind. Darauf sind wichtige russische Phrasen und ihre Bedeutung geschrieben, wie etwa «Guten Tag!» und «Guten Abend!». Die russischen Begriffe sind bis zur Unkenntlichkeit falsch buchstabiert. Der «russische Satz des Tages» lautet «pa-zhah-lus-ta», was mit «you are welcome!» übersetzt ist, dem «Bitte sehr!», das man im Englischen auf ein «Danke!» entgegnet. Aigul, die kirgisische Dolmetscherin, die für Essary arbeitet und uns begleitet, sagt trocken: «Eigentlich heißt das Wort ja eher ‹please!› im Sinne einer Bitte.» Die Frau schaut sich kurz um, und als sie sieht, das Essary außer Hörweite steht, fügt sie flüsternd hinzu: «Aber das Wort gebrauchen Amerikaner bei uns ja nur selten.» Eine solche Bemerkung hätte ich der eher stillen Kirgisin gar nicht zugetraut. Wenige Minuten zuvor hatte die studierte Anglistin mir erklärt, wie glücklich sie über die Ankunft der US-Truppen sei: «Alle meine Freunde beneiden mich um diesen Job.» Pro Tag verdient sie 50 Dollar, so viel, wie die meisten Kirgisen in einem ganzen Monat nicht. Nun dieser Spruch. Und es kommt noch besser, als Captain Essary uns in die Kantine der Kaserne führt. Bis zu 500 Menschen können hier gleichzeitig essen. Alle Lebensmittel werden aus Amerika und Europa eingeflogen, die meisten als verschweißte Sofortverzehr-Päckchen. Auf lokale Nahrungsprodukte greifen die Amerikaner nicht zurück, was viele Kirgisen, die darin eine Absatzchance für einheimische Landwirte sahen, verstimmt hat. «Für uns haben Hygiene und Gesundheit absoluten Vorrang», erklärt Essary die Regelung. Wenig später nimmt er eine Packung Kekse von einem Tresen und bietet sie mir und Aigul an. Sie lehnt dankend ab: «Wenn ihr unser Essen nicht wollt, wollen wir eures auch nicht.» Essary denkt, die Dolmetscherin habe einen Scherz gemacht, und lacht scheppernd.

In einem Jeep fahren wir zum Kommandeurszelt an der Landebahn von Manas. Zweihundert Meter davor müssen wir aussteigen, und Schäferhunde schnüffeln den Wagen nach Sprengstoff ab. Für das Gespräch mit dem Kommandeur gibt Captain Essary mir einige Anweisungen: «Keine außenpolitischen Fragen! Und sprechen Sie ihn bitte auch nicht auf die Geschichte mit dem Feuerwehrmann Peter J. Ganci an, sonst muss er wahrscheinlich weinen.» Dabei wirkt Brigadegeneral Chris Kelly, ein drahtiger Mann mit kurz geschorenem grauem Haar und stahlblauen Augen, eher wenig zimperlich, als wir einander begrüßen. Der Händedruck könnte eine Maikartoffel zerquetschen. In klaren Worten umreißt der Offizier seine Aufgabe: »Wir bauen diese Base auf, um von hier aus den Auftrag von General Franks zu erfüllen und alle Taliban und Al Qaida in Afghanistan auszurotten.» Armeegeneral Tommy Franks, Oberkommandierender der US-Streitkräfte im Anti-Terror-Krieg, habe dafür eine weitere Airbase nördlich von Afghanistan gebraucht. Kellys Stimme klingt kampfentschlossen, was die Totenkopf-Piratenfahne vor seinem Kommandozelt noch unterstreicht.

Nur als Kelly von dem Tag im Dezember 2001 erzählt, an

dem seine C-17-Transportmaschine in Manas landete, klingt er weniger gefestigt. «Wir kamen hier mit einiger Furcht an, denn wir flogen ja direkt ins Ungewisse. Wir sahen uns um, und hier war nichts! Dann hatte ich Angst davor, Fehler zu machen und nicht die Unterstützung der Einheimischen zu bekommen.» Würden Kellys Worte nicht so kalkuliert klingen, wäre sein Geständnis glaubhafter. Dass er nach 28 Jahren Militärdienst mit einem Kampfauftrag auf ehemals sowjetischem Territorium stehen würde, hätte der heute 50-Jährige früher «nicht fünf Minuten lang» für möglich gehalten.

Ärgerlich wird Kelly allerdings, als ich ihn auf Gerüchte in der zentralasiatischen Presse anspreche, die amerikanischen Streitkräfte verfolgten neben dem Kampf gegen den Terrorismus noch andere strategische Ziele in Mittelasien: «Es gibt nichts Heimliches und nichts Heimtückisches in unserer Mission. Wir kooperieren einfach mit Nationen, die unsere Vision davon, wie die Welt aussehen sollte, teilen.» Kelly dreht an seinem klobigen blauen Ring, der ihn als Absolvent der prestigereichen Air Force Academy in Colorado Springs ausweist: «Ich kann ja verstehen, dass es Leute gibt, die Angst davor haben, dass wir auf exsowjetischem Gebiet bleiben. Aber der Kalte Krieg ist vorbei, und die Sowjetunion gibt es nicht mehr. Wir kooperieren in der Operation ‹Enduring Freedom› mit einer multinationalen Koalition. Kirgisien ist ein unabhängiges Land, und die Kirgisen haben uns schließlich eingeladen. Also was ist das Problem?» Als ich Kelly frage, wie lange die US-Truppen bleiben werden, ist von Kirgisen allerdings nicht mehr die Rede. «Solange General Franks uns hier braucht, werden wir hier sein. Es gibt dafür kein Zeitlimit. Erst wenn all Al-Qaida-Zellen zerstört sind, ziehen wir wieder ab.» Rasch fügt der General dann hinzu: «Noch ist das Terrornetz natürlich nicht zerstört.» Als wir uns voneinander verabschieden, greift Kelly meine Hand noch fester als zur Begrüßung. Seine perfekte Zahnreihe ist hinter schmal zusammengepressten Lippen verschwunden. «Wir streiten für eine hehre Sache», sagt er. «General Franks führt den Willen der Welt aus.» Im Weggehen fällt mir auf, dass Kelly seinen zivilen Oberkommandeur, Präsident Bush, mit keinem Wort erwähnt hat.

Für die Regierungen der fünf ehemaligen Sowjetrepubliken in Mittelasien scheint sich das amerikanische Engagement als der größte Glücksfall seit Ende des Kalten Kriegs zu erweisen. Washingtons wirtschaftliche und vor allem militärische Hilfe für die Region wird sich in diesem Jahr mehr als verdoppeln – auf 400 Millionen Dollar. Welche Summe Washington dem restlos verarmten Kirgisien für die Manas Airbase zahlt, halten beide Seiten geheim. Bekannt ist nur, dass die Regierung für jeden Start und jede Landung eines amerikanischen Flugzeugs 7000 Dollar einstreicht – die höchste Airport-Tax der Welt. Dass Bischkek, das bis vor zehn Jahren nach dem russischen Bolschewiken-General Michail Frunse benannt war, ein wenig Cash gut gebrauchen könnte, sehe ich auf der Fahrt vom Hotel. Rund um eine riesige Bronzestatue Lenins, der in der klassischen Armhaltung den Weg zur Revolution weist, breiten sich tristgraue sowjetische Betonbauten aus. Nur wenige Geschäfte bringen Farbe ins Stadtbild. Das soll sich nun mit Hilfe der Amerikaner ändern. Tatsächlich, so gibt die kirgisische Regierung im Frühjahr bekannt, seien in vier Monaten bereits 14 Millionen Dollar von der Base in die einheimische Wirtschaft geflossen. Die Männer und Frauen der Air Force hätten in der Stadt bereits mehr als eine Million Dollar für Souvenirs und Unterhaltung ausgegeben. Diese Summe ist verblüffend, da den Soldaten Alkoholkonsum, Prostitution und Glücksspiel strikt verboten sind.

Für das Ende der Tour über die Base hat Captain Essary noch ein spezielles Bonbon bereitgehalten: die Ankunft der ersten sechs französischen Mirage-2000-Kampfjets in Manas. Wir fahren zur Landebahn. Dort erwartet Essary ein Schock: Der französische Presseoffizier, ein gewisser Lieutenant Bertrand Bon, hat für das Ereignis sämtliche lokale Medien – Presse, Radio und Fernsehen – eingeladen. Mehr als 50 kirgisische Journalisten steigen aus zwei Bussen. Sie wirken gespannt und zufrieden. Die allermeisten sehen die Base zum ersten Mal, denn die U.S. Air Force hat bislang nur ganz wenige Besuche kirgisischer Medien gestattet. Esseray nimmt seinen französischen Kollegen beiseite und zischt ihn an: «Warum zum Teufel haben Sie die denn alle rangekarrt?» Lieutenant Bon setzt ein wunderbar arrogantes Gesicht auf und näselt zurück: «Ich dachte, sie sollten auch mal was zu sehen bekommen.» General de Gaulle, obgleich vermutlich entsetzt über den Anblick französischer Einheiten unter amerikanischem Oberbefehl, wäre von der Antwort entzückt gewesen.

Auch diplomatische Vertreter haben die Franzosen eingeladen. Der deutsche Militärattaché Jörg Ladewig hat sich aus dem kasachischen Almaty auf den Weg gemacht. Von dort aus ist der Rheinländer für Kirgisien, Kasachstan und Tadschikistan zuständig. Nach Jahrzehnten auf der Hardthöhe ist Ladewig vor einem Jahr nach Zentralasien entsandt worden. Zuvor verbrachte er vier Jahre in Moskau. In Habitus und Denken zeigt sich der Diplomat als einer der klassischen Vertreter der dezidiert unkosmopolitischen Bonner Republik, die man noch immer in vielen deutschen Botschaften im Ausland antrifft. Im Vergleich zu ihren oft weltgewandteren und kenntnisreicheren britischen und französischen Kollegen drückt die Güte vieler deutscher Diplomaten bis heute den mangelnden Willen ihrer Regierungen aus, in der Welt eine politische Rolle zu spielen, die der wirtschaftlichen und kulturellen Kraft ihres Landes angemessen wäre. Die historischen Gründe, die hierfür immer wieder vorgeschoben werden, rufen dabei längst in vielen Ländern, in denen Deutschland hohes Ansehen genießt und die sich mehr Engagement wünschen, nur noch Kopfschütteln hervor.

Attaché Ladewig ist zum ersten Mal auf der Manas Airbase. «Ich will mir das mal angucken, um zu sehen, wie lange die Amerikaner hier wohl bleiben werden», sagt er. «All das Geld, was sie hier ausgeben, ist ja schon mal ein Hinweis auf eine lange

Präsenz.» Dass es den USA hierbei zunächst um den Kampf gegen den Terrorismus geht, steht für den Deutschen außer Frage. «Allerdings haben die Amis natürlich auch im Kopf, ihre wirtschaftlichen Interessen am Kaspischen Meer militärisch zu unterstützen.» Wie alle Diplomaten der Region, hat Ladewig lange gerätselt, warum Moskau die Stationierung der US-Truppen in seinem strategischen Hinterhof schluckt. Er ist auf zwei Gründe gekommen: «Die Russen haben im Moment das Geld nicht, um Zentralasien zu kontrollieren. Zweitens haben sie die Befehlshoheit verloren.» Die exsowjetischen Republiken hätten 70 Jahre lang unter Moskaus Herrschaft gelitten und würden sich nun nach neuen Partnern umsehen. «Dabei geraten sie natürlich mit den Amerikanern von einer Abhängigkeit in die nächste.» Das Rennen um die Macht in Zentralasien, schließt Ladewig, werde am Ende allerdings ohnehin China machen. «Die Russen haben nichts zu bieten, die Amerikaner sind zu weit weg – nur die Chinesen können in dieser Region dauerhaft Fuß fassen.»

Ein lauter Motorenlärm kündigt die Ankunft der Mirage-Kampfjets an. Aufgeregt zeigt Lieutenant Bon auf den Horizont, die kirgisischen Kameraleute und Fotografen richten ihre Geräte aus. Sekunden später donnern drei Maschinen heran – natürlich in Pfeilformation! Anstatt zu landen, brettern sie dicht über unsere Köpfe hinweg. Am Ende des Flugplatzes drehen die beiden äußeren Mirages in kunstvollen Bögen zur Seite weg, während der dritte Pilot seinen Jet steil nach oben jagt. Minuten später landen alle drei Maschinen in harmonischer Abfolge und rollen auf uns zu. Eine perfekte gallische Pompschau, es fehlt nur, dass die Düsen trikoloren Qualm ausstießen. Die Kirgisen sind beeindruckt, Lieutenant Bon strahlt über das ganze Gesicht, nur Captain Essary und die umstehenden amerikanischen Offiziere sehen betont gelangweilt aus.

Nachdem sie die Jets ausgiebig begutachtet haben, sammeln sich die Journalisten um Bon und Essary und beginnen sie mit Fragen zu löchern. Ob er glaube, dass die meisten Kirgisen glücklich über das amerikanische Militär in ihrem Lande seien, will eine junge Frau von Essary wissen. «Natürlich, sonst hätte uns Ihre Regierung ja nicht eingeladen, oder?» Viele der Journalisten müssen über diese Antwort, die eine naive Unkenntnis zentralasiatischer Machtpolitik verrät, kichern. Essary ist leicht verunsichert: «Wieso fragen Sie? Bezweifeln Sie das etwa?» Die junge Frau lächelt: «Natürlich nicht, Sir. War nur eine dumme Frage.» Später spreche ich die Journalistin an. Sie heißt Fatima Gayazowa und ist Chefredakteurin eines lokalen TV-Senders. «Eine schöne Show wird uns hier geliefert», sagt die schlanke, langhaarige Frau. «Aber es ist nicht wahr, dass Kirgisen glücklich darüber sind, dass sich die Amerikaner bei uns breit machen. Die Menschen wollen nicht, dass unser Land die gerade gewonnene Unabhängigkeit wieder einer Großmacht opfert.»

Tatsächlich zeigen selbst die von der Regierung in Auftrag gegebenen Umfragen, dass die Mehrheit der Kirgisen die amerikanischen Soldaten nicht als Nachbarn akzeptieren will. Nach einer Studie sind 77 Prozent gegen die Truppenpräsenz. Sie befürchten, so geben 62 Prozent der Befragten an, dass sich das Verhältnis zu Russland verschlechtern werde. «Viele sind misstrauisch und glauben, dass die USA lediglich Zentralasien kontrollieren wollen», glaubt Frau Gayazowa. Innenpolitisch hat die Entscheidung der Regierung zu Spannungen geführt. Lange galt das Regime von Präsident Askar Akayew, der als einziger unter den zentralasiatischen Staatschefs kein ehemaliger Top-Kommunist ist, als die halbwegs demokratische Hoffnung der Region. In jüngster Vergangenheit ist der liberale Kurs jedoch in Repression umgeschlagen. Kurz nach meinem Besuch in Kirgisien schlägt die Polizei eine Demonstration der Opposition nieder, wobei sechs Menschen getötet werden. Oppositionsführer werfen dem Regime vor, die Gegenwart amerikanischer Truppen zu nutzen, um demokratische Bewegungen zu unterdrücken.

Welche Interessen hinter dem proamerikanischen Kurs der Regierung stecken könnten, zeigt die Tatsache, dass ein Verwandter des Präsidenten den Treibstoffverkauf auf dem Manas Airport kontrolliert. Der Widerstand der Bevölkerung gegen die US-Truppen werde wachsen, prophezeit Frau Gayazowa: «Die Menschen in Zentralasien mögen weder die amerikanische Kultur noch das Verhalten der USA. Die Amerikaner glauben, sie könnten uns einfach kaufen.» Über den Ausgang der Konflikte ist die Journalistin allerdings ohne Illusion: «Die Amerikaner werden bleiben, solange sie wollen. Ein unruhiges Afghanistan wird ihnen immer als perfekter Vorwand dienen.»

Auch in Russland und China beunruhigt das amerikanische Vorrücken in Zentralasien trotz aller offiziellen Bekenntnisse zur Anti-Terror-Allianz viele Menschen. In Peking hat man mit Unbehagen registriert, dass die Manas Airbase keine 400 Kilometer von der chinesischen Westgrenze entfernt ist. Amerikanische Truppen, die auch in Japan, Südkorea, den Philippinen, Afghanistan und Pakistan stationiert sind, haben das Reich der Mitte damit umzingelt. Mit Sorge fragen sich einige der kommunistischen Herrscher, ob dies der Unabhängigkeitsbewegung in der zentralasiatischen Provinz Xinjiang Auftrieb geben könnte.

In Moskau alarmieren die Ereignisse in den zentralasiatischen Exkolonien Russlands besonders Konservative, Kommunisten und die Armee, die die Region noch immer als ihren strategischen Hinterhof betrachten. Viele fürchten, durch Putins kooperative Politik gegenüber den USA könne Russland nur verlieren. Immerhin hat der Kreml jüngst russische Basen in Vietnam und Kuba geschlossen. «Russland billigt die Errichtung permanenter US-Stützpunkte in Zentralasien nicht!», erklärte der Sprecher des russischen Parlaments, Gennady Seleznew, der wenige Tage nach der Landung amerikanischer Truppen in Kirgisien nach Almaty reiste. Unter Hinweis auf den GUS-Sicherheitspakt berief sich der Politiker auf ein effektives Vetorecht für Moskau: «[Die Zentralasiaten] dürfen keine Entscheidungen fällen, ohne uns vorher im Rahmen des Vertrags zu konsultieren.»[33] Kurze Zeit später widerspricht der Kreml Seleznew und lässt erklären, es stehe Kirgisien frei, die US-Truppen aufzunehmen. Beide Standpunkte spiegeln die Stimmung in einem russischen Staat wider, der auch zehn Jahre nach seinem Entstehen noch nicht zu einer einheitlichen Außenpolitik gefunden hat.

«GÄSTE SOLLTEN NICHT ZU LANGE BLEIBEN»

Ich fliege nach Moskau, wo ich Viktor Kalyushny treffe, den russischen Vizeaußenminister und Putins Sondergesandten für die kaspische Region. Ich bin auf das Gespräch gespannt – wochenlang hatte der Sprecher des Außenministeriums meine Interviewgesuche abgelehnt und mich abzuwimmeln versucht. Eines Morgens landete dann plötzlich eine E-Mail von Minister Kalyushny höchstselbst auf meinem Laptop, in der er mich wenige Tage später in sein Büro bestellte.

Das Außenministerium am Smolensker Platz ist einer jener stalinistischen Wolkenkratzer Moskaus, an dessen Türmen noch immer ein gigantisches Hammer-und-Sichel-Symbol prangt. An eine bombastische Geburtstagstorte erinnert das 1951 errichtete Gebäude, dessen Granitfassade mit kleinen Fenstern übersät ist. Die Antennen und Funkmasten, über die die Regierung mit ihren Botschaften in der Welt verbunden ist, sind wie Spinnen über die fast 100 Stockwerke verteilt. Manche wackeln bedenklich in dem Sturm, der an diesem Frühabend düstere Wolken über Moskau jagt und Regenschauer gegen das Ministerium peitscht.

Der Haupteingang ist eine einzige einschüchternde Demonstration sowjetischer Macht: Durch zwei Obeliske aus schwarzem Marmor gelangt der Besucher zu riesigen bronzenen Stahltüren, die mit Hämmern und Sicheln sowie den Namen der 15 Sowjetrepubliken versehen ist. In der Lobby dahinter blenden weißer Marmor und goldene Kronleuchter das Auge. Wenig Glanz verraten die grauen Anzüge und Gesichter der Diplomaten und Beamten, die durch die Sicherheitsschranke huschen.

Das Vorzimmer zu Minister Kalyushnys Büro auf einem mittleren Stockwerk verströmt noch immer den Mief der Breschnew-Zeit: Zwei Sekretäre sitzen an gegenüberliegenden Schreibtischen aus Holz und schichten Aktenberge um. Die Wände sind mit dunklem Holz getäfelt, der Fußboden mit fleckigen braunen Teppichen ausgelegt. Gerüschte gelbliche Gardinen und schwere beige Vorhänge verdecken das Fensterglas fast vollständig. Der Assistent des Ministers, ein gedrungener, glatzköpfiger Mann, mustert mich misstrauisch und weist auf einen Sessel. «Warten Sie dort!» Dann kündigt er mich über Telefon seinem Chef an. Minuten später läutet eine Glocke zum Zeichen, dass der Besucher vorgelassen werden darf. Durch zwei dicke, mit braunem Leder gepolsterte Türen trete ich ein.

Viktor Kalyushny, ein großer, etwas fülliger Mann mit schneeweißen Haaren, erwartet mich in der Mitte seines Büros. Er ist elegant gekleidet und trägt eine auffällige randlose Designer-Brille. Wir setzen uns an einen schwarz glänzenden Konferenztisch. Das Büro ist geschmackvoll eingerichtet: An der Wand hängen Aquarelle mit Motiven aus Moskau, jedes mit einer kleinen Lampe beleuchtet. Auf einem kleinen Tisch in der Ecke steht ein signiertes Porträtfoto Wladimir Putins. Meine Höflichkeitsfloskeln und Bemerkungen über das grässliche Wetter in Moskau unterbricht der Diplomat schroff: «Ihre erste Frage bitte!»

Kalyushny ist einer der russischen Hauptakteure im neuen «Great Game» um das Kaspische Meer. Aus der Stadt Ufa im Ural stammend, gelangte der Ingenieur in den wilden postkommunistischen neunziger Jahren als Präsident der Östlichen Ölgesellschaft zu großem Reichtum. Danach ging der Ölbaron, der mit dem Petrol-Oligarchen Viktor Tschernomyrdin befreundet ist, in die Politik. Als Ölminister unter Präsident Boris Jelzin war er einer energischsten Gegner der Mittelmeer-Pipeline durch den Südkaukasus und machte auch der Regierung Kasachstans regelmäßig deutlich, dass sie ihr Öl über russisches Territorium zu exportieren habe. Jelzins Nachfolger Putin ernannte Kalyushny zum Sondergesandten für das Kaspische Meer und beauftragte ihn, die territorialen Streitigkeiten unter den Anrainern zu einem Ende zu bringen. Beileibe keine leichte Aufgabe, wie der Russe selbst einräumt: «Die größten Hindernisse sind Habsucht und Geiz aller beteiligten Länder – außer Russland natürlich.» Jeder Anrainer wolle mehr bekommen als die anderen, besonders die Ansprüche des Irans seien nicht gerechtfertigt. Er erinnert an den iranisch-aserischen Kanonenboot-Zwischenfall vom Juli 2001: «Wir müssen zu einer schnellen Lösung kommen, sonst können aus den Ansprüchen bald militärische Konflikte entstehen.» Ob es nicht ein erster Schritt zum Frieden sei, das Kaspische Meer zu entmilitarisieren, frage ich. Kalyushnys Antwort erfolgt prompt: «Russland wird doch nicht seine kaspische Flotte abschaffen. Gerade jetzt, wo die amerikanischen Truppen in Kirgisien und Usbekistan stehen!»

Damit sind wir, unerwartet schnell, beim Thema. Mit sorgenvoller Miene blickt der Minister aus dem Fenster. Nur mit Mühe findet er dabei diplomatische Worte über die US-Truppen: «Hat man Gäste im Haus, freut man sich zweimal: wenn sie kommen – und wenn sie wieder gehen.» Den Hinweis darauf, dass die Amerikaner ja nicht die Gäste Russlands, sondern der unabhängigen zentralasiatischen Republiken seien, wischt Kalyushny beiseite: Kirgisien und Usbekistan seien Mitglieder der Gemeinschaft Unabhängiger Staaten (GUS) und hätten Sicherheitsverträge mit Russland geschlossen. Für den Vizeaußenminister ist die Sache klar: «Die Amerikaner müssen wieder aus Zentralasien abziehen, sobald sie Bin Laden gefasst haben.»

Bislang habe Russland aufrichtig an der Seite der Amerikaner gegen die Terroristen gekämpft, fährt Kalyushny fort, und man werde das auch weiter tun. «Wir haben ein gemeinsames Problem und eine gemeinsame Tragödie.» Allerdings habe diese Tragödie nicht am 11. September 2001 ihren Anfang genommen, sondern zwei Jahre zuvor, als Terroristen in Moskau Wohnhäuser in die Luft sprengten und Hunderte von Menschen töteten.

Die Täter wurden nie gefasst. Obwohl die russische Regierung tschetschenische Terroristen beschuldigt, halten sich Gerüchte, dass Geheimdienstkreise hinter den Verbrechen stecken. «Hätte der Westen damals auf unsere Warnung vor islamischen Terroristen gehört, wäre der 11. September nie passiert», glaubt Kalyushny. «Aber Menschen lernen eben nur aus eigenen Fehlern.»

Mit Genugtuung hat man in Moskau registriert, dass westliche Kritik am russischen Vorgehen in Tschetschenien seit den Terrorangriffen von New York und Washington fast völlig verstummt ist. «Die tschetschenischen Rebellen sind Terroristen und Banditen», sagt Kalyushny, und zum ersten Mal hört er dabei auf, mit seiner Designer-Brille zu spielen. Für die abtrünnige Republik gelte die russische Verfassung. Ließe Moskau Tschetschenien gehen, würden weitere Republiken wie Tatarstan oder sogar Sibirien nach Unabhängigkeit streben. «Es wäre doch in den USA auch nicht möglich, dass ein Staat einfach ausbricht.»

Die Zusammenarbeit zwischen den Vereinigten Staaten und Russland im Kampf gegen den Terrorismus hat viele Beobachter so sehr überrascht, dass die Zeitungen schon von einer «neuen strategischen Partnerschaft» zwischen beiden Ländern schreiben. Ich will von Kalyushny wissen, worauf eine solche dauerhafte Allianz basieren könnte. Wieder gibt er eine unerwartet deutliche Antwort: «Russland ist eben eine Nuklearmacht, mit der man nicht spaßen kann. Also versuchen die Amerikaner uns als Partner zu gewinnen.» Dann verliert sich der Diplomat wieder in sehr sowjetisch klingenden Phrasen, die der Zuhörer interpretieren muss. Die gemeinsame Verantwortung, die beide Großmächte für die Welt trügen, sagt er, erfordere eine ausgewogene Politik, die allerdings vom Verständnis für den anderen Partner geprägt sein müsse. «Wir sind an friedlicher Koexistenz mit den USA interessiert, wir haben einseitig viele Atomwaffen abgebaut. Aber wir erwarten Offenheit von den Amerikanern.» In Zentralasien sei eine gesunde Konkurrenz beider Länder möglich. Allerdings, so fügt Kalyushny bedeutsam hinzu, dürfe nicht eine Seite auf die Zerstörung der anderen aus sein. Damit der Hinweis nicht unbemerkt bleibt, wiederholt der Minister seinen Standpunkt zu den amerikanischen Truppen in Zentralasien: «Gäste sollten wissen, dass es unhöflich ist, zu lange zu bleiben.»

Als ich auf die regengepeitschte Straße vor dem Ministerium trete, sind meine Zweifel an der Dauerhaftigkeit des russisch-amerikanischen Rapprochements gewachsen. Statt um eine neue strategische Partnerschaft scheint es sich um ein taktisches Zweckbündnis auf Zeit zu handeln. Für weite Kreise des russischen Establishments ist es undenkbar, die politischen, ökonomischen, kulturellen und auch territorialen Hegemonialansprüche auf den Kaukasus und Zentralasien für immer aufzugeben. Sie sind genauso wenig bereit, dauerhaft amerikanische Truppen in Kirgisien oder Georgien hinzunehmen, wie Amerikaner russische Truppen in Mexiko dulden würden. Oder womöglich in einem Bundesstaat im Westen, der sich neuerdings für unabhängig erklärt hat – während Washington, um ein perfektes Spiegelbild zu schaffen, zur gleichen Zeit einen Krieg gegen eine weitere abtrünnige Republik an seiner Südgrenze, etwa Texas, führen müsste. So wie Russen an den blutigen Preis denken, den ihre Zarenarmeen für die Eroberung der Südprovinzen bezahlen mussten – könnten Amerikaner die mutigen Taten ihrer Pioniere und Kavallerie an der Westfront in derselben Epoche vergessen?

Gegenwärtig wird der ehemalige KGB-Offizier Putin seine Generäle überzeugt haben, dass ein Stillhalten für Russland im Moment sinnvoll ist, um Kräfte zu sammeln. Hat sich die Wirtschaft mit Hilfe westlichen Kapitals wieder erholt, wird sich Moskau kaum von einer dominanteren Rolle in der Welt abhalten lassen. Diese Eindrücke habe ich in vielen Gesprächen mit Mitgliedern nicht nur des konservativen Establishments Russlands gewonnen. Wie stark die russischen Vorbehalte gegenüber amerikanischer Politik sind, machte mir besonders Alexander Maryasow, Moskaus Botschafter im Iran, in unserem langen Gedankenaustausch in Teheran deutlich. «Es kann keine Partnerschaft zwischen uns und den USA geben, wenn die Amerikaner unilateral alles tun und lassen, was sie wollen, ohne uns auch nur zu fragen», sagte der Diplomat. «Es kommt der Punkt, an dem wir unsere nationale Sicherheit gefährdet sehen.» Was amerikanische Ziele in Zentralasien betraf, nahm Maryasow kein Blatt vor den Mund. In undiplomatischer Deutlichkeit behauptete er: «Das US-Militär hat Terroristen in Afghanistan als Vorwand benutzt, um in Zentralasien einzudringen. Den Amerikanern geht es um wirtschaftliche Interessen, besonders das kaspische Öl.»

Über die zentralasiatischen Republiken sprach Maryasow mit großrussischer Herablassung. Nur dank russischer Hilfe seien sie heute entwickelt, Moskau habe mehr als ein halbes Jahrhundert Ingenieure geschickt, Straßen gebaut und Elektrizität geliefert. «Diese Länder wissen das Privileg wirtschaftlicher Bande mit uns nicht zu schätzen. Sie setzen einzig auf die Amerikaner und ihr Geld. Alles, was wir dagegen tun können, ist, sie zu warnen, dass die USA nicht so großzügig sind, wie sie denken.»

Bis hier die übliche Klage über imperialen Niedergang und die Ungerechtigkeit der Welt, die man im postsowjetischen Russland oft zu hören bekommt. Womit mich der Botschafter dann verblüffte, war seine Überzeugung, dass sich das Blatt noch einmal wenden würde. «Sobald unsere Wirtschaft wieder stärker wird, werden wir unsere alten Beziehungen zu Zentralasien und den Südkaukasus erneut herstellen und unsere Einflusssphäre wieder behaupten.» Sogar eine staatliche Einheit von Russland und den jetzt noch unabhängigen Republiken sei dann wieder denkbar. Den Fehler der Vergangenheit, die Integration mit militärischer Gewalt durchzusetzen, werde Russland dieses Mal zu vermeiden versuchen. Und die amerikanischen Truppen?, fragte ich. Maryasow lächelte und sagte: «Nun, ich schließe nicht aus, dass sie eines Tages Zentralasien wieder verlassen werden. Das wird von ihren … Kosten abhängen.» Noch tagelang fragte ich mich, was der Russe wohl mit «Kosten» gemeint haben könnte.

WARLORDS UND AGENTEN: DAS GROSSE SPIEL IN AFGHANISTAN

Die Gespräche verstummen, da ist Khan noch kilometerweit entfernt. Nur schwach erst sind die Motoren seines Konvois zu hören, der sich über eine Sandpiste dem kleinen Kiefernpark vor der Stadt nähert. Dennoch richten sich die ersten der gut 200 versammelten Mudschaheddin auf, streichen ihre olivgrünen Kampfanzüge und ihre langen grauen Bärte glatt, umfassen ihre Gewehre mit beiden Händen und stehen stramm. Hinter ihnen tummeln sich Hunderte Menschen, viele Graubärte mit Turbanen, aber auch einige Frauen in hellblauen Burqa-Gewändern und Kinder. Es ist der Nawruz, der erste Tag des neuen Jahres nach dem persischen Sonnenkalender, 1381 nach der Geburt des Propheten Mohammeds. Die Einwohner von Herat, der uralten und größten Stadt im Westen Afghanistans, verbringen den Tag, nach westlichem Kalender der 21. März, traditionell bei einem Picknick im Freien und besuchen die Gräber ihrer Angehörigen. Zum ersten Mal seit dem Sturz der Taliban-Herrscher, die alle Neujahrsbräuche als unislamisch verboten hatten. Grund genug für Ismail Khan, den legendären Mudschaheddin-Warlord und neuen alten Herrscher von Herat, den kurz zuvor von Landminen geräumten Park frisch einzuweihen. Schwer bewaffnete Wachen steigen auf das Dach eines Pavillons, einer von ihnen trägt einen Granatwerfer. Der «Emir», wie Khan von seinen Untertanen genannt wird, soll keine Überraschungen erleben.

Vier Monate sind vergangen, seit das afghanische Taliban-Regime unter der Wucht amerikanischer Bomben eingebrochen ist. Mehr als 6000 US-Soldaten und etwa die gleiche Anzahl verbündeter Truppen besetzen seither das Land am Hindukusch und kämpfen gegen versprengte Reste der Al-Qaida-Terroristen. Deren Anführer, Osama Bin Laden, ist wie der Taliban-Chef Mullah Omar auf rätselhafte Weise untergetaucht. Nicht an den Kämpfen beteiligt ist ein 1200 Mann starkes Bundeswehr-Kontingent, Teil einer UN-Friedenstruppe, die in der Hauptstadt Kabul patrouilliert. Eine afghanische Interimsregierung unter dem Präsident Hamid Karzai hat damit begonnen, das von 23 Jahren Krieg verwüstete Land wiederaufzubauen. Die Arbeit stockt, denn von den 4,5 Milliarden Dollar Finanzhilfe, die die internationale Gemeinschaft versprochen hat, ist bislang nur ein Bruchteil in Kabul eingetroffen. Auch schwelen weiter Stammesfehden zwischen den mehrheitlichen Paschtunen im Süden, aus denen die Taliban hervorgingen, und den Nordvölkern der Tadschiken und Usbeken, die im Bürgerkrieg die Nordallianz unterstützten. Zwar ist Interimspräsident Karzai ein Paschtune, und der 1978 gestürzte – heute 87-jährige – afghanische König Zahir Schah ist auf Druck Washingtons nach Kabul zurückgekehrt. Auch er ist Paschtune. Doch die eigentliche Macht hinter dem Thron liegt in den Händen einer Gruppe von Tadschiken aus dem Pandschir-Tal nördlich von Kabul. Sie sind die engsten Kampfgefährten des legendären Mudschaheddin-Generals Ahmed-Schah Massud, der wenige Tage vor dem 11. September 2001 einem von Al-Qaida-Kämpfern verübten Attentat zum Opfer fiel. Je näher die Wahlen im Sommer zu einem neuen Parlament, der Loya Jirga, rücken, desto erbitterter wird der Kampf um die Herrschaft im Lande.

In dieser unübersichtlichen Lage ist General Khan, der «Löwe von Herat», aus seinem Bergversteck zurückgekehrt und erneut zu einem der mächtigsten Provinzfürsten Afghanistans aufgestiegen. Wie ein absolutistischer Monarch herrscht der Emir in Herat und schert sich wenig um die Zentralregierung in Kabul.

Bislang hat er es abgelehnt, sich von dem relativ unerfahrenen Karzai zum Gouverneur ernennen zu lassen. Damit hat Khan den Groll der Vereinigten Staaten auf sich gezogen, die den sunnitischen Tadschiken als einen Verbündeten des Irans sehen, dessen Grenze nur 150 Kilometer westlich von Herat verläuft. Jahrelang haben die Iraner den Gotteskämpfer unterstützt und ihm oft Exil gewährt. Mit seiner Hilfe mische sich Teheran, so lautet Washingtons Vorwurf, in die inneren Angelegenheiten seines östlichen Nachbarlands ein, um ein friedliches, geeintes Afghanistan zu verhindern. Amerikanische Hardliner argwöhnen gar, Khan wolle in Herat eine von Kabul unabhängige Provinz, buchstäblich ein modernes Khanat, errichten. Angeblich versorgen die Iraner Khans Guerillaarmee auch nach Ende des Kriegs mit Waffen und Geld. Um die Stadt, die strategisch günstig an den Hauptstraßen in den Iran und nach Turkmenistan liegt, ist ein erbitterter, wenngleich verborgener Kampf ausgebrochen. Er könnte entscheidend sein für den Ausgang des neuen «Great Game» um Zentralasien, denn die Route zweier lange geplanter Pipelines für Gas und Öl vom Kaspischen Meer zum Indischen Ozean führt direkt an Herat vorbei.

Mit rasselndem Motor biegt der braune Toyota-Geländewagen des Emirs in den Park ein, dicht gefolgt von drei roten Pickup-Trucks, auf denen Kämpfer mit Kalaschnikows und Panzerfäusten hocken. Vor dem Pavillon kommt die Kolonne zum Stehen. Nach einem kurzen Moment, in dem sich die aufgewirbelte Staubwolke verzieht, öffnet ein Soldat die Tür, und der Warlord steigt aus dem Wagen. Obwohl von überraschend kleinem, stämmigem Wuchs, strahlt der Mann im weißen Umhang Autorität aus. Mit seinem gewaltigen schneeweißen Bart würde Khan jedes Kind des Abendlands an den Weihnachtsmann erinnern, wenn man von dem gescheckten Turban absieht. Dabei ist der «Amir Sahib» erst 56 Jahre alt, aber in einem Land, das von mehr als zwei Jahrzehnten Bürgerkrieg heimgesucht wurde, scheinen viele Männer und Frauen vorzeitig gealtert.

Langsam und mit huldvollem Lächeln schreitet der Kriegs-
herr vorbei an den versammelten Mudschaheddin und anderen
Würdenträgern, die sich respektvoll verbeugen. Dabei legt jeder
die rechte Hand auf seine Brust, zum Zeichen der Aufrichtigkeit
und Treue. «Allahu akbar!», ruft die Menge der Mudschaheddin dreimal.

Viele sind Weggefährten seit 1979, als der damalige Armee-
major Khan den Dschihad, den Glaubenskrieg, ausrief. Als Sohn
einer armen ländlichen Familie nördlich von Herat hatte Khan
die Militärschule Askari in Kabul besucht und war als Leutnant
in seine Heimatstadt zurückgekehrt. Mit Zorn sah der zutiefst
konservative Mann, wie die kommunistischen Putschisten in
Kabul nach 1978 das Land radikal zu modernisieren versuchten
und immer mehr sowjetische Berater, Offiziere und Ingenieure,
nach Herat schickten. Im März 1979 führte Khan einen Auf-
stand der Stadtgarnison gegen die neuen Herrscher an und ließ
Hunderte sowjetische Berater und ihre Familien ermorden. Daraufhin schickte Moskau 300 Panzer über die Grenze, die das
3000 Jahre alte Herat in Schutt und Asche legten. Regierungs-
truppen richteten in der Stadt ein Massaker an: Auf 24 000
schätzt man heute die Zahl der Toten in einer einzigen Woche,
die allermeisten Opfer waren Zivilisten. Viele starben im Bom-
benhagel sowjetischer Kampfjets und Hubschrauber, die erstmals offen in Afghanistan eingriffen. Die Toten wurden mit Bull-
dozern in Massengräber geschoben, die noch heute an einem
Hang oberhalb der Stadt liegen. Khan flüchtete mit 60 Gefolgs-
leuten in die Berge und organisierte den Partisanenkampf.

Kurze Zeit später sollte die Rote Armee in Afghanistan einfallen. Die sowjetischen Luftmarschälle kannten erneut keine
Gnade für Herat: Aus großer Höhe überzogen sie die Stadt tagelang mit einem tödlichen Flächenbombardement. Am Boden begann ein jahrelanges, grausames Katz-und-Maus-Spiel zwischen
den sowjetischen Besatzern und Khans Mudschaheddin. Anders
als Kabul galt Herat in den achtziger Jahren zu keinem Zeit-

punkt als befriedet und wurde zu einem der unzugänglichsten Orte der Welt. Fast nie gelangten Nachrichten von Gräueltaten in den Westen. Eines Tages schrieb der sowjetische Kommandeur von Herat, General Andruschkin, seinem Widersacher Khan in einem Brief, dass ihn das gleiche Schicksal wie das von Basmach Ibrahim Beg erwarte. Der legendäre Guerillero hatte Anfang der Zwanziger in Zentralasien gegen die Bolschewisten gekämpft, war aber schließlich besiegt und getötet worden. Khan erwiderte das Schreiben mit klassisch afghanischer Chuzpe: «Noch nach siebzig Jahren erinnert Ihr Russen Euch an Ibrahim Beg. Ich werde dafür sorgen, dass Ihr mich in zweihundert Jahren noch nicht vergessen haben werdet.»

Während der Kriege, die nach dem Abzug der sowjetischen Truppen 1989 und dem Sturz des kommunistischen Regimes 1991 im Land tobten, verübten Khans Einheiten weniger scheußliche Verbrechen als andere. Als Gouverneur der Stadt sorgte er für ein Maß an Sicherheit, Schulbildung und Lebensmittelversorgung, das in Afghanistan unübertroffen war. Nachdem der Tadschike die überlegenen paschtunischen Taliban-Truppen im Jahre 1995 zunächst zurückgeschlagen hatte, überließ er ihnen Herat unter rätselhaften Umständen fast kampflos und floh mit seinen Kriegern in den Iran. Weil einer seiner Generäle ihn für zwölf Millionen Dollar an die Taliban verriet, verbrachte der Warlord drei Jahre in einem Kerker im südlichen Kandahar. Das Ende des Taliban-Regimes hätte Khan wohl kaum überlebt, wäre ihm nicht zuvor eine mysteriöse Flucht in den Iran gelungen, von wo aus er den Kampf wieder aufnahm. Khan Exil zu gewähren war nicht der einzige Beistand aus Teheran im Kampf gegen die Taliban. Der Iran lieferte Waffen und Geld, und viele der besten Mudscheddin wurden von den «Wächtern der Revolution», dem erzkonservativen Teil der iranischen Armee, im Iran ausgebildet. Khan selbst leitete die Trainingslager im ostiranischen Meschhed. Außerdem haben die persischen Nachbarn mehr als zwei Millionen afghanische Flüchtlinge aufgenommen, die die

Vereinten Nationen jetzt nach und nach in ihre Heimat zurückbringt.

«Die zurückkehrenden Flüchtlinge werden die Verbindungen
zum Iran noch verstärken, und unter ihnen werden viele iranische Agenten sein», glaubt Jan Malekzade, politischer Berater
der UN in Herat. Wir haben uns im Gästehaus der Vereinten
Nationen verabredet, das in einem ruhigen, kiefernbestandenen
Teil der Stadt liegt. Hinter hohen, stacheldrahtbewehrten Mauern erholen sich die UN-Mitarbeiter hier in einer gepflegten, gut
gewässerten Gartenanlage, die nach dem staubigen Trubel der
Stadt wie eine künstliche Oase wirkt. Seit dem Fall der Taliban
lebt Malekzade, der zuvor zwei Jahre in Tadschikistan stationiert war, in Afghanistan. Da sein Vater Iraner war, kommt der
junge Österreicher in Herat, wo man das dem persischen Farsi
eng verwandte Dari spricht, bestens zurecht. Wie begeistert er
über seinen neuen Posten ist, verhehlt Malekzade nicht: «In
Herat stoßen Amerikaner und Iraner erstmalig wieder richtig
aufeinander. Die Stadt wimmelt nur so von Agenten, so muss es
in Casablanca in den frühen Vierzigern gewesen sein. Die Amerikaner verstärken ihre Präsenz mit jeder Woche und beobachten ganz genau, was die Iraner hier anstellen.»

Um den sonnigen Tag zu nutzen, beschließen der UN-Beamte
und ich, einen Spaziergang durch Herat zu machen. Nach wenigen Minuten erreichen wir die engen Gassen der Altstadt, wo
eine geradezu mittelalterliche Betriebsamkeit herrscht. Auf ge-
parkten Eselskarren bieten Männer, die in der Landestracht aus
sehr weiten Hosen und ärmellosen Westen gekleidet sind und
Turbane tragen, Gemüse, Nüsse und Obst feil. Vor den Ständen
gehen Frauen entlang, die in ihren hellblauen Burqa-Gewändern
wie unheimlich wallende Gespenster aussehen. Nur durch ein
kleines Gitterfeld im Kopfteil nehmen die Frauen ihre Umwelt
wahr und sprechen mit den Händlern. Dennoch ist ihr Anblick
auf der Straße ein kleines Zeichen von Freiheit. Unter den radi-

kalislamischen Taliban war es ihnen nicht einmal erlaubt, ohne den Ehemann das Haus zu verlassen. Undenkbar wäre auch der Junge gewesen, der auf einer Schubkarre eine batteriebetriebene Stereoanlage über die Straße zieht, aus der einst streng verbotene Musik dröhnt. 30 Afghani, umgerechnet einen Euro, kostet eine der persischen und pakistanischen Musikkassetten in der Karre. Hinter uns bimmelt es warnend: mehrere Kutschen mit großen Holzrädern zuckeln heran, die Pferde sind mit roten Troddeln und Glocken geschmückt, die bei jedem Hufschritt hell klingen. Hinter den Droschkenfahrern sitzen, zu dritt und zu viert, tief verschleierte Frauen. Mitten durch das Gewimmel fährt plötzlich mit achtlosem Gehupe ein Toyota-Pick-up, auf dessen Ladefläche junge Männer mit Kalaschnikows und Granatenwerfern sitzen. Keiner der Passanten scheint sie wahrzunehmen.

Der Anblick bringt uns auf die Berichte über Waffenschmuggel aus dem Iran. Freimütig bestätigt sie Malekzade: «In der UN wissen wir von mehreren Lkw, die mit brandneuen halbautomatischen Gewehren der Marke MP-5 beladen waren. Außerdem haben Khans Soldaten neue Uniformen von den Iranern bekommen.» Khan nutze eben die Kontakte, die er in den Jahren des Widerstands gegen die Russen und die Taliban zu den iranischen Sepah-e-Pasdaran, den Wächtern der Revolution, geknüpft hat. Der Iran poche im Gegenzug auf sein legitimes Interesse, sein östliches Nachbarland in seinem Sinne zu stabilisieren. Die Mullahs würden nach Ansicht Malekzades zu verhindern suchen, dass in Afghanistan eine liberale und säkuläre Regierung an die Macht komme, die Teheran zu demokratischem Wandel anhalte. Malekzade weiß von Gerüchten, nach denen persische Mullahs ihrem Verbündeten Khan Geld schicken, mit dem er sich weiter die Treue seiner Truppen erkaufen kann. «Ob Khan sie tatsächlich der Zentralregierung unterstellen wird, ist sehr unsicher. Tatsächlich baut er seine Armee noch aus», berichtet Malekzade. «Es hat schon wieder erste Kampfhandlungen mit Paschtunen an der Grenze zur Provinz Kandahar gegeben.»

Wir gelangen zur berühmten Blauen Moschee, die mit ihren azurblauen Kuppeln und Minaretten aus Keramikkacheln an die Moschee am Heiligen Schrein von Meschhed erinnert. Beide Gotteshäuser ließ die Königin Gohar Shad, Schwiegertochter des blutrünstigen Großherrschers Tamerlan, zu Beginn des 14. Jahrhunderts erbauen. Zu jener Zeit war Herat das kulturelle und politische Zentrum ganz Mittelasiens, seine Timuriden-Architektur blühte ebenso wie die Künste der Malerei, Dichtung und Musik. Seitdem gilt Herat kulturell als persische Stadt, aus der bedeutende Literaten und Künstler hervorgegangen sind.

Dennoch betrachten viele Heratis das enge Verhältnis Ismail Khans zum Iran mit Sorge. Zwar sehen die Einwohner iranisches Fernsehen, und viele haben Verwandte jenseits der Grenze. Auch was den Handel betrifft, war Teheran der Region immer näher als das jenseits der Berge liegende Kabul. Aber gleichzeitig misstraut man in Herat den Iranern, die auf Afghanen schon immer wie auf arme Vettern herabsehen. »Viele der zwei Millionen Flüchtlinge wurden im Iran zwar aufgenommen und, anders als in Pakistan, in die Gesellschaft integriert. Aber gleichzeitig missbrauchten die Iraner sie für Drecksarbeit und behandelten sie generell schlecht«, erzählt Malekzade. Der Bildungsgrad der afghanischen Rückkehrer aus dem Iran sei trotzdem höher als der der Einheimischen, was ihnen Positionen der Macht verschaffen werde. Dennoch müsse dies nicht zwangsläufig den politischen Einfluss Teherans in der Region um Herat verstärken. «In Afghanistan weiß man inzwischen, dass von außen noch nie etwas Gutes gekommen ist.»

Auch das Treiben der Amerikaner ruft in Herat Skepsis hervor. Zwar sind keine US-Militärs in Uniformen in der Stadt zu sehen, aber kaum einer der Amerikaner, die man in Zivil antrifft, kann seine Anwesenheit glaubhaft erklären. Viele behaupten, obskuren humanitären Organisationen anzugehören. «Wenn man Operation ‹Enduring Freedom› als humanitären Einsatz definiert, stimmt das sogar», frotzelt ein europäischer Mitarbeiter des Roten Kreuzes. So offensichtlich ist das geheimdienstliche Treiben der Amerikaner, dass die Mitglieder der französischen Organisation «Ärzte ohne Grenzen» (MSF) die wöchentlichen Ausländerpartys im Haus des Roten Kreuzes in Herat boykottieren. «Wir sind eine gewaltlose Organisation und möchten nicht mit Mitgliedern des amerikanischen Militärs gesehen werden», erklärt mir ein MSF-Mitarbeiter.

Ihr Quartier hat die CIA, wie mittlerweile jedes Kind in Herat weiß, in einem ehemaligen Gästehaus Ismail Khans eingerichtet. Es liegt – direkt oberhalb der Residenz des Emirs – an einem Berghang, von wo aus die Agenten über die gesamte Oasenstadt aus zeitlosen Lehmhäusern blicken. Vor den Truppen Leonid Breschnews sind bereits die Armeen Alexander des Großen, Dschingis Khans und Tamerlans durch das nicht zu verteidigende, breite Flusstal des Hari Rud marschiert. Der Strom kommt aus den östlichen Paropamisus-Bergen, nur um westwärts in der Wüste Kara Kum kläglich zu versanden. Mitten in der Wüste, bei klarem Wetter für die CIA-Späher vielleicht zu erahnen, liegt der kleine Ort Dogharun an der Grenze zum Iran.

«AM ERSTEN SCHULTAG WIRD ES PASSIEREN!»

Von dort bin ich wenige Tage zuvor aufgebrochen. Ein Taxi brachte mich vom ostiranischen Meschhed direkt bis vor das iranische Grenzwärterhaus. Um von dort zur afghanischen Seite zu gelangen, musste ich durch etwa 800 Meter ödes Niemandsland marschieren. Die Märzsonne brannte bereits heiß vom Himmel, und ein böiger Wind blies Sandwirbel, trockener denn je nach vier Jahren Dürre, über die frisch geteerte Straße. An deren Rand lungerten Menschen und bettelten. Unter ihnen waren Krüppel, Blinde und Kriegsversehrte, aber auch viele Kinder, deren Leiber mitunter fürchterlich eiternde Wunden und Ekzeme aufwiesen. Ihre Haare waren wild zerzaust, die Gesichter von einer dicken Schicht Staub und Dreck bedeckt, aus der nur die Augen hell hervorstachen. Ein Junge fiel mir besonders auf: strohblondes Haar und dazu smaragdgrüne Augen gaben seinem Aussehen eine verwegene Schönheit. Ich sah an seinem lumpenbekleideten, mageren Körper herunter. Der Junge ging an Krücken, ein Bein fehlte ihm. Vermutlich eine Mine.

Ein Grenzwächter, gekleidet in einer viel zu großen, altmodischen Uniform, bat mich mit einem warmen Lächeln in sein Häuschen. Dort trug er meine Passdaten fein säuberlich in ein großes, ledergebundenes Buch, vor einer Wand, an der die Porträts Massuds und Khans hingen. Der Beamte drückte einen Stempel auf mein Visum und hieß mich, was mir noch an keiner Grenze der Welt widerfahren war, mit einem langen Händedruck in seinem Land willkommen.

Direkt gegenüber von der Schreibstube fand ich das Feldbüro des UNHCR, dem Flüchtlingshilfswerk der Vereinten Nationen. Auch dessen Leiter, ein Afghane namens Zia Ahmad, begrüßte mich herzlich. Er hatte meine Ankunft beobachtet. «Von den Taliban wären Sie so nicht empfangen worden», sagte er lachend. Er lädt mich zum Mittagessen ein. Auf einem Teppich setzen wir uns mit seinen Mitarbeitern um Schalen, die mit Pilaw aus Hammelfleisch, Reis und Tomaten gefüllt sind. Ahmad reicht mir ein Glas grünen Tee. Schon seit Jahren kümmert sich der untersetzte, dunkelhaarige Mann an diesem Posten um afghanische Flüchtlinge. Zum ersten Mal allerdings erlebte er nun, wie sie in umgekehrter Richtung unterwegs waren und in ihr Land heimkehrten. «Jeden Tag kommen etwa 400 Flüchtlinge aus dem Iran zurück. Sie hoffen, dass es dieses Mal für immer sein wird.» In der Heimat erwarteten sie Arbeitslosigkeit, Armut und Hungersnot. «Doch es zählt für sie, dass der Krieg vorbei ist. Wir helfen ihnen, indem wir jeder Familie zehn Dollar und Getreidesamen geben», berichtete Ahmad. In den folgenden Wochen plante das UNHCR, mit Bussen und Lkw bis zu 50 000 Flüchtlinge in ihre alten Dörfer zu bringen.

Aus dem Fenster blickten wir auf das rege Treiben am Grenzposten. «Unter den Taliban war es hier sehr ruhig, und auf den Dächern jedes Gebäudes standen Geschütze, die auf den Iran gerichtet waren», erinnerte sich Ahmad. «Heute kommt hier alle zwei Minuten ein iranischer Lkw durch.» In der Tat schieben sich draußen die Trucks in einer langen Schlange über die Grenze. Was sie denn geladen haben, wollte ich wissen und versuchte, beiläufig zu klingen. Ahmad ahnte sofort, worauf ich hinauswollte: «Ja, ja, viele Waffen, munkeln die Leute. Aber ich habe noch nie welche gesehen. Mir sind bislang nur Lebensmittel und Baustoffe aufgefallen.» Dass Teheran der afghanischen Regierung über die kommenden fünf Jahre 500 Millionen Dollar Aufbauhilfe versprochen hat, konnte der UNHCR-Mitarbeiter nicht verwerflich finden. Für die Vorwürfe Washingtons, der Iran mische sich in Afghanistans innere Angelegenheiten ein, hatte er kein Verständnis. «Mein Land braucht Hilfe. Da ist es mir doch egal, woher diese Hilfe kommt.»

Nach dem Essen besorgte mir Ahmad ein Taxi, und wir verabschiedeten uns nach Landesart. Vier Stunden werde die 150 Kilometer lange Reise nach Herat wohl dauern, kündigte der Fahrer an. Bald erkannte ich den Grund. Die Straße durch die Wüste Kara Kum existierte praktisch nicht mehr. Nur noch vereinzelt tauchten kleine Teerinseln aus dem Sand, Autos und Trucks quälten sich längst über eine andere Huckelpiste durch die gelbe Einöde. Bei einem Staatsbesuch des afghanischen Präsidenten Karzai in Teheran im März bot ihm die iranische Regierung an, eine neue, geteerte Straße von der Grenze bis nach Herat zu bauen. Gleich hinter Dogharun hatten die Arbeiten an der Trasse bereits begonnen, doch das Projekt war ins Stocken geraten. Dafür gab es politische Gründe: Amerikanische Diplomaten in Kabul befürchteten, die neue Verkehrsverbindung werde den iranischen Einfluss in Westafghanistan noch verstärken.

Mit Blick auf afghanischen Nationalstolz wurden Gerüchte lanciert, dass Teheran darauf bestehe, die Straße nach Ayatollah Khomeini zu benennen. Seitdem ruhte die so sinnvolle Arbeit. Die Fahrt nach Herat war dennoch unvergesslich – nicht nur ob der Rückenschmerzen, die sie verursachte. Aus dem modernen, weitgehend urbanisierten Iran war ich in eine karge, archaische Welt getaucht. Vor dem Hintergrund der ersten schroffen Karstberge formierten sich urzeitlich anmutende Dörfer um die wenigen Wasserstellen in der Wüste. Die Lehmhütten erinnerten an antike Ruinen; selbst wenn sie von Artilleriegeschossen verschont geblieben waren, hatte der Wind die Mauern ausgehöhlt und abgetragen. Mit Gewändern und Turbanen verhüllte Gestalten, deren Alter unmöglich zu erraten war, trieben Esel mit Feuerholz über die Dorfplätze. Entlang des Weges fanden sich, wie lächerliche Spuren der Moderne, die ersten Zeugnisse des langen Krieges: Zerschossene und ausgebrannte Stahlskelette russischer Panzer lagen in den absurdesten Stellungen im Sand, der sich in Wehen um sie schmiegte. In einer Siedlung hielten wir an einem Kiosk, um eine Cola zu trinken. An einem Balken lehnte ein Mann, der einen so tintenschwarzen, glänzenden und gleichmäßig gelockten Vollbart trug, wie ich ihn zuvor nur auf alten Bildnissen König Nebukadnezars gesehen hatte. Er lachte mich an, wobei eine völlig intakte Reihe kräftiger, strahlend weißer Zähne zum Vorschein kam. In seinen Händen spielte der Mann mit einer Handgranate. Er bot an, sie mir zu schenken, und schickte sich zu einem Wurf über mehrere Meter an. Dankend lehnte ich ab. Überhaupt war nicht ein Mann zu sehen, der keine Waffe trug. Am Eingang der Siedlung war ein Sarai, ein altes Lehmfort, auf dessen Dach sich bärtige Mudschaheddin um ein Flakgeschütz gruppiert hatten. Etwas abseits rostete eine sowjetische Stalinorgel vor sich hin, die vielleicht schon gegen General Paulus' Sechste Armee in Stalingrad zum Einsatz gekommen war.

Nach vier Stunden Fahrt tauchten aus dem Hitzedunst über der Ebene des Hari Rud die fünf gigantischen Minarette Herats auf, die Reste der viel besungenen Musalla-Moschee Gohar Shads und der Medressa Sultan Husain Baiqara. Im Jahre 1885 waren diese einzigartigen Gottespaläste aus dem 15. Jahrhundert dem ersten «Great Game» zum Opfer gefallen. Seinerzeit war die russische Armee bis zur Oase von Pandjeh an der afghanische Nordgrenze im Norden vorgerückt. In London und Kalkutta fürchtete man einen bevorstehenden Angriff auf Herat. Der britische Botschafter warnte das Zarenregime in St. Petersburg, jede weitere Avance bedeute Krieg. «England und Russland werden kämpfen», titelte daraufhin die sonst eher nüchterne *New York Times*.[34]

Die Stadt Herat, die auf einer möglichen Invasionsroute nach Britisch-Indien lag, war schon mehrmals ein zentrales Schlachtfeld des «Great Game» gewesen. Im Juni 1838 attackierte eine verbündete Armee aus Persern und Russen die Stadt nach mehr als halbjähriger Belagerung – ohne Erfolg. Der englische Lieutenant Eldred Pottinger soll damals, so wollen es britische Historiker, die Angreifer im entscheidenden Moment im Alleingang zurückgeschlagen haben. Als die Truppen des persischen Schahs, wieder mit russischer Hilfe, im Jahre 1856 Herat doch einnahmen, wurden sie von britischen Einheiten wieder vertrieben. Um fast dreißig Jahre später den Russen bei einem Angriff auf Herat jeglichen Schutz zu nehmen, ließen britische Berater die Musalla und die Medressa kurzerhand abreißen. Lediglich die neun kostbaren Minarette blieben stehen, von denen drei später bei Erdbeben einstürzten. Der russische Überfall kam erst hundert Jahre später, wobei ein weiteres Minarett zerschossen wurde.

Mein Ziel in Herat ist es, mit Ismail Khan zu sprechen, der erneut zu einer regionalen Schlüsselfigur im neuen «Great Game» avanciert ist. Wie einst der Emir von Bukhara im 19. Jahrhundert, lässt sich der alte und neue Herrscher von Herat von zwei mächtigen Rivalen umwerben und spielt sie gegeneinander aus. Khans Chef de Cabinet, den ich im Gouverneurspalast aufsuche, will mein schriftliches Gesuch um ein Gespräch nicht annehmen. «Heute ist erster Schultag und Seine Exzellenz wird in einer Stunde in einem Gymnasium der Stadt sprechen. Reichen Sie ihm das Schreiben dort persönlich, vielleicht haben Sie Glück und Seine Exzellenz empfängt Sie danach.» Ich mache mich auf den Weg.

Der erste Schultag ist in Herat, wie überall in Afghanistan, ein bedeutsamer Tag. Zum ersten Mal werden Mädchen, denen die Taliban sechs Jahre lang jegliche Bildung verwehrt haben, wieder zur Schule gehen dürfen. Noch aus einem anderen Grund erwarten die Einwohner der Stadt diesen Tag mit Spannung: Seit Wochen gehen Gerüchte um, dass Frauen den Anlass nutzen werden, die verhassten Burqa-Gewänder abzustreifen. Wie sonst nirgendwo mehr in Afghanistan, dürfen sie in Herat auch nach dem Sturz der Taliban nicht ohne den Mummenschanz auf die Straße gehen. Wer die Regel bricht, muss wie zur Zeit der Radikalislamisten damit rechnen, von der Religionspolizei bestraft zu werden. Der erzkonservative Khan selbst ermahnt Frauen im Fernsehen, sich öffentlich nicht unverhüllt zu zeigen. Lehrerinnen, die die Burqa ablegen wollen, wurde mit Entlassung gedroht. Den meisten fehlt daher der Mut, als Einzige ihr Gesicht zu zeigen. Nur in einem gemeinsamen Akt im Schutz der Menge sehen sie eine Chance. «Am ersten Schultag wird es passieren», war daher seit Tagen zu hören.

Gut die Hälfte der etwa dreihundert Gäste, die sich zu dem offiziellen Festakt in der Aula des Gymnasiums einfinden, sind Frauen. Yovid, meinem einfühlsamen Dolmetscher, gelingt es, mich mit einer Lehrerin ins Gespräch zu bringen. «Wir wollen die Burqa loswerden», sagt sie, «aber jede von uns hat Angst davor, was man uns dann antun könnte. Es ist eine solche Schmach.» Es fällt mir unsäglich schwer, mich mit der Frau zu verständigen. Ihre Augen sind durch das Gitternetz nur zu erahnen, lediglich ihre Hände und Füße, in schwarzen Stöckelschuhen, geben Hinweise auf ihr Aussehen und Alter. Ich bitte Yovid, ihr mein Unbehagen mitzuteilen. Ihre traurige Antwort trifft wie ein Schlag: «Sie sprechen nicht mit einer Frau. Sie sprechen mit einem Nichts. Ich bin zu einem Nichts erniedrigt worden.» Sekunden nachdem wir uns verabschiedet haben, verliere ich die Frau aus den Augen, sie ist für mich von den anderen blauen Gestalten nicht mehr zu unterscheiden. Yovid lacht: «Du musst auf die Füße achten, daran erkennt man alles.» Vier Wochen lang habe er seiner jungen Braut den Hof gemacht, erzählt der frisch verheiratete Mann dann, ohne je ihr Gesicht zu sehen. Nur die Stimme, ihre Bewegungen, die Hände und die Füße hätten gereicht, ihn zu betören. Ich erinnere mich an den französischen Reporter, der sich im Krieg als Frau verkleidete, um unerkannt nach Afghanistan zu gelangen. Die Taliban fielen nicht darauf herein, denn er hatte seine Bergsteigerstiefel anbehalten.

Als die Frauen nacheinander das dunkle Treppenhaus zur Aula hochsteigen, müssen sie durch ein Spalier von Soldaten. Noch wagt es keine von ihnen, das Gewand abzulegen. Einige stolpern, so wenig können sie durch das winzige Gitterfenster vor dem Gesicht erkennen. In der Aula sitzen Frauen und Männer separat, ein Mittelgang trennt sie. Die Stimmung ist nervös. Alle Anwesenden erheben sich ruckartig, als der Emir erscheint. In seinem Gefolge sind weitere Würdenträger, darunter auch der UN-Bevollmächtigte, ein schmächtiger Sudanese, und Mitarbeiter des Kinderhilfswerks UNICEF. Khan nimmt auf einem Sessel am Podium Platz. Plötzlich, wie auf ein Zeichen, ziehen sich Dutzende Frauen ihre Burqas über den Kopf. Andere haben Schlitze in das Kopfteil geschnitten, durch die sie jetzt ihre Gesichter stecken. Junge Schülerinnen kommen zum Vorschein, ebenso wie ältere Lehrerinnen und Mütter. Sie blicken ernst, einige unter ihnen haben sehr ebenmäßige Züge. Das Haar ist bei allen, wie im Iran, durch dunkle Kopftücher bedeckt.

Der unerhörte Akt sorgt für Totenstille im Raum. Einigen der Männer, zumeist ältere Turbanträger, klappt der Mund auf, und sie schütteln den Kopf. Für sie ist dies eine Schande. Andere Männer, darunter gerade die ganz alten, sehen offen zu den

Frauen rüber und lächeln. Khan blickt scheinbar ungerührt zu Boden.

Nachdem ein Kinderchor afghanische Weisen gesungen hat, geht der Emir zum Podium. Wieder springen alle Gäste aus Respekt auf. Ein Vater hält ein Mädchen hoch, das Blüten auf das Haupt des Herrschers wirft. «Allahu akbar!», röhren die Männer dreimal. Khan beginnt seine Rede mit «Bismillah Rahman Rahim!» – im Namen Allahs, des Gnädigen, des Barmherzigen. Mit keinem Wort geht Khan auf die vorausgegangene politische Geste ein. Stattdessen beginnt er von Bildung zu sprechen: «Unsere Feinde haben versucht, uns im Finsteren zu halten, ohne Bildung. Das macht eine Nation, die eine andere Nation zerstören will.» Jeder in der Aula versteht, dass der Partisanenführer nur Pakistan meinen kann, das die Taliban schuf. Völlig frei und ohne zu stocken spricht er, seine Stimme ist kräftig, aber sanft. Bisweilen senkt er den schwingenden Singsang seiner Worte zu einem Flüstern ab, macht Pausen und lächelt. Gebannt von Khans Charisma, hängen die Zuhörer an seinen Lippen.

Gerade als er Armut und mangelnde Bildung als die schlimmsten Probleme in Afghanistan anprangert, geschieht etwas, das nicht wenige Gläubige im Raum als ein Zeichen Allahs sehen: Es beginnt in Strömen zu regnen. Von einzelnen Schauern abgesehen, ist es der erste richtige Regen, der nach vier Jahren Dürre über Herat niedergegangen ist. Die Menschen starren entgeistert aus den Fenstern, wo die riesigen Tropfen auf das Blechdach der Schule trommeln. «Allahu akbar!», rufen einige Männer, andere strahlen über das ganze Gesicht. Es ist ein bewegender Augenblick. Die Freude im Raum ist so groß, dass man sie mit den Händen greifen könnte. Khan lächelt würdevoll und ruft: «Und seht, was geschieht: Unsere Kinder gehen wieder zur Schule, und Allah schenkt uns Regen für unsere Früchte.»

Nach Ende des Festakts fällt es in der allgemeinen Erleichterung über den Regen beinahe nicht auf, dass alle Frauen beim Verlassen der Schule ihre Burqas wieder überstreifen und sich verhüllen. Vier iranische Journalisten, die illegalerweise ihre Gesichter fotografiert haben, werden von der Religionspolizei abgeführt. Die kulturelle Dürre in Herat hält an.

Meinem Dolmetscher Yovid gelingt es, dem Emir mein Gesuch um ein Gespräch zu überreichen. Wir begrüßen einander, doch Khan vertröstet mich auf einen späteren Tag. «I am very busy», erklärt er in makellosem Englisch. «But later we speak, inshallah!»

Um die Warterei zu verkürzen, beschließe ich, am folgenden Tag mit der UN eine Expedition in die Berge zu machen. Eine Mitarbeiterin des Welternährungsprogramms (WFP) hat mir angeboten, mit einem Helikopter in die Ghor-Provinz, etwa 300 Kilometer nordöstlich von Herat, zu fliegen. In der Bergregion, einst ein Zentrum des Mudschaheddin-Widerstands gegen die Sowjets und die Taliban, soll eine schlimme Hungersnot herrschen. Flüchtlinge aus der Gegend, die bis zum Ende der Schneeschmelze nur mit Eseln und aus der Luft zu erreichen ist, klagen über arge Zustände. Zudem häufen sich Berichte über einen rätselhaften Krankheitserreger, der ähnlich dem tropischen Ebola-Virus ein tödliches hämorrhagisches Fieber auslöst. Mediziner des Roten Kreuzes berichten, dass der Virus bereits mehr als 200 vom Hunger geschwächte Menschen hingerafft hat. Die Kranken bluten aus dem Mund und aus der Haut, bis sie sterben. WFP-Mitarbeiter wollen die Lage vor Ort begutachten, um über Hilfslieferungen zu entscheiden.

TEE MIT DEM KHAN

Alle düsteren Gedanken sind fort, als wir am nächsten Morgen zum Flughafen von Herat fahren. Es ist ideales Flugwetter: ein strahlender Tag, die Luft ist zum Zerschneiden klar, die Morgensonne wirkt bereits wie eine wärmende Hand auf der Brust. Auf der Startbahn erwarten uns zwei der in UN-Missionen unvermeidlichen russischen MI-8-Hubschrauber. Ich muss an meinen letzten Ausflug mit einem Helikopter dieses Typs in Georgien ein halbes Jahr zuvor denken. Hätte ich ihn wenige Tage später gemacht, wäre er tödlich geendet. Es beruhigt wenig, dass der Pilot meiner Maschine den wild rüttelnden Motor Sekunden vor dem Start wieder runterfährt und uns einen «technischen Defekt» mitteilt. Während er sich mit Hammer und Schraubschlüssel an den Rotorblättern zu schaffen macht, begutachte ich die sechs oder sieben MIG-21-Kampfflugzeuge, die etwas abseits der Landebahn von amerikanischen Raketen in Stücke gerissen wurden. Nur zwei veraltete Jets, die die Taliban unter Bäumen verstecken konnten, stehen wieder neben dem Terminal.

Nach einer Stunde Reparatur heben die beiden Helikopter mit uns ab. An Bord unserer Maschine sind acht Passagiere, darunter vier Experten des WFP. Der Motor lärmt und rüttelt fast unerträglich, doch der Blick ist überwältigend: Unter uns fügen sich die Lehmhäuser von Herat wie ein gigantisches Labyrinth zusammen. Üppige Gärten werden sichtbar, die sonst hinter hohen Mauern verborgen sind. Das Tal des Hari Rud gilt als der fruchtbarste Boden in ganz Zentralasien. Der Fluss, der nach der Schneeschmelze und dem Regen viel Wasser führt, speist ein endloses Netz aus kleinen Kanälen, mit denen Heratis seit fünf Jahrtausenden ihre Felder bewässern. Wie im ägyptischen Niltal sind die Anbauflächen deutlich mit Lehmwällen abgegrenzt.

Flussaufwärts fliegen wir die Ebene entlang, den östlichen Bergen entgegen. Auch über die braunen Hänge hat sich an manchen Stellen ein blasser Grünteppich gelegt, wie ein Flaum. An Bächen gruppieren sich schwarze Zelte von Kochi-Nomaden, deren Herden aus Schafen und Rindern beim Anblick der weißen Hubschrauber vor Schreck auseinander stieben. Hirten schwenken ihre Stäbe zu uns hoch, hoffentlich eher fröhlich als verärgert. Nach zwanzig Minuten verengt sich die Ebene zu einem Tal, dann zu einer Schlucht. Der Fluss mäandert um Felswände, an denen die letzten Geröllwege ihr Ende finden. Höher

und höher steigen jetzt die Maschinen, um die ersten schneebedeckten Berggipfel zu überfliegen. «Die Piloten sind Russen, sie
kennen sich gut in der Gegend aus», versichert mir Jennifer, die
WFP-Mitarbeiterin, mit einem Augenzwinkern. «Die waren früher in der sowjetischen Luftwaffe.» Gut zu wissen. Über die Anweisungen für die Notfälle, die in kyrillischer Schrift an der Tür
zum Cockpit hängen, hat die Crew ein orthodoxes Ikonenbild
geklebt, daneben ein Poster von Jennifer Lopez.

Plötzlich verliert unser Helikopter rasant an Höhe. Die zweite UN-Maschine verschwindet in Sekunden weit über uns aus
dem Blickfeld. «Wir machen eine Zwischenlandung am Jam-Mi-
narett», beruhigt mich Jennifer. Mit uns an Bord sind zwei italienische Kunsthistoriker, die im Auftrage der UNESCO den berühmten Turm restaurieren sollen. Da taucht das Minarett, mit
65 Metern Höhe das zweitgrößte der Welt, auch schon in einer
engen Schlucht unter uns auf. Aus rätselhaften Gründen ließ ein
muslimischer Fürst vor 800 Jahren den Koloss mitten in der un-
zugänglichen Felswüste errichten. Noch heute ist das nächste
Dorf eine Stunde Fußmarsch entfernt. Als wir direkt am Kies-
ufer eines Gebirgsbachs landen, hocken Dutzende staunender
Einheimischer am Fuß des Minaretts, als ob sie uns erwartet
hätten. Die Geologen springen raus, begleitet von zwei Leibwächtern, und gehen sichtlich ergriffen auf das einzigartige,
reich verzierte Bauwerk zu. Minuten später jagen wir in haar-
sträubendem Steilflug entlang bedrohlich naher Steilwände wieder in die Höhe. Die zerklüftete Berglandschaft unter uns erstreckt sich jetzt bis zu allen Horizonten. An den Südhängen, wo
der Schnee bereits geschmolzen ist, wirft die Morgensonne bizarre Schatten über die braunen, gelben, ockerfarbenen und roten Felsen. Nur vereinzelt sind in der Tiefe noch Bergdörfer zu
erkennen, die allerdings oft verlassen scheinen. Hungersnot und
Krieg haben die Menschen in die Städte getrieben. Wir sind in
«Yaghestan», dem «Land der Rebellischen». Dies ist der Teil Afghanistans, dessen Völker sich bis heute weitgehend der zentra-

len Herrschaft aus Kabul entziehen. Hier verbargen sich die Mudschaheddin im Kampf gegen die Sowjets und die Taliban in unauffindbaren Verstecken. Erst jetzt, beim Anblick dieser Berge, begreife ich, warum Afghanistan so unmöglich zu besiegen und zu beherrschen ist.

Die letzte Armee, die ohne große Verluste in dieses Land ein- und heil wieder rausmarschiert ist, wurde von Alexander dem Großen geführt. Alle folgenden Eroberer mussten heftigen Widerstand erleiden. Es waren nicht wenige, denn Afghanistan besitzt seit jeher eine strategisch zentrale Position in Asien. Auch im «Great Game» des 19. Jahrhunderts stand das Land am Hindukusch fast immer im Mittelpunkt militärischer Pläne und Auseinandersetzungen. Um die Kronkolonie vor einer russischen Invasion über den Khyber-Pass oder den Bolan-Pass zu verteidigen, strebten britische Strategen nach der Kontrolle der afghanischen Stämme. Als alle Versuche, das Land militärisch zu besetzen, in tödlichen Katastrophen endeten, setzten London und Kalkutta auf indirekte Herrschaft. Mit dem afghanischen Emir Abdur Rahman als verlässlichem Partner schufen die Briten ab 1880 ein semiunabhängiges Afghanistan als Pufferzone gegen die vorrückenden Zarenarmeen.

Auch im neuen «Great Game» ist das Land Spielball fremder Mächte geblieben. Die im Westen weit verbreitete Ansicht, ein 23 Jahre währender «Bürgerkrieg» habe Afghanistan zerstört, ist falsch und irreführend. Immer waren es die Nachbarländer und Supermächte, die – gleichwohl mit Hilfe lokaler Stellvertreter – den Konflikt nach ihren Interessen schufen und schürten. Dass die Mudschaheddin, die in den achtziger Jahren gegen die Sowjet-Invasoren kämpften, von den Vereinigten Staaten aufgebaut wurden, ist hinlänglich bekannt. Aber auch der so genannte Bürgerkrieg in den neunziger Jahren wurde von ausländischen Regierungen gelenkt. Der pakistanische Geheimdienst Interservice Intelligence (ISI), der Mitte der Neunziger von seinem bisherigen afghanischen Strohmann Hekmatyar enttäuscht war, bildete die Taliban aus und versorgte sie mit Waffen und Geld. Unterstützt wurde Islamabad dabei von Saudi-Arabien, dass seit Jahrzehnten weltweit radikalsunnitische Wahhabi-Bewegungen fördert. Ob die USA dem Taliban-Unternehmen ihrer Verbündeten aktiv halfen, ist bis heute ungeklärt. Aussagen von US-Diplomaten lassen zumindest stillschweigende Billigung vermuten. So sagte die stellvertretende US-Außenministerin für südasiatische Angelegenheiten, Robin Raphael, auf einer Kongressanhörung, dass die Taliban für einen friedlichen politischen Prozess stünden. Das Interesse der Amerikaner war zunächst, mit Hilfe der Shia-feindlichen Taliban den Iran weiter zu isolieren und seinen Einfluss in der Region einzudämmen.

Dann kamen die Pipelines hinzu. Wie weiter oben ausgeführt, wollte der amerikanische Ölriese Unocal Mitte der neunziger Jahre zwei Pipelines für Gas und Öl von Turkmenistan bis zu Pakistans Küste bauen – quer durch einen afghanischen Korridor von Herat nach Kandahar. Im Oktober 1995 unterzeichneten Unocal-Manager mit dem turkmenischen Diktator Nyazow ein entsprechendes Abkommen. Danach unternahmen sie mit dem turkmenischen Ölminister Nazdianow mehrere Reisen zu den afghanischen Bürgerkriegsparteien, um sie zu einem für das Projekt notwendigen Friedensschluss zu bewegen. Dies geschah mit dem Wissen der US-Regierung. Die Taliban, deren Schutz-macht Pakistan dringend Energieressourcen brauchte, waren von der Idee begeistert. Die Führer der Nordallianz bekundeten ebenfalls ihr Interesse, lehnten einen Waffenstillstand jedoch ab. Hinter der Entscheidung standen die großen Verbündeten der Nordallianz: Russland und der Iran. Beide Länder hatten verschiedene Gründe, doch der Verdacht liegt nahe, dass sie in jedem Fall die Unocal-Pipeline zu verhindern versuchten. Moskau konnte kein Interesse daran haben, dass die Turkmenen eine Exportalternative zu den russischen Pipelines erhielten. Daher scheiterten auch Unocals Versuche, den russischen Gasprom-Konzern dazu zu bewegen, sich an dem afghanischen Projekt zu beteiligen. Der Iran selbst hatte die Absicht, Gas nach Pakistan zu verkaufen. Mit Hilfe britischer Firmen plante Teheran, für drei Milliarden Dollar eine Pipeline vom Süd-Pars-Feld im Persischen Golf über 1400 Kilometer bis ins pakistanische Karachi zu bauen. Sie würde damit in direkter Konkurrenz zur afghanischen Röhre stehen.

So schamlos trugen die Nachbarländer ihre Interessenkämpfe auf dem Rücken der Afghanen aus, dass UN-Generalsekretär Kofi Annan Ende 1998 vor einer «tieferen Regionalisierung des Konflikts» warnte, in dem Afghanistan zur «Bühne für eine neue Variante des ‹Great Game›» verkomme. Drei Jahre später griffen die USA direkt in den Krieg ein und beseitigten das Taliban-Regime militärisch. Einziges Ziel der «Operation Enduring Freedom» sei der Kampf gegen Terroristen, behauptete US-Präsident Bush, in dessen Regierung mehrere Top-Chargen der Ölindustrie sitzen. Dieser Kampf sei, so wird Bush nicht müde zu betonen, ein Kampf des «Guten gegen das Böse». Dazu fällt mir ein, was John Flynn 1944 schrieb: «Der Feind verfolgt immer eine Politik des Raubs, des Mords, der Plünderei und der Barbarei. Wir bewegen uns immer vorwärts mit einer hehren Mission, einer von Gott aufgetragenen Aufgabe, […] wilde und senile und paranoide Völker zu zivilisieren – während wir rein zufällig ihre Märkte erobern und auf ihre Ölquellen stoßen.»[35]

Das plötzliche Absacken unseres Hubschraubers reißt mich aus meinen Gedanken. Der Pilot steuert eine kleine Siedlung an, die auf einem Hügelrücken liegt. Schon von weitem sind blühende Kirschbäume zu sehen, aber keine Menschen. Wir landen vor einem großen Lehmhaus – mitten in dem einzigen, kleinen Weizenfeld, das die Dorfbauern in diesem Frühjahr angelegt haben. In der braunen, leblosen Weite hält der Pilot das Stück Grün, das nicht mal ein Morgen groß ist, wohl für einen idealen Landeplatz. Auch die WFP-Offiziellen finden nichts dabei, sondern hüpfen fröhlich aus der Maschine und trampeln unachtsam die zarten Weizensprossen nieder. Ich schlage vor, die einzigen Nahrungsmittel des Dorfes zu schonen und einen Weg neben dem Feld zu nutzen. «Oh! Ist das hier Weizen?», ruft eine Welternährerin lachend. «Wie ironisch, wie lustig!» Vor dem Lehmhaus erscheinen etwa zehn hagere, aber sehr große Männer in weißen, togaähnlichen Gewändern und Turbanen. Nach ihren stolzen, grimmigen Bartgesichtern zu urteilen, teilen sie den Humor der Amerikanerin nicht.

Ein afghanischer WFP-Mitarbeiter geht ihnen entgegen und begrüßt die Dorfbewohner mit einer respektvollen Verbeugung, die rechte Hand auf der Brust. Die Spannung löst sich. Obaidullah Zamani, so heißt der Mann, fragt den Dorfältesten, wie die Gegend den Winter überstanden habe. Statt zu antworten, zeigt der würdige Greis auf die beiden weißen MI-8-Helikopter und sagt: «Das letzte Mal, als wir solche Maschinen am Himmel gesehen haben, da waren sie grün und haben auf uns geschossen.» Deswegen also versteckten sich die Dorfbewohner bei unserer Ankunft.

Die WFP-Mitarbeiter setzen sich mit dem Ältestenrat, der Schura, zusammen und beginnen die Not im Dorf zu erörtern. Sie beugen sich gemeinsam über Landkarten, identifizieren Anbauflächen und tragen Anzahl und Namen der in der Gegend lebenden Familien zusammen. «Pro Familie können wir 25 Kilogramm Weizen liefern», sagt Zamani. Mit Eseln würden die Getreidesäcke in die Bergdörfer gebracht. «Das ist schön», antwortet der Dorfälteste. «Aber was wir brauchen, ist Saatgut. Es hat geregnet, der Boden ist bereit.» Zamani verspricht, für Saatgut zu sorgen. Die Mitglieder der Schura beraten sich kurz, dann sagt ihr Wortführer mit ernstem Gesicht: «Wir mussten im Winter unseren Ackerochsen schlachten und aufessen. Die Esel sind zu störrisch, um den Pflug zu ziehen, und unsere Frauen auch. Kann ein UN-Helikopter nicht beim nächsten Besuch einen Ochsen mitbringen?» Zamani bemüht sich, nicht aufzulachen. Das sei leider nicht möglich, sagt er.

Währenddessen erkunde ich die Umgebung. Aus einer Lehmhütte blicken zwei verschleierte Frauen hervor, aber als sie mich sehen, verschwinden sie rasch im Inneren. Ein Bauer führt mich über einen Hügel zu einem anderen Dorf. Es sieht zerstört aus, an den Fensterlöchern der Häuser zeugt schwarzer Ruß von einer Feuersbrunst. «Das haben die Taliban gemacht. Als sie von hier geflüchtet sind, haben sie unser Dorf angesteckt», erzählt der Mann. Die Taliban, hier oben? «Ja, vor drei Jahren haben sie uns aus dem Dorf vertrieben, weil wir Mudschaheddin sind. Wir sind in die Berge gegangen und haben von dort aus weitergekämpft.» Ihr Kommandeur war Doktor Ibrahim, ein enger Verbündeter Ismail Khans. «Zu essen hatten wir fast nichts, aber Allah war auf unserer Seite.»

Auf dem Rückweg komme ich am zweiten Helikopter vorbei und erlebe eine fast unheimliche Überraschung. Einer der moldawischen Piloten, die im Bauch der Maschine Sardinen aus Dosen löffeln, kommt mir irgendwie bekannt vor. Ihm geht es ebenso. Bald kommen wir drauf: Sierra Leone, ein Jahr zuvor. Eduard, so heißt der Pilot, flog mich damals von der Hauptstadt Freetown zum Flughafen, und wir unterhielten uns kurz. Was für ein Zufall! «Sogar derselbe Helikopter ist es, nur neu gestrichen», lacht Eduard. Sein Vertrag sei im Sommer ausgelaufen, und so habe er die Maschine zum Firmensitz in Moldawien zurückgeflogen – über 4000 Kilometer entlang der afrikanischen Westküste über den Senegal, Marokko, Italien und Bulgarien. «Kaum war ich zu Hause, kam der Krieg in Afghanistan, und wir hatten wieder einen Vertrag mit der UN.» So steuerte er den Hubschrauber in fünf Tagen über Rostov-on-Don, Astrakhan, Aktau und Aschkhabad nach Herat. Es ist Eduards erster Aufenthalt in Afghanistan. Anders als seine Kollegen ist er zu jung, um im sowjetischen Feldzug dabei gewesen zu sein. Unbelastet von der Vergangenheit, sagt er: «Es ist anders als Afrika, aber genauso aufregend.» Da kommt das WFP-Team auf uns zu. Die Sonne senkt sich bereits hinter den Gipfeln, es ist Zeit zum Abflug.

Zurück in Herat, erhalte ich die Nachricht, dass der Khan bereit sei, mich am folgenden Nachmittag zu empfangen. Zum vereinbarten Zeitpunkt bringt mich Khans Chef de Cabinet, ein gewisser Sahid Yussufi, zur Residenz. «Hier ist am Wochenende wieder eine der amerikanischen Streubomben explodiert», erzählt Yussufi, ein fülliger, dunkler Mittdreißiger, als wir durch die Außenbezirke fahren. «Eine Familie beim Picknick: der Vater tot, die Mutter und zwei Töchter Beine weg.» Alle internationalen Konventionen hätte die U.S. Air Force bei ihren Angriffen mit Streubomben ignoriert. «Und jetzt räumen sie noch nicht mal die Blindgänger weg!» Yussufi macht keinen Hehl aus seiner Empörung. Auch die UN helfe Afghanistan nicht ausreichend, und die Versprechungen der Amerikaner und Briten seien leer gewesen. «Leer, einfach leer», wiederholt der Beamte bitter.

Wir erreichen die Residenz, einen prächtigen Bau im Bungalowstil der Siebziger, an einem Berghang oberhalb Herats gelegen. Vor der Villa liegt ein großes Schwimmbad, und ein Park erstreckt sich bis ins Tal. Keine 200 Meter oberhalb der Residenz liegt, von Soldaten bewacht, das rondellartige Gästehaus, in das die CIA-Agenten eingezogen sind. Auf einem Balkon, neben riesigen Antennen, sind zwei Männer zu sehen, die uns mit Ferngläsern beobachten.

«Fragen Sie Seine Exzellenz bloß nicht nach den Amerikanern da oben, das würde ihn verärgern», bittet mich Yussufi, als wir die Terrasse der Residenz betreten. Der Blick von hier oben reicht über die gesamte Ebene des Hari Rud, die Kuppeln der Blauen Moschee sind ebenso zu erkennen wie die Minarette der Musalla und Medressa. Im Osten liegt die Armeekaserne, die von US-Kampfjets und Cruise Missiles restlos zertrümmert wurde. Auch der Hang unter uns ist übersät mit zerschossenen Überresten von Panzern und Truppentransportern. Yussufi zeigt auf eine Stelle höher am Berghang: «Dort war das einzige Trainingslager der Al Qaida in Westafghanistan. Es war ein sehr geheimer Ort, nur die Top-Taliban und Araber hatten Zutritt.» Cruise

Missiles und B-52-Bomber leisteten gründliche Arbeit, heute sind nur noch Geröllhaufen zu erkennen. Sich dem Gelände zu nähern ist noch immer lebensgefährlich. Minen und Streubomben lauern überall.

Der Amir Sahib ist noch nicht da. An seiner Statt begrüßt mich ein gnomartiger älterer Mann, der einen Pinsel und eine Farbpalette trägt. Er stellt sich mit Sar Wary vor, der Hofmaler des Khans. Stolz präsentiert er seine Wandgemälde in den Räumen der Residenz. Im Naivstil zeigen sie den Löwen von Herat, wie er, Funkgerät in der Hand, in den Bergen seine Artillerie dirigiert. Über 150 Werke habe er in seinem Leben geschaffen, erzählt Wary. «Als die Taliban Herat eroberten, zerstörten sie alle meine Bilder, auf denen Gesichter zu sehen waren. Ich durfte nur noch Blumen und Landschaften malen.»

Vor der Residenz ist lauter Motorenlärm zu hören. Der braune Toyota-Geländewagen des Emirs rast die Serpentinen der Hangstraße hoch. Aber er ist nicht allein, gut dreißig weitere Pick-up-Trucks folgen in hohem Tempo. Auf den Ladeflächen hocken waffenstarrende Kämpfer, ihre Bärte und Turbane fliegen im Fahrtwind. In gewaltigen Staubwolken kommen die Wagen vor der Residenz zum Stehen. «Wir müssen noch warten, es ist eine dringliche Sitzung des Mudschaheddin-Rats einberufen worden», erläutert Yussufi das Geschehen.

Die etwa fünfzig Kommandeure versammeln sich im Erdgeschoss. Die Gesichter der kampfgehärteten Männer sind ernst und feierlich, und immer wieder rufen sie dreimal im Chor «Allahu akbar!» – Allah sei groß! Unter den Gästen ist überraschenderweise auch der älteste Sohn von Sibghatullah Mudschaddedi, dem ersten postkommunistischen Präsidenten und noch heute wichtigen Machtspieler Afghanistans. Als Führer des Naqschbandiah-Ordens war die Familie Mudschaddedi jahrhundertelang Königsmacher in Kabul. Warum ihn sein Vater wohl geschickt hat?

Am Rande des stundenlangen Kriegsrats komme ich mit einem jüngeren Mudschahed ins Gespräch. Zu meiner Überraschung stammt der drahtige Tadschike, dessen feines, nur mit einem kurzen Bart verdeckte Gesicht ihn von den anderen Kämpfern abhebt, nicht aus Herat, sondern aus dem Pandschir-Tal nördlich von Kabul. Er heiße Sahid und sei Kommandeur von 200 Männern der Nordallianz gewesen. «Ich bin nach Herat gekommen, um mit Ismail Khan zu sprechen», sagt der 34-Jährige. Worüber, will er allerdings nicht preisgeben. Seit er sich mit 16 Jahren den Mudschaheddin im Widerstand gegen die Sowjets anschloss, hat Sahid verschiedenen Warlords gedient. Mit General Ahmad-Shah Massud eroberte er 1992 Kabul, dann wechselte er die Seite zu dessen paschtunischem Erzfeind Gulbuddin Hekmatyar. «Zwischendurch habe ich als Söldner für Aserbaidschan gegen die Armenier in Karabach gekämpft», erzählt Sahid. «Die zahlten viel Geld für kriegserfahrene Afghanen.» Nach dem Siegeszug der Taliban schloß er sich wieder Massud an und war Verbindungsoffizier der Nordallianz in Russland. «Wir haben Waffen von den Russen entgegengenommen und zu unseren Stellungen im Norden gebracht.» Tatsächlich wirkt der Tadschike, der statt einer Waffe Notizblock und Thuraya-Satellitentelefon bei sich trägt, wie ein guter Organisator. Was er seit Ende des Krieges macht, will Sahid nicht verraten. «Business», sagt er vage. Wir bemerken, dass uns vom Balkon des CIA-Quartiers oberhalb der Residenz zwei Männer mit Ferngläsern beobachten, und treten hinter einen Baum. «Die Amerikaner wollen sehen, ob hier auch Iraner versammelt sind», flüstert Sahid. «Die Iraner haben uns im Kampf gegen die Taliban am meisten geholfen. Natürlich weisen wir ihre Hilfe auch jetzt nicht zurück.» Die USA hingegen seien verpflichtet, Milliarden von Dollars an Afghanen zu zahlen, für die Schäden, die ihre jahrelange Unterstützung für die Taliban und die jüngsten Luftschläge angerichtet hätten. «Wir Afghanen wissen genau, dass die Amerikaner nicht gekommen sind, um uns zu helfen – sondern weil sie Afghanistan brauchen, um Zugang zum Öl und Gas am Kaspischen Meer zu bekommen.»

Als der Kriegsrat beendet ist und die Mudschaheddin ins Tal fahren, ist der Emir zur Audienz bereit. «Denken Sie daran, Seine Exzellenz mit ‹Seine Exzellenz› anzusprechen», ermahnt mich der Chef de Cabinet ein letztes Mal. Khan hat einen leicht schleppenden Gang, aber der Händedruck ist fest, und seine tiefbraunen, sanften Augen sind hellwach. Wir setzen uns auf ein weiches Sofa, ein Diener serviert Pistazien und Tee.

Dass seine Stadt wie im 19. Jahrhundert, auf dem Höhepunkt des «Great Game» zwischen Russen und Briten, in ein geopolitisches Kreuzfeuer geraten ist, überrascht Khan nicht: «Herat ist seit jeher eine sehr besondere Stadt, berühmt für den Handel. Sie besitzt eine Schlüsselposition zwischen Zentralasien und Pakistan. Die Pläne für eine Pipeline durch die Gegend zeigen das – sie ist ein sehr aufregendes Projekt für uns.» Wirtschaftlich und politisch sei die Pipeline wichtig für die Region, denn sie würde die Beziehungen zwischen Afghanistan und seinen Nachbarländern Turkmenistan und Pakistan verbessern. «Wir werden, wenn es irgend geht, dieses Projekt ermöglichen.»

Dass der Iran an dieser Alternativroute wenig Interesse haben kann, verschweigt Khan lieber. Überhaupt spielt er seine iranische Connection herunter: «Die Iraner sind gute Nachbarn, mehr nicht.» Schließlich bestehe eine 700 Kilometer lange gemeinsame Grenze, und der Iran sei ein guter Markt für afghanische Produkte. Natürlich zähle auch die jüngste Vergangenheit: «Der Iran hat den Kampf der Mudschaheddin unterstützt, wie andere Länder auch.»

Die Vorwürfe der USA, er habe noch in diesem Jahr Waffen von den Iranern erhalten, wischt Khan beiseite. «Wir hatten 23 Jahre Krieg – wir haben genug Waffen hier und brauchen keine neuen.»

Schon jetzt ist Herat nach Ansicht Khans die sicherste Stadt im gesamten Land. Seine Kämpfer hätten die Lage fest im Griff.

Jeder Bürger könne sich frei bewegen, ohne Angst vor Banditen zu haben. Ich muss daran denken, wie rabiat die Soldaten die Sperrstunde um zehn Uhr auf den Straßen durchsetzen. Die ganze Nacht sind von der Kreuzung vor meinem Hotel gellende Schreie von den uniformierten Männern zu hören, die so Autofahrer zum Anhalten auffordern. Mit entsichertem und angelegtem Sturmgewehr fragen sie sodann nach dem Passwort der Nacht – wehe dem Fahrer, der es nicht kennt. Sonst gehört Herat nachts nur räudigen Hunden, die unablässig heulen und sich blutige Beißkämpfe liefern.

Nach einem Schluck aus seiner Teetasse wird Khan ernst: «Es ist sehr schmerzhaft für mich, dass meine Nation gegenwärtig so hilflos ist. Es ist schändlich, Unterstützung von außen zu benötigen.» Ohnehin sei von den versprochenen Milliarden der internationalen Gemeinschaft noch nicht ein einziger Dollar in Herat angelangt. Niemand in der Stadt, so beteuert der Partisanenführer, wolle dem Iran eine Rolle in afghanischen Angelegenheiten geben. «Nach den Erfahrungen der Russen und der Pakistaner mit uns müsste jeder Nachbar wissen, dass es sich nicht auszahlt, sich bei uns einzumischen.» Die Frage, ob das auch für die amerikanischen Truppen gelte, beantwortet Khan sehr vorsichtig: «Ich sehe die Amerikaner nicht als Invasoren oder Besatzer. Ich will sie nicht nach ihren Taten der Vergangenheit beurteilen. Zuletzt haben sie eine positive Rolle im Kampf gegen Taliban und Al Qaida gespielt.» Um den guten Ruf zu erhalten, müssten die USA nun allerdings den Wiederaufbau des Landes beginnen. Und sobald sie alle Terroristen besiegt hätten, betont Khan, sei es für die US-Truppen an der Zeit, Afghanistan wieder zu verlassen. «Bleiben sie gegen den Willen der Afghanen, könnte sie das gleiche Schicksal wie die Russen ereilen.» Nicht wie eine Drohung, eher wie ein gut gemeinter Ratschlag klingen diese Worte.

Nach dem Treffen mit Khan ist es Zeit, nach Kabul zu gelangen. Die Landstraße über Kandahar verspricht einen dreitägigen Schütteltrip, und immer wieder haben Banditen in den Wochen zuvor Reisende überfallen und ermordet. Ich habe Glück: Wenige Stunden später soll eine Maschine der afghanischen Fluggesellschaft Ariana Airlines in die Hauptstadt fliegen. Seit fünf Tagen ist der Flug immer wieder angekündigt und dann gestrichen worden. Mal erschien das Flugzeug nicht, dann wieder fehlte am Herat Airport ausreichend Treibstoff, um es zu betanken. Ein geregelter Fahrplan ist nicht möglich, weil Ariana Airlines seit dem Krieg nur noch über ein einziges Passagierflugzeug verfügt. Alle anderen Maschinen hat die U.S. Air Force auf dem Flughafen von Kabul zerstört. Die eine Boeing 767, der Stolz der Nation, muss reichen, um wöchentliche Verbindungen nach Delhi und Bahrain zu bedienen, Regierungsmitglieder auf Staatsbesuchen zu transportieren und obendrein Pilger nach Mekka zu bringen. Da kann eine Provinzstadt wie Herat keine Priorität haben. Kein Wunder, dass Ariana im Volksmund längst «Inshallah Airlines» heißt.

Doch an diesem Tag, zur Erleichterung aller Wartenden, will Allah, dass die Maschine kommt. Die Gruppe der Flugzeuge auf der Startbahn am Airport spiegelt auf kuriose Weise die Lage in Afghanistan wider: neben der hellblauen Ariana-Boeing steht ein Getreidetransport-Jumbo des WFP, dahinter ein Kleinflugzeug des Internationalen Roten Kreuzes, die zwei MI-8-Hubschrauber und ein Learjet der UN. Damit ist gerade eine Sondergesandte des UN-Generalsekretärs Kofi Annan eingeflogen. Augenblicke später landet noch eine topmoderne, große Propellermaschine, die mysteriöserweise keine Registriernummer am Heck trägt. Da die U.S. Air Force den Luftraum über Afghanistan kontrolliert, kann dies nur eines bedeuten. Tatsächlich rasen im nächsten Moment zwei Geländewagen mit verdunkelten Scheiben zu dem dunkelblauen Flieger, der mit rotierenden Propellern am Ende der Landebahn verharrt. Kräftige blonde Männer, die Baseballkappen und Gewehre tragen, laden fünf schwarze Kisten in die Autos. Minuten später ist das rätselhafte Flugzeug wieder in der Luft. «Post für die CIA», flüstert neben mir ein Amerikaner, der selbst nicht so genau erklären kann, was er in Herat gemacht hat. Fotograf sei er, sagt er, aber er trägt keine Kamera bei sich. Nach einem etwas achtlosen Sicherheitscheck, bei dem die afghanischen Beamten keinen Blick in unsere Rucksäcke werfen, schweben wir über die majestätischen Berge des Paropamisus nach Kabul.

KABUL: NEUE PIPELINEPLÄNE

Die Hauptstadt ist in heller Aufregung. Wenige Stunden zuvor hat ein starkes Erdbeben den Norden Afghanistans erschüttert. Das Epizentrum lag nahe der Stadt Nahrin, etwa 160 Kilometer nördlich von Kabul. Ersten Funkberichten zufolge soll der Ort komplett zerstört sein, mit mehr als 2000 Toten wird gerechnet. Die meisten der Einwohner sind kurz zuvor aus Flüchtlingslagern nach Nahrin zurückgekehrt. Auf der spontanen Pressekonferenz im Präsidentenpalast fragt ein amerikanischer Journalist den Regierungssprecher, ob er glaube, dass ein Fluch über Afghanistan liege. Die Frage öffentlich zu stellen ist töricht und würdelos, aber nicht wenige im Raum haben sie sich insgeheim selbst gestellt. «Nein», antwortet der Sprecher. «Aber das Leben könnte schon etwas einfacher sein.»

Die gute Nachricht ist, dass wohl noch bei keinem Erdbeben in der Geschichte Afghanistans so schnell so viele Retter zur Stelle waren. Die Vereinten Nationen, Dutzende internationaler Hilfsorganisationen und die im Land stationierten Militärverbände der Anti-Terror-Koalition ergreifen die Gelegenheit, etwas Sinnvolles zu tun, und senden Hubschrauber und Hilfskonvois in das Katastrophengebiet.

Auch die Bundeswehr hat mehrere Lastzüge mit Zelten und Medikamenten auf den beschwerlichen Weg nach Nahrin gesandt. «Wo wir helfen können, da helfen wir natürlich», sagt Oberstleutnant Ludwig Gericke. Der 63-Jährige ist Sprecher des deutschen Kontingents in der International Security Assistance

Force (ISAF), der 4500 Mann starken internationalen Schutz-
truppe in Kabul. Seit Ende des Krieges sollen die Soldaten aus 19
Nationen in der Hauptstadt für Frieden und Ordnung sorgen.
Die meisten von ihnen haben an der östlichen Ausfallstraße nach
Jalalabad Quartier bezogen.

Gegenüber vom französischen Lager sind die etwa 1200 Deutschen im Camp Warehouse untergekommen, einem ehemaligen
Materiallager des Verkehrsministeriums. Um ein mehrstöckiges
Verwaltungsgebäude, das überraschend wenige Artillerietreffer
aufweist, stehen olivgrüne Mannschaftszelte, Waffendepots, ein
Feldlazarett und eine große Kantine. Nicht ein Baum oder Strauch
ist zu sehen, nur trockener, feiner Sand, der durch jedes Knopf-
loch dringt. Um ihn nicht unnötig aufzuwirbeln, müssen die
schweren Transporter und VW-Busse im Schritttempo über das
Gelände fahren. Das Camp ist mit hohen Stacheldrahtzäunen und
Betonmauern umzogen, und an allen vier Ecken stehen Wachtür-
me. Dazu haben die Soldaten des Fallschirmjäger-Bataillons 313
von innen Rampen an den Mauern aufgeschichtet, von denen
kleine Wiesel-Luftlandepanzer ihre 20-mm-Geschosse auf mögliche Angreifer feuern können. «Wenn die schießen, dann ist erst
mal Ruhe. Das Lager ist von allen Seiten gut gegen Terroristen zu
verteidigen», glaubt Oberstleutnant Gericke. Patrouillen der Bundeswehr sind bislang unbehelligt geblieben, nur auf britische
Soldaten wird häufiger geschossen. Wenige Tage nach meinem
Besuch feuern Unbekannte mehrfach Granaten auf Camp Warehouse. Niemand wird verletzt, die Angreifer entkommen unerkannt.

Vom Stadtzentrum ist das Lager der Bundeswehr fast 20 Kilometer entfernt. «Ja, das ist weit weg», räumt Gericke ein.
«Aber es gab in Kabul eben nicht mehr viele heile Gebäude, in
die wir einziehen konnten.» Die afghanische Regierung hat die
Anti-Terror-Koalition mehrfach aufgefordert, die ISAF-Schutz-
truppe zu vergrößern und in anderen Teilen des Landes zu stationieren. Außerhalb der Hauptstadt herrschen noch sehr unsi-

chere Verhältnisse, und besonders im Südosten lodern immer wieder Clansfehden auf. Doch die ISAF hat vorsichtig auf die afghanischen Bitten reagiert. Groß ist die Sorge, Versorgungslinien zu überdehnen und womöglich in Kämpfe reingezogen zu werden. Schließlich verhindert der Widerstand der USA, dass die Schutztruppe über Afghanistan hinaus ausgeweitet wird. Die US-Regierung will die etwa 6000 amerikanischen Truppen in Afghanistan ohnehin nicht an Friedensmissionen beteiligen, sondern sie voll für den Kampf gegen verbleibende Al-Qaida Terroristen nutzen. Die Aufgabe, danach wieder aufzuräumen und einen Frieden zu bewahren, überlassen die Amerikaner den europäischen Verbündeten.

Einige Bundeswehr-Offiziere schicken sich an, in einem VW-Bus das Camp zu verlassen. Sie wollen in den Süden der Stadt fahren, zur afghanischen Polizeiakademie. Dort wird der neue deutsche Botschafter dem afghanischen Innenminister offiziell ein Geschenk aus Berlin überreichen: 40 nagelneue Polizeiwagen. Das möchte ich mir nicht entgehen lassen, und die Herren machen netterweise noch einen Platz frei.

Am Steuer sitzt Oberstabsfeldwebel Johann F., ein Niedersachse mit einem buschigen Schnurrbart. Viele der höheren Ränge im Camp Warehouse tragen diese wilhelminischen Schnurrbärte und sind dazu oft erstaunlich übergewichtig. Johann F. ist schlank, aber es ist nicht sein Tag. Erst geht ihm das Funkgerät des VW-Busses kaputt, und wir müssen den Wagen wechseln. Dann findet der Oberstabsfeldwebel, der seit Monaten in Kabul ist, das Ausgangstor des Lagers nicht und kurvt minutenlang scheinbar orientierungslos umher. Als wir endlich auf der Straße nach Kabul sind, reagiert der Mann auf jedes andere Fahrzeug und jeden Packesel mit aggressivem Hupen. «Meine Frau würde mich nie wieder in Deutschland fahren lassen», sagt er und lacht scheppernd. Durch sein unentwegtes Hupen will Johann F. offenbar demonstrieren, wie weit er die lokale Kultur bereits verinnerlicht hat. Betont ironisch fügt er hinzu: «Tja, dieser Stadt-teil ist schon ein wenig zerstört. Hier haben die Afghanen sich besonders Mühe gegeben.» Im Übrigen würde ja nichts in dem Land klappen, die Afghanen kriegten nichts auf die Reihe, und alles gehe vor die Hunde. Vielleicht will der Unteroffizier durch seine Alles-schon-erlebt-Abgeklärtheit nur Unerfahrenheit ver-bergen. Nicht einmal einen afghanischen Dolmetscher haben Jo-hann F. und seine Kameraden für die Fahrt durch Kabul mitge-nommen. Wie leicht könnte sich diese Nachlässigkeit in einer brenzligen Situation, etwa gegenüber einer feindseligen Men-schenmenge nach einem Verkehrsunfall, als lebensgefährlich her-ausstellen. Und tatsächlich verfährt sich der Oberstabsfeldwebel mitten im Kabuler Basarviertel und verliert die Orientierung. Wir sind umgeben von Hunderten Menschen. Die meisten sehen uns freundlich, aber verwundert an. Wie leicht uns jetzt ein orts-kundiger Dolmetscher aus der Klemme helfen könnte! Johann F. greift nach dem Funkgerät, aber hängt es im nächsten Moment wieder ein. Schließlich zeigt uns ein Taxifahrer den Weg zur Poli-zeischule.

Vor dem Akademiegebäude, das von Artilleriegeschossen übel zerlöchert wurde, sind die deutschen Gaben ordentlich in zwei Reihen aufgestellt: 40 brandneue VW-Polizeibusse, in glanz-lacktem Grünweiß mit Blaulicht. Der Schriftzug «Polizei» auf der Motorhaube und an den Seiten ist auf Deutsch und in Dari-Über-setzung zu lesen. Nur die Leuchtdiodenanzeige am Heck blinkt weiter die deutsche Aufforderung «Bitte folgen!». Dass in Afgha-nistan kein Mensch die hochmoderne TDI-Technik der Fahrzeu-ge reparieren kann, hat offenbar auch niemand bedacht. Dennoch wird die Übergabe-Zeremonie mit angemessenem Pomp began-gen: Der Innenminister, Mitglied des mächtigen Tadschiken-Clans aus dem Pandschir-Tal, lässt mehrere Milizen- und Polizei-verbände in einer kleinen Parade aufmarschieren. Noch sitzen die Uniformen und weißen Helme bei manchem etwas schief, und auch der Gleichschritt klappt nicht immer. Doch das wird sich wohl ändern, sobald sich deutsche Ausbilder ab Mai der Kabuler Polizei annehmen. Während amerikanische Offiziere die neue afghanische Zentralarmee trainieren werden, bleiben die Polizisten den Deutschen überlassen.

Der Chefausbilder, ein kräftiger Bayer namens Wolf, freut sich auf die Aufgabe: «In unserer Ausbildung werden wir Wert auf rechtsstaatliche Verfahren und die Rechte eines Verhafteten legen. Unser Ziel ist es, in Afghanistan das Gewaltmonopol des Staats wieder herzustellen, wie es zuletzt in den siebziger Jahren bestand.» Eines der größten Problem sieht Wolf darin, dass jeder erwachsene Afghane eine Waffe besitze. «Entwaffnen können wir sie nicht. Das müssen wir den Afghanen überlassen.» Den Optimismus des Polizeiausbilders teilt der neben ihm stehende General Carl Hubertus von Butler, der Oberkommandeur der ISAF-Truppe: «Ich habe die Afghanen anfangs total unterschätzt, aber sie haben eine gute Chance. Sie schaffen was, arbeiten hart und sind auch sehr schlitzohrig.»

Die Zeremonie ist vorüber. Der deutsche Botschafter hat eine Rede gehalten und dem erfreuten Innenminister die Autoschlüssel überreicht. Seit der erste deutsche Gesandte im Jahre 1915 auf einem Pferd nach Kabul einritt, sind Diplomaten aus Berlin in Afghanistan immer gerne gesehen. Kaum ist die deutsche Delegation abgefahren, springen die afghanischen Polizisten in die Einsatzwagen und brechen zu einer gemeinsamen Patrouillenfahrt durch die Stadt auf. Kurz darauf sehen die verblüfften Einwohner von Kabul plötzlich einen Konvoi aus 40 deutschen Polizeiwagen, der mit gellenden Martinshörnern, Blaulichtern und «Bitte folgen!»-Anzeigen durch die Straßen jagt. Auch in den folgenden Tagen sind viele afghanische Polizisten zu sehen, die lachend mit Blaulicht durch das Zentrum kurven.

Von der Polizeiakademie aus erkunde ich den Süden Kabuls. Der Eindruck aus den Bildern ausländischer Fernsehteams, dass die Stadt restlos zerstört ist, bestätigt sich nicht. Die Wohngebiete schmiegen sich um mehrere steile Hügel. Nördlich dieser natürlichen Schutzwand sind die Häuserzüge oft fast völlig intakt, und nichts scheint hier das normale Leben je unterbrochen zu haben. Da die meisten Angreifer – besonders die von Pakistan unterstützten Mudschaheddin Hekmatyars und die Taliban – von 1990 bis 1996 die Stadt von Süden her beschossen, gingen Raketen nicht direkt hinter den Hügeln runter. An deren Südhängen hingegen, wo ich entlanggehe, bietet sich ein absolut erschütterndes Bild. Nicht ein einziges Haus ist unzerstört geblieben, über mehrere Kilometer erstreckt sich ein gelbbraunes Trümmerfeld, das an Bilder von Dresden oder Hiroshima im Jahre 1945 erinnert. An manchen Häuserfronten weist ein Quadratmeter Fläche mehr als 100 Einschusslöcher auf, auch Autos liegen völlig zersiebt da wie Salzstreuer auf Rädern. Selbst dünne Telegraphenmasten wurden irgendwann getroffen und knickten ab. An denen, die noch stehen, hängen wie an vielen Häuserwänden Bilder des legendären Mudschaheddin-Führers General Massud. Mit seinem Pakoul, dem flachen tadschikischen Wollhut, und den glänzenden Augen sieht der Märtyrer auf den Bildern mehr und mehr wie eine Heiligengestalt aus. Dass der neue Nationalheld Anfang der Neunziger in seiner Weigerung, einen Ausgleich mit seinem von Pakistan unterstützten Erzfeind Hekmatyar zu finden, wesentlich zum afghanischen Blutvergießen beitrug, hat man offiziell vergessen. Gegen das Ausmaß der Zerstörung im Süden Kabuls erscheint Sarajevo beinahe wie ein Kinderspiel. Von ehemals 700 000 Einwohnern dieser Stadtteile sind noch 60 000 geblieben. Viele von ihnen hausen in Kellern.

Der monströse, pseudoklassizistische Palast von König Zahir Schah, erbaut auf einer Anhöhe im einst feinen Außenbezirk Dehmazang, muss Artillerieschützen zu besonderen Höchstleistungen motiviert haben. Wo der Monarch, der heute in westlichen Medien als «Retter von Afghanistan» stilisiert wird, vor seinem Sturz im Jahre 1973 rauschende Feste feierte, nisten heute Schwalben in Einschusslöchern. Auch der nicht minder protzige Palast der Königin, einen Kilometer weiter auf einer zweiten

Anhöhe errichtet, sieht kaum besser aus. Die ausländischen Gesandtschaften und Ministerien, die einst an der Hauptstraße in das Stadtzentrum lagen, sind ohne Ausnahme dem Erdboden gleichgemacht. Eine Kamelkarawane zieht über die Trümmerhaufen, ohne dass ihre nomadischen Führer im geringsten auf einstige Grundstücksgrenzen achten.

Nur die ehemalige sowjetische Botschaft, ein gewaltiger Komplex aus mehr als zwanzig Gebäuden, hält noch leidlich zusammen. Von hier aus wurde die Invasion der Roten Armee im Dezember 1979 geplant, hier wurden sich Moskaus Diplomaten in den folgenden Jahren bewusst, wie ausweglos der Kampf gegen die Mudschaheddin war. Im Jahre 1991, als die Gotteskämpfer mit Präsident Muhammad Nadschibullah den letzten kommunistischen Machthaber in Kabul stürzten, evakuierten die sowjetischen Gesandten das Gelände und flohen in die Heimat. Als ich mich durch ein Loch im zugemauerten Eingangstor presse, finde ich Hunderte Menschen vor. Kinder lassen selbst gebastelte Drachen im Wind steigen. Etwa 4000 Flüchtlinge leben in den zum Teil ausgebrannten Gebäuden, die noch immer von mehreren Schutzmauern umgeben sind. Es sind Bauern von der Schomali-Ebene nördlich von Kabul, die das Regime der Taliban der Kollaboration mit der Nordallianz verdächtigte und hierher deportierte. Nun will allerdings der russische Staat, der nach dem Fall der Taliban seinen Einfluss in Afghanistan wieder auszuweiten versucht, das Grundstück wiederhaben, um eine neue Botschaft zu bauen. «Neulich kamen einige Russen und sagten uns, dass wir binnen einer Woche zu verschwinden hätten», erzählt einer der Deportierten. «Wir haben sie stumm angesehen und dann mit Steinen beworfen, da sind sie schnell wieder abgefahren.» Einige Tage darauf sei eine Delegation der UN gekommen und habe versprochen, die zerstörten Dörfer der Vertriebenen auf der Schomali-Ebene wieder aufzubauen. «Wenn das stimmt, verlassen wir diesen Ort gerne.»

Nicht weit von der russischen Botschaft befindet sich der Zoo von Kabul. Unter Kiefern und Eschen sind einige Tiergehege angelegt, die aber bis auf den einen oder anderen Braunbär verlassen sind. In engen Stahlgitterkäfigen fristen Adler, Falken, Habichte und andere Raubvögel ein jämmerliches Dasein. Die Flügel dieser stolzen Tiere sind aufgerieben von verzweifelten Versuchen, in ihren Gefängnissen umherzuflattern. Der Zoodirektor, ein kleiner, unsympathischer Mann, erzählt mir, wie er heldenhaft die Taliban davon abgehalten habe, den Zoo zu schließen und alle Tiere freizulassen: «Eines Tages kamen sie her und sagten, dass der Koran nicht erlaube, Tiere in Gefangenschaft zu halten. Ich bat Theologen an der Uni um Hilfe, und sie lieferten eine wasserdichte Begründung, warum ein Zoo doch im Sinne Allahs ist.» Beim Anblick der zerzausten Adler wünsche ich mir, die Taliban hätten sich durchgesetzt. Der Direktor erzählt, dass wenige Wochen zuvor mehr als 50 ausländische Journalisten zur Beerdigung von «Marjan» gekommen seien, des letzten Löwen im Zoo von Kabul. Tatsächlich ging die Nachricht vom Tod des Tieres damals um die Welt, ein sicheres Zeichen dafür, dass das von den Taliban befreite Kabul für Journalisten langweilig geworden war. Interessanter war der Tod von Marjans Partnerin im Jahr zuvor. Ein kleiner Junge war ins Gehege gesprungen und hatte vor den entsetzten Zoobesuchern dem Löwenmann die Mähne gestreichelt. Marjan ließ es reglos geschehen. Erst als sich der Junge der Löwin zuwandte und sie liebkosen wollte, warf sich Marjan auf ihn und riss ihn in Stücke. Tags darauf stürmte der trauernde ältere Bruder des Kindes, ein Taliban-Soldat, in den Zoo und rächte den Tod. Mit einer Handgranate zerfetzte er die Löwin. Warum er denn nicht den Löwenmann getötet habe, wurde der junge Mann darauf gefragt. Ihn treffe keine Schuld am Tod seines Bruders, erklärte der Kämpfer. Das Weibchen aber habe den Jungen mit heimtückischer Verführung in die Falle gelockt.

Am nächsten Tag setze ich die Recherchen zur afghanischen Pipeline fort. Ohne große Hoffnung, in der unübersichtlichen

Nachkriegssituation in Kabul konkrete Hinweise auf neue Pläne zu finden, betrete ich das Büro von Abdul Jabbar Taqwa, dem stellvertretenden Minister für den Wiederaufbau Afghanistans. Sein Ministerium, eines der wichtigsten im neuen Staat, liegt schräg gegenüber von der US-Botschaft. Die Amerikaner lassen das Gebäude derzeit in eine regelrechte Festung umbauen, auf dessen Dach hinter Sandsäcken mehrere Schnellfeuergeschütze in Stellung gebracht worden sind. Ausgesprochen unhöfliche Marines zielen mit ihren Gewehren auf Besucher und unterziehen sie peniblen Leibesvisitationen. Im krassen Gegensatz zu den kruden Manieren der US-Soldaten steht die afghanische Freundlichkeit von Minister Taqwa, der mit warmem Lächeln lange meine Hand schüttelt. Sein Büro ist spartanisch eingerichtet: nur ein langes Sofa steht an der Wand, davor ein niedriger Tisch. Seinen Schreibtisch und die Fensterbänke schmücken bunte Plastikblumen. Taqwa, ein ruhiger Mann mittleren Alters, läutet eine Glocke, und ein Diener bringt Tee.

Nach einigen Minuten harmlosen Plauderns lanciere ich die entscheidende Frage nach dem Pipelineprojekt. Ein langsames, kalkulierendes Nicken. Noch könnte er der Frage ausweichen oder lügen, aber er entschließt sich, klar zu antworten: «Ja, wir verhandeln wieder mit Unocal über die Pipeline. Sie haben nach dem Sturz der Taliban Kontakt zu uns aufgenommen und scheinen sehr interessiert an dem Projekt.»

Diese Nachricht ist mehr als brisant – sie könnte ein neues Licht auf die Ziele des Anti-Terror-Kriegs der Vereinigten Staaten in Afghanistan nach dem 11. September 2001 werfen: Als der große Preis im Kampf um Kabul erscheinen neben dem Terroristenführer Osama Bin Laden tatsächlich die sagenhaften Öl- und Gasvorkommen am Kaspischen Meer, keine 1000 Kilometer nordwestlich von Afghanistan. Immer wieder haben Skeptiker und Kritiker des US-Feldzugs am Hindukusch darauf hingewiesen, dass amerikanische Ölindustrielle, die der Wahl des Petroleummannes George W. Bush zum US-Präsidenten machtvoll nachgeholfen haben, Afghanistan schon lange als Korridor für eine große Pipeline vom Kaspischen Meer zum Persischen Golf im Auge haben. Während Transportwege durch den instabilen Kaukasus oder den politisch isolierten Iran riskant erscheinen, wäre die afghanische Südostroute eine attraktive Alternative. Ihr großer Vorteil liegt darin, dass sie östlich der stark befahrene Hormuz-Meerenge, dem Nadelöhr des Persischen Golfs, enden würde.

Wie mittlerweile bekannt, hatte sich Unocal – unterstützt von der US-Regierung – Mitte der neunziger Jahre lange bemüht, seine Pipelinepläne in dem von den Taliban regierten Afghanistan umzusetzen. Erst nachdem die USA im Jahre 1998 erstmals Trainingscamps der Al Qaida bombardierten und die Kämpfe zwischen den Taliban und der Nordallianz kein Ende nahmen, war der amerikanische Konzern gezwungen, das Projekt vorläufig auf Eis zu legen. Hinter der Pipelineidee stand von Beginn an der amerikanische Verbündete Pakistan, dessen Wirtschaft dringend zusätzliche Energieressourcen braucht.

Aufbauminister Taqwa, der die Taliban-Zeit im pakistanischen Exil verbrachte, ist sich sicher: «Pakistan wollte mit den Taliban Afghanistan kontrollieren, damit die Pipeline gebaut und nach pakistanischen Vorstellungen genutzt werden konnte.» Die zu erwartenden 300 bis 500 Millionen Dollar an Zöllen und Transitgebühren für das Gas und Öl hätten die Taliban an ihre pakistanischen Hintermänner weitergereicht. «Im Bürgerkrieg haben die Taliban und die Nordallianz auch über diese Profite aus der geplanten Pipeline gekämpft, das ist doch klar.»

Nun aber, glaubt Taqwa, sei der Krieg endgültig vorbei, und die internationale Gemeinschaft werde das Projekt sicher finanziell unterstützen. Auch die Sicherheitslage entlang der Route bessere sich mit jedem Tag. «Das alles macht es sehr interessant für internationale Ölfirmen. Außer Unocal sind noch andere Konzerne im Spiel, die uns vielleicht bessere Konditionen bieten werden.» Noch seien allerdings keine Vereinbarungen unterschrieben worden. Eine Stellungnahme Unocals zur afghanischen Pipeline war nicht verfügbar. Auf der Website der Firma ist allerdings zu lesen: «Das Unternehmen unterstützt die Taliban in keiner Weise. Ebensowenig haben wir irgendein Projekt in Afghanistan oder sind anderweitig dort involviert.»

Spricht man mit Managern anderer Ölkonzerne in der Kaspischen Region über das Projekt, stößt man auf ebenso viel Interesse wie Skepsis. Bis nicht Frieden und Sicherheit in Afghanistan gewährleistet sind, scheint niemand investieren zu wollen. Keine der interviewten Firmen hat bislang Kontakte mit dem neuen Regime in Afghanistan bestätigt.

Einer, der im Jahre 1997 als Unocal-Berater an Gesprächen über die Pipeline mit Taliban-Führern teilnahm, ist Hamid Karzai, Chef der afghanischen Regierung. Der Paschtune Karzai, der bis 1994 die Taliban unterstützte, genießt den Rückhalt Washingtons. Auch US-Präsident Bushs Sondergesandter für Afghanistan, Zalmay Khalilzad, arbeitete lange für den amerikanischen Ölkonzern und erstellte eine Risikoanalyse für das afghanische Pipelineprojekt. Gleichzeitig plädierte der in Kabul geborene amerikanische Diplomat in der US-Regierung Bill Clintons für eine offizielle Anerkennung des Taliban-Regimes, obwohl dessen radikale Ansichten und Verbrechen zu jener Zeit längst bekannt waren. Erst nachdem Unocal 1998 seine Pläne für Afghanistan in die Schublade legen musste, begann Khalilzad, die Taliban zu verurteilen. Der neue amerikanische Botschafter in Afghanistan, Robert Finn, gilt ebenfalls als Ölexperte. Der Karrierediplomat eröffnete 1992 die US-Botschaft in Baku, der Hauptstadt Aserbaidschans. Als westliche Ölkonzerne 1994 mit der aserbaidschanischen Regierung den so genannten «Jahrhundertvertrag» zur Ausbeutung des kaspischen Ölreichtums unterzeichneten, war Finn mit von der Partie.

Ein ausländischer Gesandter in Kabul, der darauf besteht, als «westlicher Diplomat» bezeichnet zu werden, spielt diese Verbindungen zwischen Politik und Ölindustrie herunter: «Für

Amerika hat Afghanistan überhaupt keinen Wert an sich. Es hat keine Bodenschätze und als Transitland für eine Pipeline ist es auch nicht sonderlich geeignet.» Den Einwand, dass Unocal schon einmal zu einem anderen Schluss gekommen sei, wischt der Diplomat vom Tisch: «Unocal hat bei seinen Plänen damals die politische und soziale Lage in Afghanistan völlig falsch eingeschätzt. Und die Sicherheitsrisiken: Um diese Pipeline zu schützen, bräuchte man eine ganze Armee.» Ziel der amerikanischen Militärintervention sei einzig, betont der Gesandte, Terroristen in Afghanistan für immer den Nährboden zu nehmen, alles andere sei Verschwörungstheorie. «Es gab und gibt keinen Masterplan: Nicht ein Amerikaner hätte am 10. September geglaubt, dass unsere Truppen heute hier sein würden.» Auch hätten die US-Streitkräfte nicht vor, dauerhaft Basen im Land einzurichten. «Wenn wir hier bleiben sollten, nachdem wir die Taliban und Al Qaida vernichtet haben, könnten die Afghanen uns schnell nicht mehr als Gäste sehen – sondern als Besatzer. Es hat schon seinen Grund, dass unsere Verteidigungsattaché gerade ein Buch über Vietnam liest.» Einen Augenblick zögert der Diplomat, bevor er hinzufügt: «Einige Berater und Ausbilder für die afghanische Armee werden wir natürlich hier behalten. Wie im Iran in den Fünfzigern und Sechzigern, als wir dort das Öl brauchten.»

Wie brisant dieser Vergleich in der gegenwärtigen Situation ist, ist dem Diplomaten offenbar nicht bewusst oder egal. Je mehr er über den Iran spricht, desto deutlicher wird das Gewicht des Landes in den amerikanischen Plänen. «Seit die Iraner im November aufwachten und plötzlich unsere Truppen an ihrer Grenze sahen, sind sie natürlich geschockt.» Der Diplomat erinnert an Berichte, nach denen viele Kämpfer der Al Qaida im Iran Aufnahme gefunden haben. Teheran versuche mit Waffenlieferungen an Ismail Khan, in Herat eine Satrapie zu errichten. «Das wird nicht funktionieren. Wir erkennen nicht an, dass Afghanistan Teil iranischer Einflusssphäre ist.» Im übrigen seien die Beziehungen zwischen Afghanen und Iranern ja denkbar schlecht und vom Desinteresse Kabuls geprägt. Es fehle der «kulturelle Handschlag» zwischen beiden Ländern. Seine Worte erinnerten mich doch sehr an das «Great Game» im 19. Jahrhundert, werfe ich an einer Stelle ein. Postwendend kommt die Antwort: «Oh, das ‹Große Spiel› hat hier nie aufgehört.»

Ich muss an einen amerikanischen Diplomaten in einer ehemals sowjetischen Republik Zentralasiens denken, mit dem ich wenige Wochen zuvor zu Mittag aß. Zum selben Thema schrie er entnervt auf: «Wenn ich noch einmal den Ausdruck ‹New Great Game› höre, muss ich kotzen!» Weder imperiale Rivalität gebe es noch denke Washington in Einflusssphären. Man kämpfe gegen Terroristen, das sei alles. Amerika wolle Frieden, Stabilität und wirtschaftliche Entwicklung in die Region bringen. «Das tun wir multilateral, in einer großen Koalition aus Ländern mit gleichen Interessen.» Alle anderen Behauptungen, von denen die lokale Presse ja zum Erbrechen voll sei, gehörten ins Reich der Verschwörungstheorien. Ein weiterer US-Diplomat, mit dem ich mich an jenem Tag traf, rang ebenfalls nach Fassung: «Wir wurden angegriffen. Bis dahin haben wir nicht einen Gedanken an Afghanistan verschwendet.» Es sei nicht die Art der Vereinigten Staaten, wirtschaftliche Interessen mit militärischen Mitteln durchzusetzen. Er schwöre bei Gott, fügte der Energieexperte hinzu, dass er sich in den vergangenen drei Jahren nicht einmal mit einer Nord-Süd-Pipeline durch Afghanistan befasst habe. «Nicht einen einzigen Bericht haben ich oder meine Kollegen zu der Route geschrieben. Wir haben uns immer auf Ost-West-Korridore konzentriert.»

Diese Aussage steht im Widerspruch zu einem Bericht, den das amerikanische Energieministerium nur wenige Tage vor den Terroranschlägen im September 2001 veröffentlichte. Darin heißt es: «Die Bedeutung Afghanistans in Energiefragen liegt in seiner geographischen Position als potentielle Transitroute für Exporte von Öl und Erdgas aus Zentralasien zum Arabischen

Meer.» Inzwischen, so räumt der US-Diplomat ein, befasse sich Washington durchaus mit einer Pipelineroute durch Afghanistan. «Die US-Regierung ist bereit, mit amerikanischen Firmen zusammenzuarbeiten, die derlei Pläne haben. Der Unocal-Konzern hat ja gezeigt, dass die Pipeline machbar und profitabel ist.»

AM GRAB DES «LÖWEN VON PANDSCHIR»

Zum Abschluss meines Aufenthalts in Afghanistan beschließe ich, den Ort aufzusuchen, der in mehr als zwei Jahrzehnten Krieg die zentrale Rolle gespielt hat: das Pandschir-Tal. Gelegen in den Ausläufern des Hindukusch etwa 150 Kilometer nördlich von Kabul, war das Pandschir-Tal das Zentrum des Mudschaheddin-Widerstands gegen die Sowjets und später gegen die Taliban. Fast alle mächtigen Tadschiken-Führer, die derzeit die Regierung in Kabul dominieren, kommen von dort. Ihr langjähriger Anführer, General Massud, wurde nach seinem Tod bei einem Attentat wenige Tage vor dem 11. September 2001 in dem Tal beerdigt. Sein Grab, das sich längst zu einer Pilgerstätte entwickelt hat, ist das letzte Ziel meiner Reise.

Fünf Stunden werde die Hinfahrt dauern, prophezeit mein Dolmetscher Mustafa, und er besorgt eigens einen schweren Geländewagen. Der Fahrer ist selbst ein kräftig gebauter Pandschiri, der unser Auskommen mit den Bewohnern des Tals, die Fremden gegenüber als sehr misstrauisch gelten, erleichtern soll. Im Morgengrauen brechen wir auf. Die Straße in den Norden, die von den Sowjets geteert wurde, ist in relativ gutem Zustand. Bald schon gelangen wir auf die Schomali-Ebene, die vor dem Krieg das fruchtbarste Weinanbaugebiet Afghanistans war. Tatsächlich erinnert die arkadische Landschaft aus sattgrünen Hügeln und alten Dörfern etwas an die Provence oder die Toskana. Auf den Weinbergen von einst stehen heute jedoch nur noch vereinzelt kümmerliche Rebenstämme. Die Dörfer sind fast alle zerstört, die sinnlos in den Himmel ragenden Trümmer der Lehmhäuser gleichen antiken Ausgrabungsstätten. In mehreren Wellen sind in den vergangenen zehn Jahren die Kämpfe zwischen verschiedenen Mudschaheddin-Gruppen, den Kommunisten und den Taliban über die Ebene gerollt. Hinterlassen haben alle Truppen unzählige Landminen, die zu beiden Seiten der Hauptstraße im Erdboden lauern. Rot bemalte Feldsteine warnen in einem Meer aus rosafarbenen und gelben Frühlingsblumen vor besonders minenverseuchten Gebieten. Noch einen Tag zuvor sei ein Lkw bei einem Überholmanöver zu weit von der Fahrbahn abgekommen und in die Luft geflogen, berichtet unser Fahrer.

Auf dieser Straße strömten im November 2001 die Truppen der Nordallianz und ihre amerikanischen und britischen Verbündeten nach Kabul. Sie stießen auf keinerlei Widerstand, denn die Taliban waren zuvor ins südliche Kandahar geflohen. Es war nicht das erste Mal, dass die Hauptstadt kampflos an Angreifer fiel. Schon als der britische General Sir John Keane am 30. Juni 1839 mit einer Armee von 15 000 Mann in Kabul einmarschierte, fiel nicht ein Schuss. Auch der damalige afghanische Herrscher, Emir Dost Mohammed, war geflohen. Im November 1840 ergab er sich den Briten endgültig, und Sir William Macnaghten, politischer Offizier in Kabul, schrieb in einem Bericht an den Generalgouverneur von Indien, «von Dan bis Beersheba» sei alles ruhig in Afghanistan.[36] Nur ein Jahr später erlebte das britische Empire die schlimmste Katastrophe in seiner bisherigen Militärgeschichte. Aufständische Afghanen unter dem Kommando von Dost Mohammeds Sohn zwangen die 15 000 Soldaten und ihre Familien zum Rückzug aus Kabul. Dicht verfolgt von den Rebellen, versuchten die Briten und Inder sich zu einem Fort im östlichen Jalalabad durchzuschlagen. Nur ein Mann, der Militärarzt Dr. William Bryden, kam dort eine Woche später an – als einziger Überlebender. Die Afghanen kannten keine Gnade.

Mein Dolmetscher versetzt mir einen Stoß und zeigt aus dem Fenster. Rechts des Weges taucht der Flughafen Bagram auf, der Hauptstützpunkt der amerikanischen und verbündeten Truppen in Afghanistan. Am Himmel über Bagram ist viel Bewegung. Transportflugzeuge landen unentwegt, eine Schwadron von Apache-Kampfhubschraubern startet und fliegt in die Berge. Operation «Anaconda», durch die verbliebene Einheiten der Al Qaida und Taliban eliminiert werden sollten, ist kurz zuvor abgeschlossen worden. Die Bilanz der Aktion ist unklar: Während das Pentagon von Hunderten Gefallenen der Gegenseite spricht, finden nachrückende afghanische Verbündete nur wenige Leichen. Die meisten Kämpfer, sagen sie, sind entkommen. Schon bereiten die Anti-Terror-Truppen, jüngst mit mehr als 1000 britischen Spezialkräften verstärkt, eine weitere Operation in den Bergen an der Grenze zu Pakistan vor.

In dem Dorf Jebel as-Seraj biegen wir rechts auf eine Geröllstraße ab, und zwei Stunden später stehen wir vor der engen Felsenschlucht, die den Eingang ins Pandschir-Tal markiert. Entlang einem reißenden Bergfluss, zu dessen Ufern gewaltige Steilwände emporragen, kämpft sich der Geländewagen eine schmale Schotterpiste hoch. Der Fluss unter uns ist übersät mit zerschossenen sowjetischen Militärfahrzeugen, die wie Felsbrocken das rauschende Wasser zerteilen. Zehn Mal versuchten die Truppen der Roten Armee, durch diese Schlucht in das Pandschir-Tal einzumarschieren. Jede der Invasionen schlug fehl, die Mudschaheddin fügten den Sowjets furchtbare Verluste zu und zwangen sie zum Rückzug. Eine beliebte Methode war, auf der engen Straße mit Granaten das erste und letzte Fahrzeug eines Konvois zu zerstören und dann nacheinander alle dazwischen gefangenen Panzer ins Visier zu nehmen. Beim Anblick der zerklüfteten Felswände über uns, von denen die Afghanen die Angreifer mühelos beschießen konnten, wage ich kaum mir auszumalen, welche Todesangst die russischen Soldaten auf diesem Weg durchgestanden haben müssen.

Wie gnadenlos auch die Sowjets gekämpft haben müssen, sehe ich, als sich die Felsenschlucht zum Pandschir-Tal weitet. An den nun sanfteren Berghängen liegen die Überreste von Dörfern, die offenbar massiv aus der Luft bombardiert wurden. Bevor Panzer und die gefürchteten Spetznaz-Spezialeinheiten in das Tal einfielen, beschossen Kampfjets und Helikopter wochenlang alle möglichen Verstecke der Feinde. Bis sie 1986 die ersten amerikanischen Stinger-Luftabwehrraketen in die Hände bekamen, waren die Mudschaheddin gegenüber den sowjetischen Kampfhubschraubern praktisch machtlos. Zyklopischen Riesenlibellen ähnlich, hielten sie sich oft in einer Formation, die russische Piloten den «Kreis des Todes» nannten. Wie auf einer Treibjagd schossen sie erbarmungslos auf alles, was sich unter ihnen bewegte. Die Dorfbewohner mussten sich tagsüber in Kellerlöchern verstecken und bestellten nur bei Nacht ihre Felder und reparierten Bewässerungskanäle.

Auf fast eine Million Tote schätzt man heute die afghanischen Opfer der sowjetischen Okkupation. Doch mit wie viel Mann und Munition die Sowjets es auch versuchten, nie konnten sie dauerhaft im Pandschir-Tal Fuß fassen. Auch den Taliban gelang es nie, die Gegend von der Nordallianz zu erobern. Einmal wurden angreifende Taliban-Truppen unter einer Steinlawine begraben, als ihr Widersacher Massud die Felshänge in der Schlucht sprengen ließ.

An diesem Tag könnte das Pandschir-Tal nicht friedlicher aussehen. Sattgrüne, mit Lehmwällen umgrenzte Weizenfelder säumen den kleinen Fluss, der sich zu Füßen der schneebedeckten Berge schlängelt. An seinem Ufer stehen Trauerweiden und blühende Kirschbäume. Kinder angeln oder lassen sich mit selbst gebastelten Flößen über Stromschnellen treiben. Auch wir müssen mehrmals durch kniehohes Wasser fahren, was unser Geländewagen aber mühelos meistert. An einem Checkpoint, an dem ein Stahlseil zwischen zwei zementierten Granatenhülsen über die Straße gespannt ist, prüfen Soldaten der ehemaligen Nordallianz unsere Papiere. Sie erkennen den Fahrer als Pandschiri und lassen uns ohne große Schwierigkeiten passieren.

Am frühen Nachmittag erreichen wir das kleine Dorf Jangalak, in dem General Massud aufgewachsen ist. Auf einer Anhöhe, die das Tal zu versperren scheint, liegt weithin sichtbar die Grabstätte des legendären «Löwen von Pandschir». Er fiel einem perfiden Attentat zum Opfer: Wenige Tage vor den Terroranschlägen in New York und Washington kamen zwei französisch sprechende Männer in das Hauptquartier der Nordallianz, die sich als Fernsehjournalisten ausgaben und Massud zu interviewen wünschten. Kaum hatte das Gespräch begonnen, zündeten die Männer, vermutlich Kämpfer der Al Qaida, einen Sprengsatz, der in die Kamera eingebaut war. Die beiden Attentäter waren sofort tot, Massud erlag seinen Verletzungen wenige Stunden später. Noch ahnte niemand, dass sein gewaltsamer Tod nur der erste Akt eines weit größeren Dramas sein sollte.

«Wir waren alle geschockt und unendlich traurig, als er ermordet wurde. Aber gleichzeitig stieg unsere Kampfmoral, und wir wollten die Taliban unbedingt besiegen», erzählt einer der Ehrenwächter am Grab, der acht Jahre lang einer von Massuds Bodyguards gewesen sein will. Zu seinem gescheckten, olivgrünen Kampfanzug trägt der junge Mann Plastiksandalen, in denen trotz der Temperaturen nahe dem Gefrierpunkt nackte Füße stecken. Er führt uns zu dem Grab, über dem aus Holzbalken, Ziegelmauern und Blechplatten eine provisorische Kapelle errichtet worden ist. Auf dem Dach wehen grüne Fahnen und die typischen Votivwimpel, die Märtyrergräber in Afghanistan schmücken. Das dämmerige Innere der Kapelle ist mit Koransprüchen auf Transparenten behängt. In der Mitte des Raumes liegt, vor einem schlichten Grabstein, ein Erdhügel, der noch immer sehr frisch aussieht und mit Plastikblumen geschmückt ist. Der Grabwächter nimmt seinen Pattus, das gescheckte Stofftuch der Afghanen, von der Schulter und legt es auf den Boden. Dann kniet er nieder und preist Allah.

Wir brechen zur Rückfahrt nach Kabul auf. Am Ausgang der Pandschir-Schlucht, im Dorf Gulbahar, platzt ein Hinterreifen. Während sich etwa zehn Männer daranmachen, den Schaden zu reparieren, schlendere ich durch das Dorf, dessen Name «Frühlingsblume» bedeutet. Auf einem Schemel vor einem Lehmhaus sitzt ein bärtiger Mann, der auf zwei Jungen einredet. Sie hocken auf der Türschwelle, die mit einer ehemaligen Panzerkette verstärkt wurde. Auch in die Mauern des Hauses sind leere Granatenhülsen eingearbeitet, für besseren Halt. Zu meiner Überraschung spricht der Mann leidlich gutes Englisch. «Vor zwanzig Jahren, bevor der Krieg begann, war ich mal Lehrer», erzählt er mit sanfter Stimme. «Dann wurde ich Mudschahed und verteidigte das Tal. Jetzt unterrichte ich meine beiden Söhne.» Mit einem Stück Kreide schreibt der Mann Rechenaufgaben auf eine alte Schiefertafel. Sein Ältester, ein Junge mit strähnigen Haaren und blauen Augen, sagt in zögerlichem Englisch, dass er zwölf Jahre alt sei. Die Schule in Gulbahar habe noch nicht wieder eröffnet, erzählt der Vater. Aber er wolle nicht, dass seine Kinder noch mehr Zeit verlieren. «Vielleicht gibt es ja bald wieder Krieg, dann müssen sie kämpfen.»

NACHWORT: SCHMIERIGE SCHÄTZE

Am 31. August 1907 unterzeichneten der russische Außenminister Graf Alexander Izvolsky und der britische Botschafter Sir Arthur Nicholson in St. Petersburg ein geheimes Abkommen beider Länder, in dem sie ihre imperialen Interessen in Zentralasien gegeneinander abgrenzten. Die russische Regierung akzeptierte, dass Afghanistan in der britischen Einflusssphäre lag. Im Gegenzug gelobte London, niemals die Zarenherrschaft über das übrige Zentralasien infrage zu stellen. Nach fast einhundert Jahren Dauer war das «Great Game» beendet.

Wie lange seine gegenwärtige Neuauflage die Strategen des beginnenden 21. Jahrhunderts beschäftigen wird – und ob es auch so friedlich enden kann –, ist ungewiss. Wahrscheinlich ist, dass sich das neue «Great Game» um die Vorherrschaft am Kaspischen Meer als einer der wichtigsten Faktoren im Weltgeschehen etablieren wird.

Was sind Wesen und Ziele dieses geopolitischen Kampfes? Auf den ersten Blick drehen sich seit dem 11. September 2001 alle Geschehnisse in Zentralasien um den Krieg gegen radikal-islamische Terroristen, den die Streitkräfte der USA offenkundig am engagiertesten führen. Es ist inzwischen in Mode gekommen, diese Vorgänge als einen «Zusammenprall der Kulturen» zwischen dem Islam und dem Christentum zu werten. Manche Beobachter, die seit Jahren das drohende Schwert des Islam über der gesamten Region hängen sehen, fühlen sich gerechtfertigt.[37]

Dieses Buch kommt zu anderen Schlüssen. Den USA geht es bei ihrem Feldzug in Afghanistan kaum darum, die so genannte «islamische Bedrohung» einzudämmen. Sie spielt im neuen «Great Game» eine untergeordnete Rolle, denn der Islam ist in der Region politisch längst nicht so bedeutend, wie vielfach angenommen. Zwar ist es unstrittig, dass die Taliban und die Terroristen der Al Qaida zu ihren Taten auf irregeleitete Weise religiös inspiriert waren. Auch hat die Zahl von Muslimen und Moscheen im ehemals sowjetischen Teil Zentralasiens seit dem Kollaps des offiziell atheistischen roten Reichs vor zehn Jahren erheblich zugenommen. Dennoch unterschätzen die besagten Beobachter, welch tiefe Spuren russische Kultur und sowjetischer Säkularismus dort hinterlassen haben. Dass nach wie vor reichhaltig Alkohol konsumiert wird und nur sehr wenige Frauen Schleier tragen, sind nur die oberflächlichsten Zeichen dieses Erbes. Abgesehen vom Fergana-Tal und Teilen Tadschikistans, haben radikalislamische Bewegungen vom Schlag der Taliban im exsowjetischen Zentralasien bis heute nur relativ geringen Zulauf erhalten. Eine wichtige Ursache hierfür ist auch, dass das Mullah-Regime des Irans entgegen allen Erwartungen sein einst erklärtes Ziel, die islamische Revolution in die Nachbarländer zu exportieren, inzwischen weitgehend aufgegeben hat.

Als eine Art Kulturkampf ist das amerikanische Handeln in Zentralasien also nicht zu verstehen. Vielmehr gerät der Krieg gegen den Terror nach dem Sieg über die Taliban und Al Qaida zunehmend zu einem Mittel zum Zweck, den amerikanischen Einfluss in Zentralasien auszuweiten und zu konsolidieren. Die Gründe dafür leuchten unmittelbar ein: Das Zentrum der eurasischen Landmasse, in dem seit dem Kollaps der Sowjetunion ein imperiales Machtvakuum herrscht, ist durch seine Nähe zu Russland und China von herausragender strategischer Bedeutung. Indem die Amerikaner mit dem sukzessiven Rückzug der Russen in diesen herrschaftsarmen Raum vorstoßen, zementieren sie endgültig ihren «Sieg» im Kalten Krieg und bauen ein effektives

Gegengewicht zur russischen Hegemonie im Kaukasus auf. Zugleich stemmen sie sich gegen den wachsenden Einfluss Chinas in der Region und ziehen die Schlinge um den Iran enger. Überdies sind die exsowjetischen Republiken geographisch ideale Basen für militärische Operationen in ihren südlichen Nachbarländern vom Nahen Osten bis Indien. Auch für einen möglichen Angriff gegen den Irak, dessen Diktator Saddam Hussein sich ebenfalls der amerikanischen Vorherrschaft in der Region widersetzt, sind die US-Streitkräfte nun besser positioniert.

Den Schlüssel zum Verständnis der geopolitischen Bedeutung der Region liefert jedoch der Kampf ums Erdöl. Gewiss sollte man sich vor allzu simplen Erklärungen hüten. So werden etwa die amerikanischen Pipelinepläne für Afghanistan nicht von solcher strategischen Bedeutung gewesen sein, um Washingtons Entscheidung, einen Krieg gegen das Land zu führen, maßgeblich zu beeinflussen. Vielmehr nutzen die USA den Anti-Terror-Krieg, um in einer Region, in der westliche Ölkonzerne enorme Investitionen geleistet haben, auch eine dauerhafte militärische Präsenz aufzubauen.

In ihrem unstillbaren Durst nach fossiler Energie müssen die industrialisierten Länder weiterhin substanzielle Rohstoffvorräte erschließen. Die Ereignisse infolge des 11. September 2001 haben das Verhältnis zwischen den Vereinigten Staaten und den ölreichen islamischen Ländern derart beeinträchtigt, dass der Westen mehr denn je darauf bedacht ist, Ressourcen außerhalb des krisengefährdeten Mittleren Ostens zu sichern. Das kaspische Öl spielt in dieser Strategie, die Energieversorgung zu diversifizieren, eine zentrale Rolle. Während die ethnischen Kriege der neunziger Jahre für den Moment eingedämmt scheinen, entwickelt sich sich der neokoloniale Kampf um Zentralasien so zu einer der gefährlichsten Quellen möglicher künftiger Konflikte.

Der wichtigste geostrategische Streitpunkt um das Kaspische Meer werden die Routen von Pipelines, den Nabelschnüren der Industrieländer, bleiben. Sie garantieren den Zugang zu Erdöl und Gas und ihre politische Kontrolle. Die Entdeckung des gigantischen Kashagan-Ölfelds vor der kasachischen Küste hat die Konkurrenz zwischen der von den USA unterstützten Mittelmeer-Pipeline, der von Russland getragenen Schwarzmeer-Röhre und der Route durch den Iran erheblich verschärft. Weiter im Spiel bleiben die Chinesen, die eigene Pipelineprojekte von Kasachstan nach Xinjiang planen. Auch die Transportpläne für Afghanistan könnten nun wieder aus der Schublade geholt werden. Wenn es der Anti-Terror-Koalition gelänge, dauerhaften Frieden am Hindukusch zu schaffen, stünde der afghanische Korridor vom Kaspischen Meer zum Indischen Ozean erneut als alternative Pipelineroute offen.

Der militärische Aufmarsch der Vereinigten Staaten und ihrer Verbündeten in Afghanistan und den ehemals sowjetischen Republiken Usbekistan und Kirgisien hat sowohl die Einsätze als auch die Risiken im neuen «Great Game» dramatisch erhöht. Die ursprünglich antiterroristische Mission der amerikanischen Truppen könnte bald lauten, Sicherheit für die massiven internationalen Investitionen gegen fremdstaatliche oder sozialrevolutionäre Bedrohungen zu gewährleisten. Auch eine afghanische Pipeline zu schützen wäre eine denkbare Aufgabe.

In Moskau, Peking und besonders in Teheran ist man zunehmend beunruhigt über eine vermeintlich unilaterale und aggressive US-Außenpolitik. Sie wird dort als eine Strategie der «fullspectrum dominance» (Rundum-Herrschaft) wahrgenommen, die Amerikas weltweite Kontrolle über politische, wirtschaftliche und militärische Entwicklungen anstrebt. Dass es sich bei dieser Vorstellung eines globalen *Imperium Americanum* nicht nur um Paranoia handelt, lässt ein Auszug aus dem 1997 erschienenen Buch *The Grand Chessboard* des einflussreichen US-Sicherheitspolitikers Zbigniew Brzezinski vermuten, der sich wie eine Anspielung auf Lord Curzons berühmten «Schachspiel»-Ausspruch liest: «Inwieweit die USA ihre globale Vormachtstellung geltend machen können, hängt davon ab, wie ein weltweit engagiertes

Amerika mit den komplexen Machtverhältnissen auf dem eurasischen Kontinent fertig wird – und ob es dort das Aufkommen einer dominierenden gegnerischen Macht verhindern kann ... Eurasien ist somit das Schachbrett, auf dem sich auch in Zukunft der Kampf um die globale Vorherrschaft abspielen wird.»[38]

Im Lichte dieser Einschätzung ist es fraglich, ob die viel gelobte so genannte «neue strategische Partnerschaft» zwischen Moskau und Washington dauerhaft Bestand haben wird. Derzeit macht Präsident Putin gute Miene zu einem Spiel, dessen Regeln er längst nicht mehr bestimmt. Putin hat kaum eine andere Wahl, als bei Amerikas Krieg gegen den Terror in Zentralasien zu kooperieren, denn Russland ist in einer Position der Schwäche. Dem Land fehlen schlicht die ökonomischen und militärischen Möglichkeiten, seine Hegemonie über seine ehemaligen Kolonien aufrechtzuerhalten. Zugleich war der Feldzug gegen die Taliban in Russlands Interesse. Neben den sicherheitspolitischen Bedrohungen durch radikalislamische Terroristen, die aus dem afghanischen Chaos hervorgingen, hatte besonders der Drogenschmuggel in russischen Städten fatale Folgen. Weltpolitisch hat die Kooperation im Krieg gegen den Terror Moskaus Einfluss, nicht zuletzt in kaspischen Fragen, gesteigert. Sie gibt den russischen Streitkräften zudem praktisch eine Carte blanche für ihr Vorgehen in der abtrünnigen Republik Tschetschenien.

Washington hätte gute Gründe, die Kooperation mit Moskau auszubauen, nicht zuletzt in der Energiepolitik. Das neue «Great Game» muss kein Nullsummenspiel sein. Als Nichtmitglied der OPEC könnte Russland, das über etwa 50 Milliarden Barrel Rohöl und die größten Erdgasvorräte der Welt verfügt, die Petrolabhängigkeit des Westens vom Mittleren Osten mindern helfen. Aggressive und inzwischen auch finanzstarke russische Ölkonzerne wie etwa Yukos steigern ihre Produktion von Jahr zu Jahr. Nur sehr widerwillig ließ sich Russland Ende 2001 auf die Bitte der OPEC-Chefs ein, für ein halbes Jahr seinen täglichen Ölexport um 150 000 Barrel zu senken.

Dennoch ist die neue Allianz zwischen Russland und den USA bislang kaum mehr als ein taktisches Bündnis, dessen Zweck noch nicht weit über den Kampf gegen Terrorismus hinausgeht. Zu grundsätzlich scheinen auch nach Ende des Kalten Kriegs die Interessenkonflikte beider Länder in vielen Bereichen, nicht zuletzt in der kaspischen Region. Moskau wird das «nahe Ausland», wo noch heute etwa 20 Millionen Diasporarussen leben, immer als seine exklusive und strategisch unverzichtbare Einflusssphäre betrachten. Allein aus historisch-psychologischen Gründen – man denke nur an die romantische Kaukasuspassion und die seit der Tatarenherrschaft tief sitzende Furcht vor Umzingelung – gibt Russland die von Zarenarmeen im 19. Jahrhundert opferreich eroberten Territorien nicht endgültig auf. Gerade die konservativen Machtzirkel in Moskau werden sich kaum mit einer dauerhaften westlichen Militärpräsenz in Russlands strategischem Hinterhof abfinden. Der pragmatische *salto occidentale* Präsident Putins ist taktischer Natur. Der Kreml wartet ab, bis eine gestärkte russische Wirtschaft erneut ein dominanteres Auftreten ermöglicht.

Mit Russlands Fähigkeit, sowohl westliche als auch südliche Pipelineprojekte zu sabotieren, muss daher weiter gerechnet werden. Es ist nicht auszuschließen, dass Moskau seine geopolitischen Ziele besonders im Kaukasus wie in den neunziger Jahren erneut mit militärischen Mitteln, entweder direkt oder durch Stellvertreter, verfolgt. Wie etwa der Einfall russischer Soldaten im georgischen Kodor-Tal im April 2002 zeigt, geben weiterhin schwelende Konflikte – besonders in Tschetschenien, der Enklave Bergkarabach und der abtrünnigen georgischen Provinz Abchasien – Russland nach wie vor viel Spielraum für Schachzüge. Es könnte sich erneut als Friedensmacht präsentieren und Truppen entsenden, falls Länder wie Aserbaidschan und Georgien mit dem Ölreichtum ihre Streitkräfte verstärken, um verlorene Territorien zurückzuerobern.

Damit das jüngste Rapprochement zwischen Russland und

den USA nicht schon frühzeitig ein Ende findet, werden beide Länder ihr Handeln am Kaspischen Meer genau abstimmen müssen. Schon kleine unkoordinierte Aktionen, bei denen sich eine Partei übervorteilt fühlt, können alte Antagonismen schnell wieder hervorbrechen lassen. Zu tief sitzen noch immer gegenseitiges Misstrauen und kulturelle Vorbehalte. Entscheidend wird sein, ob die USA als der mächtigere Partner den Eindruck vermeiden können, unilateral und ohne Rücksicht auf die Interessen anderer Länder zu handeln. Dafür wird es nicht reichen, dass sich Washington für die Staffage mit westlichen Koalitionspartnern umgibt, sondern es wird direkt die Konsultation mit Moskau suchen und gegebenenfalls Widerstand respektieren müssen.

Die jüngsten Abrüstungsabkommen und die Bildung des gemeinsamen NATO-Russland-Rats sind wichtige Schritte dorthin. Allerdings verliert das Militärbündnis selbst durch die zunehmenden Alleingänge der einzigen verbliebenen Supermacht immer mehr an Bedeutung. Getreu der Rumsfeld-Doktrin, dass «die Aufgabe die Koalition bestimmt», haben die USA im Krieg gegen den Terror das Hilfsangebot der NATO, die nach dem 11. September 2001 erstmals den Bündnisfall ausrief, komplett ignoriert. Das Auseinanderdriften der Nordatlantik-Allianz drückt auch das im Jahr 2002 stark angestiegene US-Budget für Verteidigung aus, das mit 351 Milliarden Dollar mehr als dreimal so hoch ist wie die Summe der Militärhaushalte aller übrigen NATO-Mitglieder. Sollten Russen auf Dauer keine Vorteile in der Kooperation mit der NATO und vor allem den USA erkennen, wird die Opposition konservativer Kreise – besonders des Militärs – gegen Putins kooperativen Westkurs wachsen.

So bedeutsam der Kampf ums Heilige Feuer am Kaspischen Meer an sich ist, so gibt er zugleich einen Vorgeschmack auf die Gefahr weltweiter Energiekriege. Solange ein Ende des Zeitalters der fossilen Brennstoffe nicht in Sicht ist und die Abhängigkeit der industrialisierten Welt vom Öl aus dem Mittleren Osten wächst, drohen Konflikte, in denen es essenziell um die Sicherung der verbleibenden Rohstoffvorkommen der Erde geht. Zwar gehen die Erdölvorräte der Erde, entgegen den Warnungen des Club of Rome aus den sechziger Jahren, noch lange nicht zur Neige. An vielen Orten der Welt werden neue Ölfelder entdeckt und erschlossen. Dennoch steigt der Bedarf nach Rohöl weltweit um zwei Prozent jährlich, sodass er von jetzt 76 Millionen Barrel pro Tag zum Jahre 2020 auf bis zu 115 Millionen Barrel pro Tag wachsen könnte. Allein die bevölkerungsreichen Länder Asiens werden, so erwartet die International Energy Agency, schon 2010 mit 21 Millionen Barrel so viel Rohöl wie Westeuropa brauchen.

Für die USA, den größten Petrolimporteur der Welt, hat die Bush-Regierung eine neue nationale Energiepolitik entworfen. Sie setzt primär darauf, durch Ausbeutung von einheimischen Lagerstätten etwa in Alaska die eigene Rohstoffproduktion zu erhöhen. Zudem will Washington sicherstellen, dass weltweit Ölquellen, besonders außerhalb der OPEC-Länder, für den verschwenderischen American Way of Life sprudeln.

Obwohl fossile Ressourcen auf der Erde noch nicht generell zu knapp sind, verlieren die Verteilungskämpfe zwischen Staaten und Konzernen kaum an Schärfe. Sie setzen sich in den Konflikten verschiedener Gesellschaftsschichten innerhalb ölreicher Länder fort. Plötzlicher Ölreichtum hat in den meisten betroffenen Staaten – Nigeria, Venezuela, dem Sudan, Angola, den arabischen Scheichtümern – mittelfristig zu Korruption, wirtschaftlichem Niedergang, politischer Unterdrückung, Revolutionen oder gar Bürgerkriegen geführt. «[Öl] ist das Exkrement des Teufels, wir ersaufen im Exkrement des Teufels!», beschrieb Juan Alfonzo, einer der Gründerväter der OPEC, resigniert die Konsequenzen eines Ölbooms.[39]

Wie das Beispiel Kasachstans zeigt, beginnt das «flüssige Gold» auch die kaspischen Gesellschaften zu zersetzen. Für die meisten Menschen der Region stellen sich die immensen Bodenschätze daher eher als Fluch denn als Segen heraus. Neben der Gefahr von Kriegen hat der Ölboom in den autokratisch regierten Ländern die sozialen Missstände eher verschärft: Während sich korrupte Eliten hemmungslos bereichern, leben breite Volksmassen in Armut. Sollten sie weiter von der Teilhabe an den Ölprofiten ausgeschlossen bleiben, werden soziale Spannungen auch mit den bisher angewandten repressiven Methoden kaum einzudämmen sein. Sie könnten terroristischen und sozialrevolutionären Bewegungen Zulauf bescheren und so zu regionaler Instabilität beitragen. Dafür mitverantwortlich wären auch westliche Regierungen, die sich den kaspischen Diktatoren derzeit aus geschäftlichem Interesse kritiklos anbiedern, und diejenigen der transnationalen Ölkonzerne, die für Bohrrechte Schmiergelder zahlen.

Die Auswirkungen von Energie-Imperialismus und Rohstoffkriegen, etwa Flüchtlingsströme oder Ölpreisschocks, würden auch Europa nicht verschonen, und es wäre gezwungen, sein militärisches Engagement in der Welt zu verstärken. Das gälte besonders für Deutschland, den drittgrößten Rohölimporteur der Erde. Für die Politik kann dies nur bedeuten, verstärkt nach Wegen aus der Petrolabhängigkeit in ein Solar-Zeitalter zu suchen und erneuerbare Energiequellen zu fördern. Allein der Klimaschutz gegen den globalen Treibhauseffekt erfordert dies dringend. So zeigen die Geschehnisse rund um das Kaspische Meer, dass eine neue Energiepolitik neben den offensichtlichen ökologischen Vorteilen zugleich eine vorausschauende Sicherheitspolitik wäre.

DANKSAGUNG

Dieses Buch wäre nicht zustande gekommen ohne die Hilfe und Ermunterung vieler wundervoller Menschen, denen ich meinen Dank und meine Wertschätzung ausdrücken möchte:

Alec Russell und Paul Hill, meinen Redakteuren am Foreign Desk des *Daily Telegraph* in London, die so viele meiner Reisen und Recherchen in den obskursten Ländern dieser Welt ermöglicht haben.

Jens Dehning, meinem Lektor im Verlag Rowohlt·Berlin, der das Entstehen dieses Buchs mit viel Sachverstand, Einfühlungsvermögen und Geduld begleitet hat.

Sebastian Allison, Aziz Alpysbaev, Ben Arris, Clare Conville, Elena Egereva, Dieter Jarzombek, Adam Lebor, Steve Levine, Dr. Amir Loghmany, Emma Parry, Ahmed Rashid, Andrew Rearick, David Rennie, Alexander Rondeli, Natalie Sabanadze, Harald Schumann, David Stern, Alex Todorovic, Vartan Toganyan, Marcus Warren, Anara Zhaxymuratova und allen anderen Freunden, Wegbegleitern und Kollegen, die mich in diesem Buchprojekt auf ihre Weise unterstützt haben.

Professor Odd Arne Westad und meinen übrigen Lehrern an der London School of Economics, die mir das intellektuelle Rüstzeug für meine Arbeit gaben.

Yovid aus Herat und allen anderen Dolmetschern und Beschützern, die mir Menschen zu verstehen geholfen und mich manchmal aus ungemütlichen Orten wieder heil herausgebracht haben.

Igor aus Sochi und den zahllosen Automechanikern im Kaukasus, die meinen geliebten Citroën CX-25 Turbodiesel immer wieder flott machten.

Mein besonderer Dank und meine Liebe gelten meiner Mutter, meinem Bruder Ralf und meinem alten Freund Matthias Gebauer, die oft der einzige Grund waren, aus der Ferne auch wieder heimzukehren.

Gut Ankeloh, im Mai 2002   Lutz Kleveman

ANMERKUNGEN

1 Verbreiteten Gebrauch fand der Begriff «New Great Game» durch Veröffent-
lichungen des pakistanischen Journalisten Ahmed Rashid, vgl. ders., *Afghanistans Gotteskrieger und der Dschihad* (München 2001)
2 Zitiert nach Rashid, op. cit., S. 244
3 Die beste Quelle für Energiestatistiken ist die International Energy Agency,
Paris, vgl. www.iea.org
4 Zitiert aus The Guardian, 23.10.2001, S. 19
5 Zitiert nach Dekmejian, Hrair und Hovann H. Simonian, *Troubled Waters:
The Geopolitics of the Caspian Region* (New York 2001), S. 30
6 Vgl. New York Times, 14.10.1998
7 Dumas, Alexandre, *Gefährliche Reise durch den wilden Kaukasus, 1858–
1859* (Stuttgart 1995), S. 110
8 Ebenda, S. 131
9 Yergin, Daniel, *The Prize: The Epic Quest for Oil, Money and Power* (New
York 1992), S. 56 ff.
10 Zitiert nach ebenda, S. 133
11 Zitiert nach ebenda, S. 183
12 Zitiert nach ebenda, S. 337
13 Mehdi Parvizi Amineh, *Towards the Control of Oil Resources in the Caspian
Region* (New York 1999), S. 87
14 Zitiert aus International Herald Tribune, 29.4.2002, S. 8
15 Zitiert aus Moscow Times, 15.4.2002, S. 3
16 Gall, Carlotta und Thomas de Waal, *Chechnya: A small victorious war* (London 1997), S. 127
17 Zitiert nach ebenda, S. 60
18 Dumas, op. cit., S. 83
19 Zitiert nach Gall, op. cit., S. 47 f. (Übersetzung des Autors)
20 Dumas, op. cit., S. 84
21 Vgl. Hersh, Seymour M., *The Price of Oil*, in: The New Yorker, 9.7.2001
22 Vgl. Hoffmann, David, The Politicisation of Oil, in: Ebel, Robert und Rajan
Menon (eds.), *Energy and Conflict in Central Asia and the Caucasus* (Oxford
2000), S. 55–77

23 The Economist, 10.5.2001
24 Wall Street Journal, 10.12.2001, S. 2
25 Vgl. Hersh, op. cit.
26 Kemp, Geoffrey, U.S.-Iranian Relations, in: Ebel, op. cit., S. 155
27 Zitiert nach Mehdi, op. cit., S. 113
28 Wall Street Journal, 25.7.2001, S. 2
29 The Economist, 2.8.2001
30 Rashid, op. cit., S. 280 ff.
31 Zitiert nach Hopkirk, Peter, *The Great Game: The Struggle for Empire in Central Asia* (New York 1994), S. 442
32 Zitiert nach ebenda, S. 444
33 Zitiert aus The Guardian, 10.1.2002, S. 14
34 Hopkirk, op. cit., S. 428 ff.
35 Zitiert aus The Guardian, 23.10.2001, S. 19
36 Hopkirk, op. cit., S. 237 ff
37 Vgl. z.B. Scholl-Latour, Peter, *Das Schlachtfeld der Zukunft: Zwischen Kaukasus und Pamir* (München 1994); Rashid, Ahmed, *The Rise of Militant Islam in Central Asia* (New York 2002)
38 Brzezinski, Zbigniew, *The Grand Chessboard: American Primacy and Its Geostrategic Imperatives* (New York 1997)
39 Zitiert nach Hoffmann, David I., op. cit., S. 67

LITERATURHINWEISE

Barudio, Günter, *Tränen des Teufels: Eine Weltgeschichte des Erdöls* (Stuttgart 2001)

Croissant, Michael P. und Bülent Aras (eds.), *Oil and Geopolitics in the Caspian Sea Region* (Westport 1999)

Dekmejian, Hrair und Hovann H. Simonian, *Troubled Waters: The Geopolitics of the Caspian Region* (New York 2001)

Dumas, Alexandre, *Gefährliche Reise durch den wilden Kaukasus, 1858–1859* (Stuttgart 1995)

Ebel, Robert und Rajan Menon (eds.), *Energy and Conflict in Central Asia and the Caucasus* (Oxford 2000)

Elliot, Jason, *An Unexpected Light: Travels in Afghanistan* (London 1999)

Engdahl, F. William, *Mit der Ölwaffe zur Weltmacht: Der Weg zur neuen Weltordnung* (Wiesbaden 2000)

Gall, Carlotta und Thomas de Waal, *Chechnya: A small victorious war* (London 1997)

Goltz, Thomas, *Azerbaijan Diary: A Rogue Reporter's Adventures in an Oil-rich, War-Torn, Post-Soviet Republic* (New York 1999)

Hopkirk, Peter, *The Great Game: The Struggle for Empire in Central Asia* (New York 1994)

Kaplan, Robert D., *Eastward to Tartary: Travels in the Balkans, the Middle East, and the Caucasus* (New York 2000)

Kipling, Rudyard, *Kim* (London 1994)

Maclean, Fitzroy, *Eastern Approaches* (London 1949)

Mehdi Parvizi Amineh, *Towards the Control of Oil Resources in the Caspian Region* (New York 1999)

Meyer, Karl und Shareen Brysac, *Tournament of Shadows: The Great Game and the Race for Empire in Asia* (London 1999)

Pleitgen, Fritz F., *Durch den wilden Kaukasus* (Köln 2000)

Roy, Olivier, *The New Central Asia: The Creation of Nations* (London 2000)

Scholl-Latour, Peter, *Das Schlachtfeld der Zukunft: Zwischen Kaukasus und Pamir* (München 1994)

Rashid, Ahmed, *Afghanistans Gotteskrieger und der Dschihad* (München 2001)

Yergin, Daniel, *The Prize: The Epic Quest for Oil, Money and Power* (New York 1992)

PERSONENREGISTER

Lenk, Timur (Tamerlan), S. 222, 223, 261, 262
Lermontow, Michail Jurjewitsch, S. 91, 92
Loghmany, Amir, S. 162–167
Lomadze, Nia, S. 59–62
Ludendorff, Erich von, S. 33

Macnaghten, William, S. 298
Makarow, Igor, S. 208–210
Malekzade, Jan, S. 259–261
Manstein, Erich von, S. 34
Mao Zedong, S. 62, 145, 206
Martynenko, Wladimir, S. 210–212
Maryasow, Alexander, S. 178–182, 252, 253
Marx, Karl, S. 222
Massud, Ahmed Shah, S. 215, 255, 263, 280, 289, 300, 301
Miller, Mary, S. 214
Mitterrand, François, S. 133
Mohammed, Emir Dost, S. 298
Mossadeq, Mohammed, S. 151, 152
Mudschaddedi, Sibghatullah, S. 279
Muscharraf, Pervez, S. 221
Mustafajew, Wahid, S. 46–48

Nadschibullah, Muhammad, S. 296
Namonow, Mullah Muhiddin, S. 232
Nasrullah, Emir, S. 229
Nazarbajewa, Dariga, S. 136–138, 147
Nazarbajew, Nursultan, S. 122–125, 128, 131–133, 135–138, 144, 146–149, 155
Nazarow, Muhammed, S. 206
Nazdianow, Gozchmurad, S. 213–216, 274
Nebukadnezar, S. 265
Nesselrode, Graf, S. 14
Nicholson, Sir Arthur, S. 303
Nikolaus II., S. 33
Nobel, Alfred, S. 30, 31, 192
Nobel, Ludwig, S. 30, 192
Nobel, Robert, S. 30, 192

Noto, Lucio, S. 122
Nyazow, Saparmurat, S. 199–208, 212, 216, 274

Obaidullah, Zamani, S. 276
Ohnesorg, Benno, S. 164
Omar, Mullah, S. 214, 255

Pahlevi, Reza (Schah von Persien), S. 164, 151, 161
Paulus, General, S. 265
Polo, Marco, S. 28
Pottinger, Eldred, S. 266
Powell, Colin, S. 43, 147
Preston, David, S. 120, 121
Puschkin, Alexander, S. 91, 92, 180
Putin, Wladimir, S. 55, 83, 88, 97, 101, 140, 182, 219, 220, 247, 249, 252, 307, 308

Rafsandschani, Eslam, S. 155, 164
Rahman, Abdur, S. 273
Raphael, Robin, S. 274
Rashid, Ahmed, S. 213
Rearick, Andrew, S. 134, 135
Reza, Imam, S. 168
Richardson, Bill, S. 17
Rockefeller, John D., S. 30, 31
Romvari, Zsolt, S. 74–76
Rondeli, Alex, S. 50–54
Roosevelt, Theodore, S. 179
Rumsfeld, Donald, S. 219, 234

Scharping, Rudolf, S. 234
Scherdabajew, Boris, S. 127–131
Schewardnadze, Eduard, S. 51–55, 57, 61, 66, 67, 68, S. 72
Schewardnadze, Nugzar, S. 60
Schrader, Todd, S. 235, 236
Schröder, Gerhard, S. 97
Seleznew, Gennady, S. 247
Shad, Gohar, S. 261, 266
Schah, König Zahir, S. 255, 289
Shamba, Sergej, S. 69–72
Shamil, Imam, S. 91

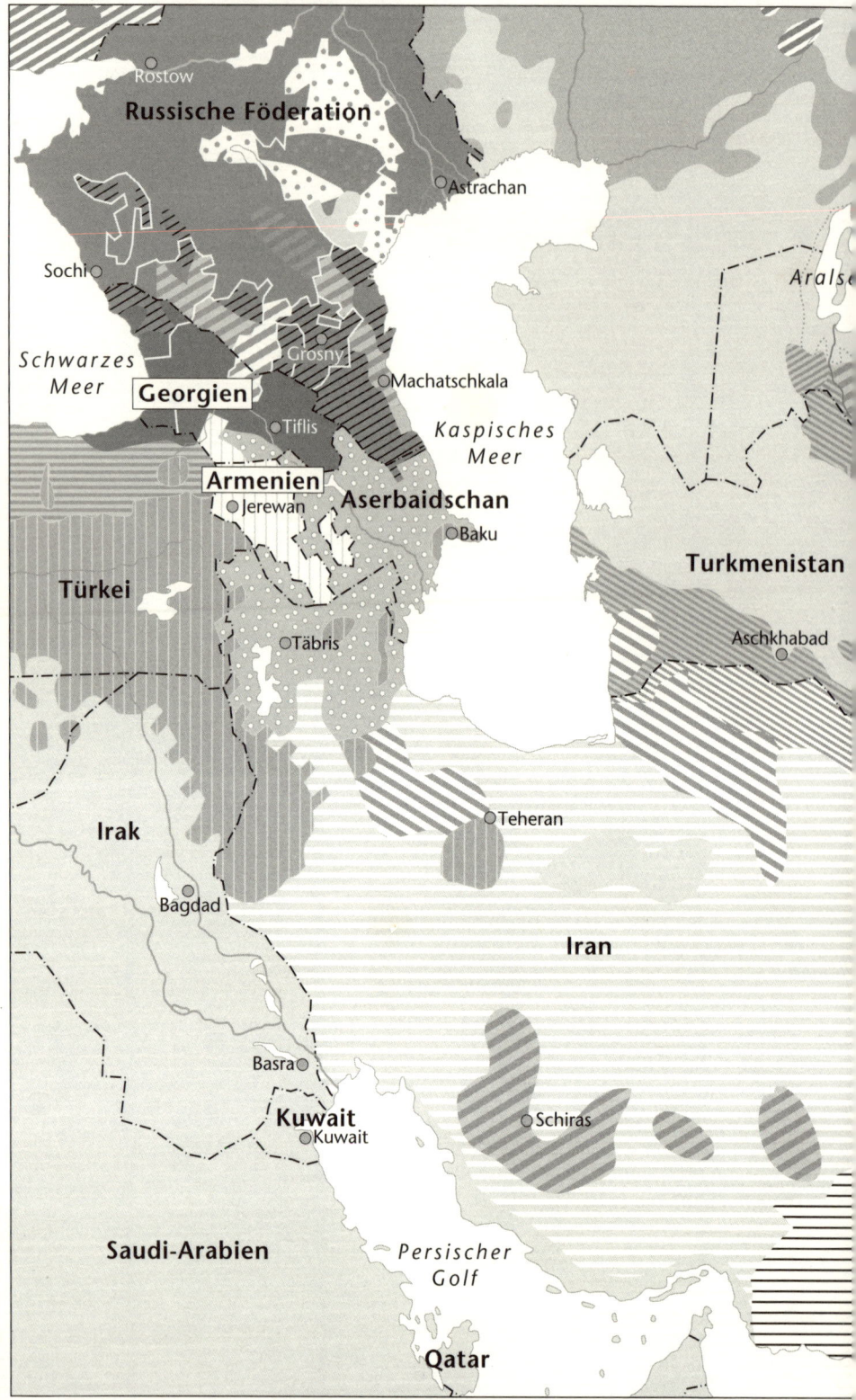